BIBLIOTHÈQUE FRANÇAISE ET ROMANE

publiée par le
Centre de Philologie et de Littératures romanes
de l'Université des Sciences humaines de Strasbourg
sous la direction de Georges STRAKA

SÉRIE A : MANUELS ET ÉTUDES LINGUISTIQUES

JACQUELINE PICOCHE

Le vocabulaire psychologique dans les Chroniques de Froissart

ÉDITIONS KLINCKSIECK

LE VOCABULAIRE PSYCHOLOGIQUE
DANS LES CHRONIQUES
DE FROISSART

BIBLIOTHÈQUE FRANÇAISE ET ROMANE

publiée par le

Centre de Philologie et de Littératures romanes
de l'Université des Sciences humaines de Strasbourg

Directeur : Georges STRAKA

SÉRIE A : MANUELS ET ÉTUDES LINGUISTIQUES

———————— 32 ————————

Volumes publiés dans cette série :

1. P. IMBS, L'emploi des temps verbaux en français moderne (Essai de grammaire descriptive), 1960, 280 p.

2 B. POTTIER, Systématique des éléments de relation (Étude de morpho-syntaxe structurale romane), 1962, 384 p. (*En réimpression.*)

3 G. AUB-BUSCHER, Le parler rural de Ranrupt (Bas-Rhin) : Essai de dialectologie vosgienne, 1962. (*Épuisé.*)

4 J. ORR, Essais d'étymologie et de philologie françaises, 1963, 224 p.

5 O. NANDRIS, Phonétique historique du roumain, 1963. (*Épuisé.*)

6. V. VÄÄNÄNEN, Introduction au latin vulgaire, 2e édition, complétée d'une Anthologie de textes en latin vulgaire, 1967, 292 p.

7. Ch. MULLER, Essai de statistique lexicale : « *L'Illusion comique* » de Corneille, 1964, 204 p.

8. Th. ELWERT, Traité de versification française, édition révisée et augmentée par l'auteur et trad. de l'allemand (*Die französische Metrik*), 1965, 222 p. (*En réimpression.*)

9. G. MOIGNET, Le pronom personnel français, essai de psycho-systématique historique, 1965. (*Épuisé*).

10. S. MONSONEGO, Étude stylo-statistique du vocabulaire des vers et de la prose dans la chantefable *Aucassin et Nicolette*, 1966, 154 p.

11. A. LORIAN, L'ordre des propositions dans la phrase française contemporaine, la cause, 1966, 148 p.

12. R. MARTIN, Le mot « rien » et ses concurrents en français (du XIVe siècle à l'époque contemporaine), 1966, 340 p.

13. W. von WARBURG, La fragmentation linguistique de la Romania, traduit de l'allemand (*Die Ausgliederung der romanischen Sprachräume*), par J. ALLIÈRES et G. STRAKA, Édition révisée et augmentée par l'auteur, 1967, 148 p., 17 cartes.

14. P. SIMON, Les consonnes françaises, 1967, 382 p., 175 ill. (*Épuisé.*)

15. A. HENRY, C'était « il y a » des lunes, étude de syntaxe française, 1968, 134 p.

(*Voir la suite p. 240*)

Jacqueline PICOCHE

LE VOCABULAIRE
PSYCHOLOGIQUE
DANS LES CHRONIQUES
DE FROISSART

Volume I

ÉDITIONS KLINCKSIECK
11, rue de Lille   75007 Paris
════════ 1976 ════════

Thèse pour le doctorat d'État
Soutenue devant l'Université de Paris-III
le 8 juin 1972

ISBN 2-252-01769-4

© ÉDITIONS KLINCKSIECK, 1976.

INTRODUCTION

Le projet

« Le langage, écrit M. G. Moignet en une formule qui résume bien une idée aujourd'hui classique, est informateur de la pensée, sa première formulation, une théorie non savante de l'univers »[1]. C'est sur cette idée que repose l'hypothèse qui m'a guidée : à partir du vocabulaire qu'utilisent les usagers d'une langue donnée, il doit être possible de remonter à la « première formalisation » de la pensée, à la « théorie non savante de l'univers » : celle-ci doit se ramener, au moins en partie, aux structures sémantiques révélées par l'analyse du contenu des éléments lexicaux et des rapports qu'ils entretiennent les uns avec les autres.

Dans la totalité de ce vocabulaire, il est licite d'isoler et d'étudier ensemble un certain nombre de mots dont les contenus convergent vers la dénotation d'une même réalité extra-linguistique. Rien n'interdit que cette réalité soit l'homme en tant qu'être psychique, que « sujet » sentant, pensant, agissant.

Si donc je me pose la question : « Qu'est-ce que l'homme, pour un homme de telle époque et de telle civilisation, non pas pour un philosophe ou un savant, mais pour celui qui vit naïvement les passions, les pensées et les actions de sa vie quotidienne ? », le plus simple et le plus sûr doit être d'étudier les ensembles lexicaux dont il dispose pour se dépeindre à lui-même sa propre réalité intérieure.

Il m'a semblé commode d'appeler « sujet » ou, plus précisément, « sujet sentant », la personne intérieure, centre même de cette étude. Lorsque je suis amenée à des considérations syntaxiques, j'emploie donc l'expression « sujet grammatical ».

Le choix du corpus

Ma curiosité me poussant vers l'étude des structures mentales de l'homme médiéval, j'ai été aiguillée vers les *Chroniques* de Froissart par les considérations suivantes :

---

1. *Revue des Deux Mondes*, 1971, p. 541.

1) Étant donné que les mots étudiés font plus souvent partie du vocabulaire « disponible » que du vocabulaire « fréquent »[2], il fallait un corpus assez vaste pour que fussent suffisamment réduites les chances de ne pas y voir apparaître des mots pourtant usuels pour l'auteur et son public. Or, à s'en tenir aux seuls douze premiers volumes de l'édition de la Société de l'histoire de France (réalisés successivement par S. Luce, G. Raynaud, L. et A. Mirot) sur lesquels repose, pour l'essentiel, cette étude, on obtient déjà le total de 2971 pages de prose.

2) Ce corpus devait être aussi homogène que possible, pour éviter l'interférence de systèmes linguistiques différents. Or, de toute évidence, l'unité d'auteur et de genre littéraire assure cette homogénéité.

Sans doute, au début de son œuvre, Froissart emprunte-t-il largement à Jean le Bel, dont peu de temps, d'ailleurs, et peu d'espace le séparaient ; mais c'est en s'assimilant son œuvre de telle sorte qu'aucune solution de continuité linguistique ne se laisse percevoir au moment où, entamant le récit de la bataille de Poitiers, il commence à narrer pour son propre compte. Sans doute la rédaction des Chroniques s'étale-t-elle sur une bonne vingtaine d'années ; mais enfin, un individu acquiert pendant son enfance et son adolescence l'essentiel de ses habitudes linguistiques ; des nouveautés lexicales pendant les vingt dernières années d'une longue existence, surtout dans un domaine aussi peu sujet à de brusques innovations que celui de la psychologie humaine, ne peuvent vraisemblablement toucher qu'une faible partie de l'ensemble du vocabulaire utilisé, quelques éléments du vocabulaire disponible, peut-être.

3) Le texte choisi devait avoir un intérêt psychologique. Or, Froissart a de l'histoire une conception toute centrée sur les individus. L'admiration pour les hommes remarquables de son temps — ce temps si fertile en prouesses, qu'il a si passionnément étudié — le désir de leur rendre justice en ne laissant pas périr leur mémoire, l'intérêt pour tout ce qui est humain, l'ambition d'« exempler » les générations futures, voilà ce qui l'anime dans sa tâche. Jugé bien à tort peu psychologue, sans doute parce qu'il ne pratique guère l'art du portrait abstrait dans lequel, plus tard, Commynes passera maître, c'est un remarquable peintre d'hommes en action, qui sait donner à ses personnages une vie, un relief, une vraisemblance naturelle que pourraient lui envier, s'ils le lisaient, bien des romanciers modernes.

4) Je souhaitais que l'œuvre dépouillée fût, dans la mesure du possible, affranchie des clichés et des traditions littéraires, proche de la langue quotidienne, nullement ésotérique. La première condition était donc qu'elle fût en prose. Cette exigence m'orientait donc tout naturellement vers les chroniqueurs.

---

2. v. G. GOUGENHEIM, P. RIVENC, R. MICHÉA, A. SAUVAGEOT, L'élaboration du français fondamental, Paris, 1964, p. 146.

Certes, Froissart est un écrivain, probablement le plus remarquable de son temps, et l'un des « grands » de toute la littérature française. On a vu qu'il s'était mis à l'école du chroniqueur Jean le Bel. De plus, son œuvre poétique montre en lui le lecteur des poètes de l'antiquité latine, l'héritier de toute la tradition courtoise, romanesque et allégorique du XIIIe s. et l'admirateur de Guillaume de Machaut.

Ce talent, cette vaste culture, ne sont nullement des inconvénients, bien au contraire. Dans les textes littéraires « écrits en vue d'un public de qui dépend leur succès, les auteurs... emploient plus ou moins consciemment le stock de mots qu'ils jugent être accessible à la majorité de leurs lecteurs »[3]. Les lecteurs de Froissart avaient, au moins en partie, la même culture que lui. Il a écrit sur commande pour un vaste public aristocratique, et le succès de son œuvre, attesté par le nombre considérable et le luxe des manuscrits qui nous en sont parvenus, prouve que ses contemporains se sont reconnus dans le portrait qu'il leur présentait d'eux-mêmes, qu'ils l'ont compris sans peine et l'ont aimé.

Il est certain qu'un homme cultivé peut, à l'occasion, utiliser très consciemment un mot littéraire ou désuet en vue de quelque effet stylistique. Froissart a pu le faire, mais non sans être sûr que son public était en mesure de le comprendre et que le mot en question faisait encore partie du fonds lexical commun.

On peut donc penser avec quelque vraisemblance qu'en répertoriant le vocabulaire psychologique des Chroniques de Froissart, on fait l'inventaire des mots dont avait besoin la société chevaleresque de la fin du Moyen-Age pour prendre conscience d'elle-même et analyser la face intérieure d'une vie dont les occupations guerrières, politiques et amoureuses constituaient pour l'essentiel la face extérieure.

Enfin, le talent littéraire de Froissart, le don qu'il a de donner la vie à chaque parole, à chaque geste de ses personnages, est la garantie qu'entre ses mains, le vocabulaire commun du XIVe s. est utilisé avec le maximum de propriété, de justesse et d'efficacité.

La méthode

Elle est partiellement définie par M. G. Gougenheim, lorsqu'il écrit, en tête de ses *Notes sur le vocabulaire de Robert de Clari et de Villehardouin* : « Un des moyens les plus efficaces dont nous disposons pour l'étude historique du vocabulaire est la détermination la plus exacte possible du sens d'un mot chez un écrivain ou dans un groupe restreint d'écrivains. Cette détermination peut se faire par l'examen exhaustif de tous les exemples et surtout par la confrontation de termes exprimant des concepts voisins »[4] :

---

3. R.-L. Wagner, *Les vocabulaires français*, II, p. 37.
4. *Études de grammaire et de vocabulaire français*, p. 311.

1) La condition exprimée par les mots « un écrivain ou un groupe restreint d'écrivains » est remplie, ne revenons pas sur ce point.

2) Qui dit « exemple » dit « contexte ». La première étape, purement philologique, de l'élaboration de mes matériaux a été l'étude d'une multitude de contextes, parfois très longs, pour déterminer dans quelles situations apparaissaient les mots envisagés et qu'elle était leur valeur exacte. D'excellents modèles d'application de cette méthode m'étaient fournis, en particulier, par les trois articles de L. Foulet sur les mots *ordonnance, imagination*, et *garde* chez Froissart lui-même.[5]

3) Il a été possible, à partir de cela, de constituer de petits groupes de mots exactement substituables les uns aux autres, ou substituables dans des structures syntaxiques différentes, ou qui ne s'opposent entre eux que par la différence d'un seul « sème » ou « trait pertinent ». C'est ce que M. G. Gougenheim appelle « la confrontation de termes exprimant des concepts voisins ». Ce sont ces petits groupes de synonymes ou quasi-synonymes qui constituent les parties de chapitres marquées dans le texte d'une lettre majuscule. Il ne me semble pas que ces micro-regroupements, établis de façon purement empirique, soient arbitraires, mais je crois qu'ils m'ont été imposés par ma matière même.

Il est donc essentiel d'insister sur le fait que ce travail s'oppose absolument aux classements de vocabulaires faits à partir d'une grille du genre du *Begriffsystem*. Imposer au texte étudié un système de concepts a priori aurait été directement à l'encontre de mon projet, qui consistait justement à partir des mots pour tenter de reconstituer un système conceptuel dont je me refusais à rien préjuger.

Je n'ai pas voulu utiliser de manuel de psychologie. J'ai seulement cherché à donner l'image « naïve » de la psychologie humaine telle qu'on la trouve dans la langue des Chroniques de Froissart. Peut-être apporterai-je des matériaux qui pourront intéresser les psychologues. Mais je ne veux pas partir de théorie psychologiques a priori. Si le mot qui sert de titre à chaque micro-système est un mot du XXe s., cela ne signifie pas que je sois partie d'un concept du XXe s., comme quelqu'un qui voudrait faire un thème. J'ai bien plutôt fait des exercices de version. J'ai fait l'analyse sémique de ces mots et j'ai pris pour titre le sème, ou le sémème commun à tous les mots de l'ensemble ; il m'a semblé en fin de compte qu'il était impossible de prendre pour titres des mots du XIVe s. : le titre est déjà une explication ; or, j'explique la langue du XIVe s., non pas à partir de, mais au moyen de mon instrument naturel d'analyse qui est celle du XXe s.

Je développe dans chaque paragraphe l'étude d'un ou plusieurs mots dans des contextes significatifs et, en fin de partie ou de chapitre, je regroupe de façon plus abstraite, les sèmes nécessaires à la définition de l'ensemble lexical ainsi composé. Ces sèmes sont des notions simples, plus simples, du moins, que celles qu'elles servent à définir, exprimées

---

5. Voir la bibliographie, p. 190.

par des mots du xxe s. placés entre guillemets. J'ai adopté, de plus, le principe de mettre *en italiques* le mot du xive s. que j'étudiais, et de mettre les citations entre guillemets simples. J'ai renoncé à les mettre en italiques parce qu'elles sont très nombreuses et que cela m'aurait empêchée de mettre en valeur le mot-vedette. Après chaque citation, j'indique entre parenthèses sa référence dans l'édition Luce-Raynaud-Mirot : le tome en chiffres romains, la page en chiffres arabes. La référence des quelques exemples tirés de la fin des Chroniques qui n'est donnée que par l'édition Kervyn est précédée de la lettre K.

L'arbitraire, dans le classement, commence, dans une certaine mesure, au niveau du chapitre. Les relations qu'entretiennent les mots entre eux sont si complexes qu'on ne peut les privilégier toutes. Il est certain qu'on aurait pu, par exemple, rassembler dans un même chapitre le « danger », la « peur » et le « courage ». C'est ce qu'aurait fait un dictionnaire analogique, procédant par associations d'idées. Ma manière de faire est plutôt celle des dictionnaires des synonymes. C'est pourquoi la notion de « danger » est associée à celles d'« événement », de « hasard » et de « risque » ; celle de « peur » à l'« attente » et à l'« émotion », et celle de « courage » aux « dispositions à l'action ».

Cet arbitraire, cependant, n'est que relatif. Il existe au moins un sème commun à tous les mots du chapitre, et bien souvent, la structure même du chapitre, nullement prévue, s'est imposée à moi tandis que je cherchais le classement le plus naturel et le plus simple : ainsi, la division du chapitre II en « personne vue de l'intérieur » et « personne vue de l'extérieur » m'a été suggérée par l'opposition si courante du *cœur* et du *corps* et la bi-sémie du mot *âme*. L'étude des contextes des mots exprimant la « peur » m'a imposé la structure du chapitre IV et sa disjonction d'avec le chapitre III, qu'un premier classement, antérieur à la rédaction ne m'avait pas laissé prévoir.

Pour ce qui est du plan d'ensemble, il m'a semblé nécessaire de placer en tête les deux chapitres consacrés aux « données fondamentales de l'expérience humaine », et à la fin ceux qui concernent les « activités de synthèse ». Dans le reste de l'ouvrage, la succession prévue pour l'ordre des parties et des chapitres est naturellement plus arbitraire : il n'y avait pas de raison déterminante pour faire passer la connaissance après l'affectivité ou vice-versa. L'essentiel est que la distinction de ces deux domaines ne fasse pas violence aux structures du vocabulaire étudié. Ce n'est pas le cas, semble-t-il.

Mais même à ce niveau, l'examen de mes matériaux m'a conduite dans des directions que je n'avais pas prévues : L'existence du chapitre I où apparaissent des notions comme celles de « virtuel », de « fortuit », d'« événement », de « situation », de « probabilité », qu'on aurait pu envisager d'écarter d'un « vocabulaire psychologique » m'a été imposée par la nécessité de distinguer fortement des mots comme *eur* ou *fortune* de *aise* ou *joie*, et de trouver une place logique au « danger » et à la « sécurité ». C'est pourquoi la troisième partie du sommaire, celle qui concerne les volumes encore à naître, ne doit être considérée que comme une hypothèse de travail qui sera sûrement remaniée dans le détail.

4) Je me suis tenue à une perspective strictement synchronique. Je me suis interdit en principe tout commentaire étymologique et tout rapprochement avec des états de langue antérieurs et postérieurs. La tentation était grande, pourtant, de faire allusion à Villon à propos du *cœur* et du *corps*, ou à Jean de Meung à propos de *nature* ; ou encore, devant un mot rare et aujourd'hui complètement tombé en désuétude, comme *posnée*, de se référer à l'article de Godefroy, pour montrer qu'il s'agit-là d'un mot du plus ancien français, sans doute hérité par Froissart de sa grand-mère.

Si j'ai résisté à cette tentation, c'est pour éviter de tomber dans des considérations partielles et subjectives. Mais ce synchronisme rigoureux est purement méthodologique. Mon orientation est en fait historique. Mon espoir est que d'autres chercheurs s'attelleront, sur d'autres œuvres, d'époque et de genres littéraires divers, à des travaux analogues, et qu'il deviendra un jour possible de faire une histoire du vocabulaire psychologique en français. C'est dans cette perspective que j'ai conçu ma bibliographie. Pour ne pas la charger exagérément, j'en ai éliminé toutes les études relatives à des vocabulaires techniques, tout ce qui concerne la lexicologie quantitative (puisque cette étude ne prend pas en considération de données numériques), et enfin tous les dictionnaires de langue simplement alphabétiques, retenant seulement les dictionnaires analogiques et les dictionnaires des synonymes. Outre ce qui concerne particulièrement Froissart, on y trouvera des ouvrages ou articles représentatifs des diverses tendances de la recherche sémantique, des articles ou ouvrages pouvant servir d'illustration aux diverses méthodes de la lexicologie, mais surtout les études de détail, les vocabulaires classés selon un plan méthodique, les glossaires, index et concordances pouvant être utilisés pour une histoire du vocabulaire psychologique en français. En ce qui concerne les glossaires, je n'ai retenu que ceux qui étaient intégraux (c'est-à-dire présentant tous les mots d'un texte et toutes leurs occurrences) ou du moins complets (c'est-à-dire signalant au minimum tous les mots non grammaticaux d'un texte sans toutefois s'astreindre à donner la référence de toutes leurs occurrences). Je dois, à ce propos, remercier MM. Gorcy et Martin, du *Trésor de la langue française*, qui m'ont aidée dans ce recensement.

5) Reste la question de l'exhaustivité. Cet inventaire lexical vise, de par son principe même, à être complet, à ne laisser de côté, dans le texte choisi, aucun mot du champ sémantique envisagé, même très fréquent, évident, encore vivant, ou même très rare. Cependant, étant fait manuellement, sur un corpus et un champ sémantique très vastes, il ne pouvait prétendre à l'intégralité. Je me suis tenue au texte proposé par l'édition Luce-Raynaud-Mirot. Les principes exposés par les trois éditeurs successifs : édition d'un manuscrit de base corrigé en cas de lacune ou de non-

sens par un autre manuscrit de la même branche (1e version révisée du L.I., version révisée des L.II et III) sont, malgré la date ancienne à laquelle a été commencée cette édition, des principes tout modernes. Ils assurent, semble-t-il, au corpus, une homogénéité convenable. Les sondages que j'ai pu faire m'ont révélé une transcription fidèle, d'une exactitude tout à fait suffisante, de minimes différences de graphies n'ayant pas à être prises en considération pour une étude de lexicologie et de sémantique. Dépouiller les variantes aurait été un travail peut-être riche d'enseignements, la tradition manuscrite des Chroniques étant longue et complexe, mais excessivement long.

Même dans ces conditions, la tâche, menée de front avec d'autres travaux[6], était lourde. Je crois que, disposant de peu de temps, je n'aurais pas réussi à la mener à bien si, après avoir travaillé deux ans sur cinq volumes des Chroniques, je n'avais pas découvert le dépouillement exécuté par L. Foulet, sur la même édition de cette œuvre, pour l'*Inventaire de la Langue Française*. Je dois ici mes remerciements à M. Lecoy, professeur au collège de France, qui m'en a facilité l'accès et s'est toujours intéressé à mon travail. L. Foulet avait dépouillé les XI premiers volumes. J'ai dépouillé moi-même le volume XII aussi soigneusement que j'ai pu. Pour la fin du livre III et le livre IV, j'ai eu recours à l'édition de Kervyn de Lettenhove, dont le texte est complet, mais moins sûr. Il ne s'est agi alors que d'une lecture cursive, au cours de laquelle je ne notais que ce qui me paraissait peu courant et digne de remarque. Les exemples empruntés à cette édition (signalés par la lettre K),sont, on le verra, extrêmement rares.

Les mots dont il s'agit dans ce travail étant pour la plupart des mots « disponibles », c'est-à-dire de fréquence irrégulière, cette fréquence, par rapport à l'ensemble du vocabulaire de Froissart est dénuée de signification.

J'étais néanmoins, dès le début, et je reste, encore aujourd'hui, convaincue que des dénombrements peuvent servir à deux fins : d'abord à établir la proportion des divers emplois d'un mot polysémique ; ensuite et surtout à établir la fréquence relative des divers éléments d'un microsystème, à une époque donnée, dans un genre littéraire donné, et, de façon plus significative encore, dans certains types de situations.

M. Imbs avait accepté, à ma demande, de livrer à son ordinateur deux cents pages des Chroniques, choisies par moi. Je lui en exprime ici ma reconnaissance. Néanmoins je ne pense pas qu'il faille déplorer outre mesure les circonstances qui ont empêché ce projet d'aboutir. Ce dépouillement, me semble-t-il aujourd'hui, était trop restreint pour être vraiment significatif.

---

6. J. PICOCHE, *Un vocabulaire picard d'autrefois : le parler d'Etelfay (Somme), étude lexicologique et glossaire étymologique*, Arras, 1969, 329 p. — J. PICOCHE, *Nouveau dictionnaire étymologique du français*, Paris, 1971, 827 p.

Enfin, ma reconnaissance va à M. R.-L. Wagner, professeur à l'université de Paris III, qui a dirigé cette thèse et sans la vive impulsion duquel ces quatre premiers chapitres n'existeraient sans doute pas encore aujourd'hui.

PREMIÈRE PARTIE

LES DONNÉES FONDAMENTALES
DE L'EXPÉRIENCE HUMAINE

CHAPITRE I

L'HOMME DANS LE COURS DE L'HISTOIRE

Si l'écoulement du temps est rythmé par les repères fixes et universels du calendrier : cycles naturels et grandes fêtes religieuses, il est marqué, également, par des repères relevant de la subjectivité individuelle ou collective qui élève au rang d'« événements » certaines données non-cycliques, et donc, à vues humaines, imprévisibles ou difficilement prévisibles, fournies par le monde extérieur. C'est la matière première de l'histoire telle que la conçoit Froissart ; c'est le domaine de la *Fortune*.

I. A. LE « VIRTUEL » ET LE « FORTUIT »

La *fortune* apparaît parfois, dans les Chroniques, comme ce personnage allégorique dont la roue entraîne dans son mouvement les destinées humaines, par exemple celle de Bétisac, trésorier du duc de Berry : ' *Fortune* lui joua de son tour et quand il cuida être le plus assuré sur sa roue, elle le retourna jus en la boue ' (K. XIV. pp. 69-70). Ce sens de « hasard », de « puissance mystérieuse régissant les événements » est relativement rare. Le mot apparaît même le plus souvent, au singulier ou au pluriel, dans des emplois concrets et particuliers, avec la valeur d'« événement fortuit » (v. I. B. 1. 3.). Abstrait et général, celui-ci n'en est pas moins fondamental : un personnage présomptueux ' se confie en la *fortune* que il eut pour lui ' en d'autres circonstances (X 280). Les Gantois se décident à poursuivre leur guerre à cause de leur bon droit et de ' la *fortune* qui est bonne pour ceux de Gand ' (XI 36). Les traités passés entre Gand et le duc de Bourgogne envisagent l'éventualité où les privilèges de la ville seraient perdus ' par cas de *fortune* ou autrement ' (XI 300). Le propre de la *fortune* est de faire naître des événements imprévisibles ; c'est une virtualité d'événements, comme le montre bien l'expression ' une aventure de *fortune* ', c'est-à-dire « un coup du hasard » (IV 111). Cela ne signifie nullement que ces événements soient absurdes. Celui qui se trouve en danger doit ' prendre en gré l'aventure telle que Dieu et *fortune* li envoie ' (VIII 42). Les *aventures* et les *fortunes* particulières dont la *fortune* est grosse sont envoyées par Dieu, comme le montre bien toute une série d'exemples : ' Vous arés demain, par la grace de Dieu... belle journée et *aventure* ' (XI 47). ' Regracions Dieu de la belle *aventure* que vous avés ' (VI 171). ' Il nous vaut... mieux attendre l'*aventure* de Dieu que fuir, et estre mort et pris en fuiant ' (V 139). ' Là attenderons nous l'*aventure* telle que Dieux le nous vora envoyer ' (XI 132). La fortune est donc entre les mains de Dieu ; elle est le nom que prennent les desseins de la Providence dans la bouche d'hommes incapables de les pénétrer. Mais Froissart n'est pas Bossuet ; il ne décrit pas le déroulement du plan de Dieu ; il raconte des événements dans ce qu'ils ont, à l'échelle des hommes, de surprenant et parfois d'inintelligible.

Le dérivé *fortuneux*, qui exprime la même idée, est volontiers associé à *avenue, incidence, venir*, éléments fondamentaux du vocabulaire de la survenance (v. §§ I. B. 1. et I. B. 2.). Quand la bataille de Poitiers, à la fin du récit, au moment où le Prince de Galles et les siens font le compte des prisonniers, des rançons exigées et du butin conquis, est qualifiée de *fortuneuse*, il faut entendre que ses péripéties furent nombreuses et surprenantes, que son issue n'était pas prévisible, et que cette victoire anglaise est un de ces grands coups du sort qui déterminent pour un temps le cours de l'histoire (V 61).

L'adverbe correspondant, « par hasard » ou « fortuitement » en français moderne, est le plus souvent, dans la langue de Froissart, *d'aventure*, plus rarement *par (grant) aventure* : Un seigneur anglais qui ravageait le Vermandois ' encontra *d'aventure* le chapitaine de Saint Quentin ' (V 211, v. aussi IX 139, XI 201, 219 etc.). Le sire de Clisson et ses gens, poursuivis, se réfugient à Quimperlé : ' si furent tout recueillié, et se sauvèrent *par grant aventure*, et levèrent les pons et cloïrent les barrières et les portes ' (VIII 206, v. aussi IX 93, V 191).

A ces deux locutions usuelles, *fortuneusement*, sans doute plus expressif, ne fait qu'une faible concurrence : Les Français, battus près de Montauban par les Grandes Compagnies, furent rançonnés ' courtoisement, cescun selonch son estat et son afaire, et encores plus doucement, pour tant que ceste avenue leur estoit *fortuneusement* venue et par biau fait d'armes ' (VI 227).

I. B. L'« ACTUEL » : L'« ÉVÉNEMENT »

I. B. 0. La nature de l'événement est d'être ponctuel. Plus ou moins fortuitement, il saisit le sujet dans le cours de sa vie ordinaire dont il marque une étape de quelque importance.

I. B. 1. Les substantifs

I. B. 1. 1. Le mot *avenue*, simple nominalisation de *avenir*, est le plus neutre de tous et n'est que rarement qualifié, mais souvent déterminé par le nom du sujet concerné. Un personnage peut faire le récit de ' ses *avenues* ' (IV 9), c'est-à-dire de « ce qui lui est arrivé » ; le duc de Berry, avec l'aide de du Guesclin, étant entré dans Limoges jusque là aux mains des Anglais, le Prince de Galles en est vivement contrarié. Il met à son tour le siège devant la ville et refuse de le lever malgré de graves difficultés : ' il avoit pris trop a cuer l'*avenue* de Limoges ' (VII 248).

Le mot *incidence* — parfois qualifié par l'adjectif *fortuneuse* — est plus précis qu'*avenue* en ce qu'il désigne souvent un événement limité et particulier, propre à modifier une situation : il est volontiers usité dans les tournures causales du type ' par quelle *incidence* ' (IX 158), ' par aucune *incidence* ' (IX 118), ' par *incidences* merveilleuses ' (IX 134).

I. B. 1. 2. Le mot *cas* peut être tenu pour synonyme de *incidence* ou de *aventure* dans l'exemple suivant, tiré de la lettre déjà citée par laquelle, en 1385, le duc de Bourgogne accorde enfin la paix à la ville de Gand et confirme ses privilèges : ' Et se aucuns des dis privilèges estoient perdus, par *cas* de fortune ou autrement, nous en ferons faire bonne informacion » (XI 300). Son statut est cependant, dans l'ensemble, assez différent. D'abord, dans divers exemples, *cas* a une valeur sémantique extrêmement vague et peut être utilisé, comme *chose* en français moderne, comme un simple substitut : ainsi dans l'exemple suivant où la notion d'événement est extrêmement floue : ' Se je voloie regarder à se felonnie, je feroie orendroit de vous le samblable *cas* ' (« je vous ferais mourir comme il a fait mourir un chevalier de mon parti ») (III 39). Ensuite, les seuls adjectifs qui l'accompagnent sont, semble-t-il, *autre* et *semblable*. On ne considère donc plus, ici, l'événement dans son unicité, mais relativement à son aptitude à entrer dans une catégorie. Il n'est donc pas surprenant qu'on appelle *cas* cette sorte particulière d'événements qui donnent lieu à une décision administrative ou judiciaire : Le pape Grégoire XI, résolu à quitter Avignon pour Rome, confie à quatre cardinaux la tâche de le remplacer en son absence ' et leur donna... plaine poissance de faire ce qu'il pooit faire, reservé aucuns *cas* papaulx que il ne puet donner à nul homme ne hoster de sa main ' (IX 49). Enfin, son emploi de loin le plus fréquent est dans l'expression lexicalisée, à valeur conjonctive, *ou cas que* qui, selon les contextes, et particulièrement le temps du verbe qui suit, peut introduire l'énoncé d'un événement ou d'une situation. Les exemples les moins ambigus du premier cas sont ceux où le verbe est au futur ou au conditionnel et où il s'agit d'un événement hypothétique, simplement envisagé : Les Gantois approchent de Bruges sous la conduite de Jean Lion qui s'écrie : ' Allés vous ent à Bruges et dites que je et la bonne ville de Gaind venons chi non pour guerre ne iaulx grever... *ou cas que* il nous ouveront deboinairement les portes ' (IX 187). Le roi de Navarre fait négocier un traité d'alliance avec l'Angleterre mais on le prie de venir à Londres en personne : ' *Ou cas que* il venroit là, ses besoignes en vaurroient trop grandement mieux ' (IX 60).

I. B. 1. 3. *Fortune* et *aventure* sont parfois associés dans des expressions redondantes telles que ' attendre l'*aventure* et le *fortune* ' (III 166), ' prendre l'*aventure* et le *fortune* de bien et de mal ' (V 197). On peut donc les tenir pour synonymes toutes les fois que le contexte impose de comprendre *fortune* au sens d'« événement », ce qui est le cas quand le mot est au pluriel : ' li rois de France, qui doubtoit les *fortunes* ' ne voulut pas engager un combat inégal (VIII 155), ou quand il est précédé de l'article indéfini : ' cil eurent une si dure fortune sus mer que il furent peri ' (IX 234) alors que l'absence d'article ou la présence de l'article défini sans autre détermination font présumer que *fortune* est employé avec sa valeur de « virtuel ».

Ce qui oppose *aventure* et *fortune* à *avenue, incidence, cas*, c'est la possibilité et la fréquence d'un grand nombre de qualifications affectives dont on trouvera l'inventaire dans le tableau ci-dessous :

	aventure	fortune
bonne	+	+
belle	+	+
contraire	—	+
dure	+	+
ewireuse	—	+
grant	+	+
laide	+	—
male	+	—
merveilleuse	+	+
perilleuse	—	+

I. B. 1. 4. On peut les rapprocher à ce point de vue des substantifs *heure* et *estrine*, qui n'apparaissent que dans des expressions adverbiales figées, accompagnés des adjectifs *bonne* ou *male*, ou d'un de leurs substituts. La locution adverbiale ' à la male /bonne *heure* ' sert à préciser que l'événement relaté eut d'heureuses ou de funestes conséquences : le fils de Gaston de Foix voulut aller voir sa mère qui, séparée de son mari, vivait auprès du roi de Navarre son frère ; ' ce fut bien à la male *heure* pour luy et pour ce pays ' (ce fut en effet la cause lointaine de la mort du jeune homme) (XII 81). ' Sire, vous avés mort messire Richart de Stafort ! — A la bonne *heure*, dist messires Jehans, j'ai plus chier que je l'aie mort que menre de lui ' (XI 262).

L'*estrine* (en français moderne *étrenne*) est à l'origine un « cadeau » et garde peut-être quelque chose de ce sens étymologique dans cet exemple ' Je vous donne, a bonne *estrine*, ce faucon pour le milleur que je veïsse onques ' (X 256). En fait, c'est un « coup du sort » qui crée une situation nouvelle. Les locutions adverbiales où il entre peuvent comporter une vue rétrospective des choses et se traduire par « par bonheur », ou « par malheur » : ' *De bonne estrine* je oi en ce jour trois prisonniers... qui me rendirent l'un par l'autre III M frans ' (XII 96) ' si trouvèrent, *en male estrine* pour yaus, en leur encontre, ces Englès ' (III 188). Elles peuvent comporter aussi une vue prospective des choses et se traduire par « pour le bonheur » ou « pour le malheur » du sujet : ' Avant, trahittres orgueilleus, passés en prison *à mal estrine* ' (IV 179).

On peut conclure de ces remarques qu'*incidence*, *avenue* et *cas* envisagent l'événement pour lui-même, tandis qu'*aventure*, *fortune*, *heure* et *estrine* se prêtent mieux à mettre en valeur son retentissement dans la vie des individus.

I. B. 2.   Les verbes On peut les classer en deux groupes, suivant que c'est l'événement ou le personnage intéressé à cet événement qui est le sujet grammatical du verbe.

I. B. 2. 1.   Verbes personnels ayant pour sujet grammatical, ou verbes impersonnels ayant pour suite l'« événement » lui-même.

I. B. 2. 1. 1. *Venir* est le mot normalement employé quand il s'agit d'une date, d'un jour fixé qui arrive : ' Quant ce *vint* le mardi au soir... ' (XII 171) ; il peut, de plus, s'appliquer à n'importe quel événement : siège ou assaut (X 6), paix (X 196), trêve (XI 179), nouvelles (X 234). Dans ces derniers emplois, il entre en concurrence avec *avenir*, particulièrement fréquent, qui admet d'ailleurs des constructions plus variées : ' *avient* que... ' ou ' bien (mal) *avient* à quelqu'un de quelque chose ', impossibles avec *venir*. Il existe aussi un verbe *esvenir*, variante rarissime de *avenir* (XII 230).

L'idée que l'événement en question vous prend tout à fait à l'improviste peut se rendre par ' *venir sur (en) (devant) la main* ' : ainsi, ' ces nouvelles li *vinrent en le main* ' (XI 251) ; ' se autres incidences... leur *venoit sur le main*, le voyage de Portingal devoit estre retardé ' (XII 123) ; l'idée qu'il « tombe bien », par ' *venir à point* ' (VIII 102), celle qu'il

« tombe mal », par ' *venir à rebours* ' (VIII 63). On doit enfin rattacher à ces emplois de *venir* et *avenir* les expressions ' faire à l'*avenant* ' (I 134), c'est-à-dire « agir selon que les événements tournent d'une manière ou d'une autre, s'y conformer », et ' au mieux *venir* ' (X 29, 152, XI 56) : « en mettant les choses au mieux ».

I. B. 2. 1. 2. Dans le groupe formé par le verbe *cheir* (forme préférée à *cheoir*, ou *choir* dans les Chroniques) et ses dérivés *encheir, escheir, rescheir*, le verbe *escheir* est le plus rarement accompagné d'un adverbe comportant un jugement de valeur, donc le moins marqué. Sa variante *rescheir* ne s'emploie, semble-t-il, d'ailleurs en concurrence avec lui, qu'en parlant d'une sorte bien particulière d'événements : les héritages. Le simple *cheir*, au contraire, est, le plus souvent, assorti des adverbes ' bien ' ou ' mal ', et se prête donc à des emplois plus expressifs. Quant à *encheir*, il n'a été relevé qu'une fois dans la tournure impersonnelle ' bien leur *enchey* ' (XII 302), « ce fut tant mieux pour eux ».

I. B. 2. 1. 3. *prendre, se prendre, en prendre* (ou *emprendre* en un seul mot, XII 31) entrent dans les types de constructions suivantes :
— ' *Prist* une maladie à Jehan Lion ' (IX 190)
— ' Nul damages ne *se prist* en la ville ' (V 212)
— ' Il leur *en* est mal *pris* ' (X 291)
Gaston de Foix, apprenant la défaite de seigneurs gascons à qui il avait déconseillé d'aller se battre au Portugal constate : ' Il leur *est pris* du voyage... ainsi que je leur ai dit au partir ' (XII 171).

I. B. 2. 1. 4. Les verbes suivants, plus rares, contiennent une métaphore vraisemblablement plus sensible que les précédents : *sourdre* employé en parlant de guerres (IX 159), d'embuscades (X 6), de grands maux (VII 224), de ' besongnes ' (VI 91), de troupes qui arrivent en renfort (X 15, 16) ;
s'émouvoir, c'est-à-dire, « se mettre en branle » « se produire », relevé à propos de guerres et de troubles divers (I 7, IX 119, IV 132 etc...) On peut trouver aussi *encourir* et *s'eslever*, liés l'un à l'autre : ' C'est li poins par quoi les guerres, les pestilences et les tribulations sont depuis *incourutes* et *eslevées* ' (I 11), ou associés à *avenir* : ' li meschiés avenus... et *encourus* entre Escoce et Engletière ' (XI 173).

Il faut noter que ces verbes ont facilement une valeur inchoative et que, s'ils expriment la survenance, c'est, en général, moins celle d'un événement ponctuel que celle du début d'affaires destinées à durer.

I. B. 2. 1. 5. Enfin, le verbe *apporter*, dans quelques emplois métaphoriques, personnifie en quelque sorte la cause de l'événement : ' nagièrent à plain voile, ensi que li temps l'*aportoit* ' (III 8), et ' un jour perdoient et l'autre jour gaaignoient enssi que les aventures *aportoient* ' (X 61).

I. B. 2. 2. Verbes ayant pour sujet grammatical l'individu concerné par l'événement.

I. B. 2. 2. 1. Ce que le *temps* ou l'*aventure apporte*, l'homme le *trouve*, le *reçoit*, l'*a*, ou le *prend*. ' *Trouver* les armes ' (III 131), c'est « avoir l'occasion de se battre ». Mais ce sont habituellement des gens, ennemis ou non, que l'on *trouve*, c'est-à-dire que l'on « rencontre ». Dans des contextes impliquant l'idée d'un événement qui intervient dans la vie du sujet, *recevoir* a été relevé avec les compléments suivants : ' blessure ' (II 92), ' grant peine ' (XII 91), ' dommage ' (IX 94, V 155). *Avoir*, avec ' un siège ' (XI 248), un ' assaut ' (VI 141), des ' horions ' (V 105), ' la bataille ' (IX 6, XI 201), ' fort temps ' (IX 72), ' vent ' (X 288). *Prendre*, avec ' perte ' (XII 299), ' travail ' (VIII 41), ' fin ' (IX 83, XI 132), ' guerre ' (IV 43, IX 159), ' dommage ' (IX 257, XI 143, III 31), ' aventure ' (V 197, XI 167), ' profit ' (XI 43). L'abondance des compléments exprimant un malheur est fortuite et tient aux sujets traités par Froissart ; néanmoins, le ' profit ' est une chose heureuse, et le ' vent ', pour qui navigue à la voile, une circonstance favorable. Il est bien évident que des verbes aussi neutres n'ont par eux-mêmes rien de péjoratif.

Le verbe *prendre* est employé au passif dans l'expression ' *être pris sur un pied* ' (V 124, VII 76, 77, XI 140), « être pris, ou surpris à l'improviste », qui correspond en somme au ' venir sur la main ' de la première catégorie. (I. B. 2. 1.)

I. B. 2. 2. 2. Les verbes *cheir, encheir, escheir,* et *encourir* présentent cette particularité de pouvoir fonctionner aussi bien dans la seconde (I. B. 2. 2.) que dans la première catégorie. (I. B. 2. 1.) Dans ce cas, ils expriment l'idée de « tomber par hasard dans telle ou telle situation ». *Encheir* et *encourir* sont nettement moins fréquents que *cheir et escheir*, mais fonctionnent de la même façon. Les compléments qui ont été relevés peuvent désigner :

— un lieu où l'on arrive par hasard : après une marche longue et pénible, une troupe d'Anglais arrive dans un petit village incendié par les Écossais et sont heureux de pouvoir s'y loger ; ' si leur sembla droitement qu'il fuissent *cheu* à Paris ' (I 62) ; Froissart ne pouvait ' mieulx ou monde *escheir* pour estre informé justement de toutes nouvelles ' que chez Gaston de Foix (XII 2).

— une situation quelconque : ' toutes les incidences où il pooient *encourir* ' (IX 64) ; ' que il n'*escheissent* en ce *party* ' (III 143) ; ' *cheir* en pieur marché ' (XI 251)

— une situation malheureuse : ' pestilence et misère ' (V 162), ' misère et tribulation ' (V 60), ' tourble et meschief ' (V 114), ' dangier ' (X 202). Le verbe *escheir* semble le seul employé quand il s'agit d'' *escheir* es mains de ' gens qui vous veulent rarement du bien (VI 169, X 230, XI 113 etc...)

— parfois une situation heureuse : ' ma fille seroit bien ewireuse, si elle pooit *escheir* ne venir à si haut honneur comme de estre roïne de France ' (XI 228). Un capitaine à qui on propose de négocier répond : ' Sire, l'honneur salve de moy et de mes gens, je vorroie bien *encheir* en toutes voies de raison ' (V 25).

— assez souvent, une situation de nature psychologique, constituée par les rapports des individus entre eux : les gens peuvent, entre eux, *cheir* ' en haine ' (XII 110) ou ' en accord ' (VII 149), ou *escheir* ' en discention et rebellion l'un contre l'autre ' (VIII 60) ; *encheir*, ou, beaucoup plus fréquemment, *escheir* en ' la grace et l'amour ' (IV 123, XII 169), ' l'indignation ' (IV 187, X 271), ' la haine et malinvolence ' (I 47) d'une autre personne. On peut même ' *escheir* en coer ' à quelqu'un (XI 225), c'est-à-dire « lui plaire ».

— Il peut enfin s'agir de la situation créée par un jugement judiciaire ou moral dont on est l'objet : ' *escheir* en sentence ' (I 185) ; ' *encourre* en tel blasme et tel diffame comme rois sacrés doit *encourir* en tel cas ' (VI 31).

Dans tous ces exemples, le verbe exprime un événement marquant un point quelconque de la durée propre au complément.

I. C. L'« ACTUEL » : LA « SITUATION »

I. C. 0. La « situation » s'oppose à l'« événement », essentiellement ponctuel, par son caractère duratif. Elle résulte d'un ou de plusieurs « événements » — ou d'actions — ; elle est le milieu dans lequel baigne le sujet, le tissu même de son existence jusqu'à ce qu'un nouvel « événement » — ou une nouvelle action par lui-même entreprise — vienne la modifier. Alors que l'événement surprend, on s'habitue à une « situation », bien qu'elle soit elle aussi, dans une plus ou moins large mesure, due au hasard. C'est pourquoi le sème « fortuit », sans être absent des mots ci-dessous recensés, n'y apparaît pas avec autant de clarté que dans ceux du § I. B.

Le mot propre à traduire toutes les nuances de cette notion, et pratiquement substituable à tous ses concurrents, est le mot *estat*.

I. C. 1. Les substantifs

I. C. 1. 1. *Cas*, on l'a vu au § I. B. 1. 2., admet des contextes qui lui confèrent une valeur durative aussi bien qu'une valeur ponctuelle : Le comte de Flandres et le roi d'Angleterre, réunis à Douvres, négocient un important mariage princier ; ' Encores estoient il là, quant li dessus dis varlés et messages en ce *cas* apporte les nouvelles de la besongne d'Auroy, ensi comme elle avoit alé ' (VI 174). Il s'agit ici d'une situation de quelque durée traversée par un événement, et *en ce cas* pourrait ici, semble-t-il, se traduire en français moderne par « sur ces entrefaites ». La locution conjonctive *ou cas que* introduit l'énoncé d'une situation dans divers exemples non ambigus, en particulier lorsque le verbe qui suit est au présent ou à l'imparfait : Froissart vient de faire une énumération impressionnante des forces armées dont dispose le roi de Castille en lutte contre celui de Portugal. Arrive le moment de passer à l'action ; ' si avisa, pour plus honnerablement user de ceste guerre, *ou cas que* il se sentoit fors assés de gens et de poissance, que il manderoit au roi de Portingal la bataille ' (X 192). Ici, *ou cas que* pourrait se traduire en français moderne par « étant donné que », c'est-à-dire « la situation étant telle que... ».

On peut rapprocher, pour le sens, de cet emploi de *ou cas que*, l'expression *sus cel estat*, (et sa variante *sus tel estat que*) particulièrement fréquente, qui entre dans des constructions syntaxiques différentes, mais exprime également une situation à partir de laquelle une décision, une prévision, un projet peuvent être formulés : Les Anglais ' quidoient ce jour avoir la bataille, et *sus cel estat*, il s'ordonnoient ' (IX 262) ; Du Guesclin, assiégeant les habitants de Limoges ' les avoit telement astrains qu'il estoient *sus tel estat* que pour yaus rendre ' (VII 240).

Le mot *point*, comme le mot *cas*, peut, selon les contextes comporter un sème « ponctuel », et signifie bien souvent « le moment précis ». Mais il n'est pas sans exemple qu'il signifie également la « situation » d'ensemble, telle qu'on peut l'observer en ce « moment précis » du cours de l'histoire sur lequel on a choixi de fixer son attention. ' Li dus Aubiers n'avoit nulle fille en *point* pour marier ' (IX 206), c'est-à-dire, bien sûr, arrivée à l'âge où l'on pouvait alors contracter un mariage, mais aussi en situation de le faire (célibataire, non religieuse, normalement constituée...). ' Quoique li pays de Haynau ne fust en *point* de guerre, si se tenoient les forterèces... sus leur garde ' (I 193). ' Dieu merchi, nous sommes en bon *point*, et n'avons garde de nos ennemis ' (IX 202).

Lorsqu'il s'agit de revenir à une situation antérieure ou de créer une situation nouvelle, c'est pratiquement toujours *point* qui est employé dans les expressions ' (re)mettre en (bon) (droit) *point* '. Après une rébellion, le roi d'Angleterre ' ot conseil que il visiteroit son roiaulme, et chevauceroit et iroit par tout les bailliages et mairies et senescaudies et casteleries et mettes d'Engletière pour pugnir les mauvais... et remeteroit le roiaulme en son droit *point* ' (X 130). Jean Lion prépare de longue main la révolte de Gand contre le Comte de Flandres : ' Toudis dissoit... : «il fait bon estre bien de son signeur», mais il voloit tout le contraire et le pensoit, et bien dissoit en li meismes que la cose n'estoit point encores ou *point* où il le meteroit ' (IX 181). En cet emploi, *estat* ne fait à *point* qu'une très faible concurrence. On peut lire toutefois : La duchesse de Brabant, qui voulait allier, par deux mariages, les duchés de Hainaut et de Bourgogne,ʻ avoit grant paine d'aller de l'un à l'autre et de remettre les trettiés en *estat* et ensemble ' (XI 190). On trouve aussi le mot *couvenant* (qui sera étudié plus particulièrement au § I. C. 1. 4.) allié à *point* dans l'un de ces couples synonymiques si fréquents dans le style de Froissart : ʻ Le royaume a esté... en grant aventure de estre tout perdu, mais, Dieu mercy, les besongnes y sont à présent en bon *point* et en ferme *couvenant* ' (XII 248).

Au cours du livre II, après avoir longuement raconté ce qui s'était passé en Angleterre en 1381, Froissart passe aux affaires de Flandres par la transition suivante : ʻ En ces *ordonnances*, et en ce temps que ces aventures... estoient avenues..., ne sejournoient mies les guerres de Flandres ' (X 139) ; de même, après avoir décrit une panique parmi les Flamands, il introduit le récit de l'avance des attaquants français par la formule : ʻ Entruesque ces *ordenances* se portoient... ' (XI 24). Le rapprochement avec divers autres exemples montre que le mot *ordonnance* se prête à désigner le cours d'un ensemble d'événements vu de façon synthétique. Ainsi, quand des seigneurs anglais, de retour du Portugal où ils se sont battus, sont interrogés sur ce qu'ils y ont fait, ʻ il en dissent assés, et toute l'*ordenance* de leur guerre ' (X 200). Il y a donc, semble-t-il, dans ces emplois d'*ordonnance*, outre le sème « duratif », l'idée d'un enchaînement d'événements et d'une situation en évolution. Exceptionnellement, *couvenant* peut se trouver dans un contexte où *ordonnance* lui serait substituable. ʻ Ces nouvelles vinrent au duc... commant li Gantois avoient courut, ars et pilliet sour le roiaulme de France. Si en escripsi tantos tout le *couvenant*... devers son nepveu le roi de France ' (X 250).

I. C. 1. 2. Les mots ci-dessus étudiés expriment la notion de « situation » dans ce qu'elle a de plus abstrait et ne s'opposent entre eux que par des différences d'aspect ou d'emploi syntaxique. Ceux qui apparaîtront dans les paragraphes suivants s'opposent aux précédents et s'opposent entre eux par la présence de sèmes « intérieur » ou « extérieur », les uns désignant la situation telle qu'elle est subie par le sujet, les autres un ensemble de faits, de dispositions, de comportements où peut entrer une part d'activité, mais qui constituent une « situation » pour le sujet qui les observe de l'extérieur.

I. C. 1. 3. Le premier de ces deux ensembles se compose essentiellement du mot très usuel *parti*, auquel *estat* ne fait en cet emploi qu'une faible concurrence. Il entre habituellement dans les combinaisons ʻ mettre ', ʻ encheir ', ʻ se bouter ', ʻ estre ', ʻ gesir ', ʻ se veoir ' en tel ou tel *parti*. Voici le récit d'un épisode de la guerre qui opposait, dans le Nord de la France, les troupes combattant respectivement pour le roi de France et pour le roi de Navarre : ʻ Li sires de Pinon et ses gens les perçurent de lonc nestre et approcier viers yaus et que il leur voloient trencier le chemin cesti qu'il tenoient, et veoient bien ossi que il estoient grant nombre de gens et ne leur pooient escaper nullement. Toutesfois, bien considéré le peril et le *parti* où il estoient, il dissent que il chevauce- roient fort à l'esporon et se bouteroient en le première garnison ou forte maison françoise qu'il trouveroient ' (V 138). Le sire de Beaujeu vient d'être tué à la guerre : ' Li autre compagnon... qui veoient leur signeur là gesir et en tel *parti*, furent si foursené que il sambloit que il deuissent issir dou sens ' (IV 118). Ce mot entre donc facilement dans la locution *en parti pour*, suivie de l'infinitif, qui exprime que les circonstances sont favorables à telle ou telle action : ' Je vous avise que li contes de Canbruges et li contes de Pennebruch et leurs gens sont venu devant Belleperce... et sont bien en lieu et en *parti* pour yaus porter damage ' (VII 216).

Le *parti* peut être aussi cette sorte particulière de situation que consti- tuent les relations du sujet avec autrui (v. aussi I. B. 2. 2. 2.) et la faveur ou la défaveur dont il est l'objet : ' Ceulx de Louvaing... estoient en différend et en dur *party* envers le duc Wincelin de Braibant, leur seigneur, qui les vouloit guerroyer et abatre leurs portes ' (X 239).

Le mot *parti* est ordinairement qualifié par les adjectifs *dur* ou *bon*, ou déterminé, dans l'expression *parti d'armes* qui exprime souvent le rapport des forces et la situation stratégique en général, comme dans ce récit d'un dur affrontement entre les gens de Lourdes et ceux de Tarbes : ' Là vinrent il l'un sur l'autre et commencièrent à bouter et à pousser fort et roide de leurs lances... Quant ilz eurent assez bouté et poussé de leurs lances, ilz les ruèrent jus et estoient ja tous eschauffez, et prinrent leurs haches et se commencièrent de haches à combattre et à donner grans horions et chascun avoit le sien. En cel estat et en ce *parti d'armes* furent il plus de trois heures, et se batirent si très bien que merveilles... ' (XII 52).

Estat peut s'employer dans des cas absolument comparables : ' Là veït on les plus fors et les plus appers et les mieux combatans et moult bien se portèrent et li une partie et li autre. Et furent en cel *estat* environ une heure, toudis combattant et poussant ' (IX 248). Toutefois, lorsqu'*estat* peut se substituer à *parti*, il n'est ordinairement pas qualifié et semble, affectivement, plus neutre ; il entre facilement dans des tournures indéfinies : ' cil doi chevalier... portoient cescuns une mesme devise... dessus leur deseurain vestement, en quel *estat* qu'il fuissent ' (V 28) ; ' messires Rogiers de Coulongne... estoit friches homs, doulz et courtois durement, et bons chevaliers en tous *estas* ' (IX 248).

L'expression ' estre en bon (ou en mauvais) *couvenant* ', malgré les apparences, n'est pas substituable à ' estre en bon (ou en dur) parti '. Elle implique, plus que l'idée de circonstances fortuites particulièrement favorables ou défavorables, celle d'une organisation et d'un comporte- ment. On peut être en *dur party* et néanmoins en *bon couvenant*. Le mot *couvenant*, très polysémique, sera étudié au § I. C. 1. 4. et en divers autres chapitres.

I. C. 1. 4. Le second ensemble offre un plus large éventail lexical. Nous commencerons par *couvine* qui n'est certes pas le plus employé, mais présente l'intérêt d'être, semble-t-il, monosémique ; nous verrons ensuite quels autres mots lui sont totalement substituables ou présentent, dans des constructions différentes, des valeurs semblables. Au cours de la lutte fratricide qui l'oppose à don Pedro de Castille, ' li rois Henris... avoit ses espies alans et venans, qui savoient et reportoient songneusement le *couvine* dou roy dan Piètre et de son host ' (VIII 74). Les Anglais se sont logés dans un village où ils se croient à l'abri, mais ' si que leur varlet entendoient à establer leurs chevaus et appareillier le souper, evous ces François venus, qui savoient bien lor *couvine*, tout avisé de ce qu'il devoient faire ' (VII 172). Messire Thomas de Felleton demande au Prince de Galles de le laisser aller en reconnaissance : ' Je vous prommech que nous chevaucherons si avant que nous sarons le *couvine* des ennemis ne de quel part il se tiennent ne se logent ' (VII 13).

On voit que dans ces trois exemples, il s'agit de ' savoir ', par information, ou par observation directe la « situation » apparente de quelqu'un d'autre que soi-même.

Le mot *couvenant*, beaucoup plus courant, est exactement substituable à *couvine* dans un grand nombre de ses emplois : on ' voit ', on ' sait ' le *couvenant* de quelqu'un ; on en est ' informé '. Le plus souvent, étant donné les sujets guerriers traités par Froissart, il s'agit de connaître les effectifs des ennemis, le lieu où ils se trouvent, la disposition de leurs troupes. En une occurence même, il s'agit, concrètement, du campement lui-même : ' Chevauciés avant, plus priès du *couvenant* des Englès et avisés et regardés justement leur arroi, et comment il sont, et par quel manière nous les porons combatre, soit à piet, soit à cheval ' (V 20). Mais d'une façon générale, le mot peut s'appliquer à toute « situation » objectivement constatée, quelle que soit sa nature, son importance, sa durée, aussi bien celle d'une personne : ' Chil de Bruges estoient bien enfourmet dou *couvenant* dou roi, comment il estoit à sejour à Ippres et que tous li païs... estoit rendus à lui ' (XI 35), que celle d'un pays : ' Je ne trouve pas mon païs ou *couvenant* où il estoit quant je en envoiai en Engletière... et par especial... chiaulx de Nantes qui sont plus rebelle que nuls des aultres ' (X 3), fait dire le duc de Bretagne aux Anglais à qui, après la mort de Charles V, il n'a plus guère envie de tenir les promesses qu'il leur avait faites.

Affaire fait à *couvenant*, dans tous les emplois ci-dessus étudiés, une faible concurrence : ' Cil quatre chevalier chevaucièrent si avant que il approcièrent de moult priès les Englès, et que il peurent bien aviser et imaginer une grant partie de leur *afaire* ' (III 172) ; ailleurs, on donne au roi de Castille attaqué par les Anglais le conseil suivant : ' Mandez... tout vostre estat et l'*afaire* de vostre pays au roy de France ' (XII 322).

En ce qui concerne particulièrement l'observation des troupes ennemies, *manière* se substitue fréquemment à *couvine* et *couvenant*, parfois allié à *ordenance* : ' Li connestables de France... ordonna à une fois toutes ses batailles sus le sablon... Li contes de Cantebruge qui estoit d'autre part en veï la *manière*, si dist : « qui m'aime, si me sieuche, car je m'en irai combatre » ' (IX 84) ; ' Quant li Englès... veirent le *manière* et *ordenance* dou connestable et des François..., si se commencièrent à consillier et aviser qu'il se renderoient par trettié ' (VIII 23).

Dans le cas de situations plus durables et plus étendues que celle d'un corps de troupes, essentiellement mobile, par exemple de la situation d'un pays à un moment donné, à côté de *couvenant* et *afaire*, on retrouve parfois *manière* ; mais on peut substituer encore à ces trois mots *condicion*, *estat* et *fait*. Le duc de Lancastre, époux de l'héritière de Castille en guerre avec le Portugal, demande à Laurentien Fougasse, un voyageur portugais qui savait parler ' très bel françoys ' : ' Je vous pry que vous me comptez... la *condition* et *manière* de vostre terre de Portingal et queles choses y sont avenues depuis que mon frere s'en party ' (XII 248). Laurentien se lance alors dans un long récit de l'adultère du roi Ferrand de Portugal avec Aliénor de Coigne, du mariage illégitime arraché sous la contrainte à l'archevêque de Coïmbre, de la naissance d'une fille, et des difficultés successorales qui en étaient résultées. Des chevaliers français ayant longuement séjourné en Écosse, on leur dit, à leur départ : ' Signeur, vous avés veu la *manière* et *condicion* de nostre pays, mais vous n'avés pas veu toute la poissance ' (XI 176). Des contextes assez étendus montrent dans les deux cas que c'est bien de la situation politique qu'il s'agit.

Pour traduire cette notion, le mot le plus courant est cependant *estat*. On relève : ' enfourmés de l'*estat* et des traitiés de Honguerie ' (XI 249) ; ' remoustrer les besongnes et *estat* d'Aquitaine ' (VIII 32) ; ' desiroient trop à savoir l'*estat* de Franche ' (IX 70). Plus rarement, on trouve *fait*, en particulier dans les transitions : ' Je me sui longuement tenus à parler dou *fait* de l'Église : si m'i voel retourner, car la matère le requiert ' (IX 143) ; ' Or revenrons nous au *fait* de Bretagne et as guerres, qui y estoient fortes et dures ' (VIII 199).

I. C. 1. 5. Une sorte particulière de « situation » est le rang que l'on occupe dans la société et le train de vie qui l'accompagne. Les mots qui expriment cette notion sont *estat* et *affaire*, accessoirement *condition*. Par une des clauses du traité de Brétigny, Édouard III prend l'engagement suivant : ' se nulz de nos subgès, de quelconque *estat* ne *condicion* qu'il soit face... pillages..., il soient dès lors reputés pour banis de nostre royaume... et tous leurs biens confisqués ' (VI 49). Voulant repeupler Calais, il y envoie, avec leurs familles ' trente six riches bourgois et sages hommes... et plus de quatre cens autres hommes de mendre *estat* ' (IV 66). Pendant la jacquerie, ' nulz des princes ne des gentilzhommes n'osoit moustrer contre ces gens de bas *estat* ' (V 230). Au cours d'une réception, il est d'usage de ' festiier et saluer ' ses hôtes, ' cescun selonch son *estat* ' (II 132). La société est en effet divisée en ' trois *estas* ' (V 96) ; mais enfin, les ' gens d'*estas* ', sans autre précision, sont toujours de

rang élevé : les Anglais, pendant leur campagne de 1359 dans le nord
de la France disposaient de petits bateaux de cuir bouilli qu'ils utili-
saient, entre deux opérations militaires, pour aller à la pêche sur les
étangs, ' de quoi eurent grant aise tout le temps et tout le quaresme,
voires li signeur et les *gens d'estat* ' (V 225). Guillaume de Douglas,
à l'ancre au port de l'Écluse, festoie richement, sur son navire, ' tout
cil qui le voloient aler veoir... mès que ce fuissent gens d'estat ' (I 81).

Le mot *afaire* fait à *estat* une certaine concurrence et lui est facilement
allié ; il est employé tout spécialement avec un qualificatif élogieux,
Peut-être a-t-il trait, plus particulièrement qu'*estat*, au « train de vie ».
ce qui éclairerait le fait qu'on rançonne ses prisonniers ' cescun selonch
son estat et son *afaire* ' (VI 27), ainsi que les exemples suivants : ' très
honnête bourgois et de grant *afaire* ' (IV 59) ; ' moult gentilz homs et
de bon *afaire* ' (V 142) ; ' uns sires de noble sanch, et de hault *afaire*
et de grant linage ' (VII 178). Mais ce n'est là qu'une hypothèse, aucun
exemple absolument probant n'ayant été relevé.

I. C. 2. Les verbes, à part *estre,* et *avoir* impersonnel, sont en petit
nombre : il s'agit de *faire, aller, se porter.*

Se porter est extrêmement courant et exprime de la façon la plus
générale l'évolution d'une situation ou le déroulement d'un ensemble
d'événements ou d'actions. Outre ' les choses ', extrêmement fréquent,
il admet, pour sujet grammatical des mots désignant un espace de temps :
' saison ' (IV 46), ' journée ' (IX 274) ; des événements : ' incidences '
(XI 115), ' aventure ' (IV 10) ; toutes sortes d'actions : ' besongnes '
(XI 115), ' ordenance ' (III 177), ' affaire ' (IX 158), ' trettiés ' (VI 25),
' parlement ' (II 99), ' fait d'armes ' (IX 143), ' chevauchie ' (X 183),
' escarmuce ' (IX 226), etc...

Aller, synonyme de *se porter,* se distingue de celui-ci par la variété
des constructions syntaxiques qui lui sont propres. Il entre ordinairement
dans les clichés que voici :

— ' conter la besogne (ou l'' aventure ', ' l'afaire ', ' le fait ') comment
elle avoit alé ' (VII 50, VIII 62, 143 etc...)

— ' *la chose* (ou *les choses*) *va* (ou *vont*) bien (ou mal) ' (extrêmement
fréquent).

— ' il *va* ', impersonnel, suivi d'un adverbe : ' Biaus frere, il ne *va* point
ensi ' (II 98), et ses variantes : ' ainsi *va* de ' telle ou telle chose (' aventure ', ' emprise ', ' besogne ', ou encore, la mort de quelqu'un) (IX 249,
X 290, IX 140, 78), ou, avec un complément désignant une personne,
la tournure ' il vous *va* trop grandement bien ' (XII 188), c'est-à-dire
« votre situation est excellente ».

— enfin, avec une valeur fortement durative et progressive, la tournure
' tant est *alé* que... ' : ' Très chiers sires, vous avés soustenu le oppinion
monsigneur Charle de Blois vostre cousin, et ossi fist vostre signeur de
père, et li rois Phelippes vostres taions qui li donna en mariage l'iretière

et la duché de Bretagne, par lequel fait moult de grans maulz sont avenu en Bretagne et ens es pays voisins. Or *tant est alé* que messires Charles de Blois, vostres cousins, en l'iretage gardant et deffendant, est mors. ' (VI 178).

Quant à *faire*, impersonnel, il comporte toujours une qualification affective, entrant dans la construction ' il *fait* bon ' (ou ' dur ' ou ' mauvais ') suivi de l'infinitif : ' il *faisoit*... trop dur... à passer les montagnes ' (XI 274) ; ' il *fait* fresc et mauvais chevaucier ' (X 288). On trouve même ' il ne *fait* nul ' suivi de l'infinitif, avec le sens de « il n'y a pas moyen de », par exemple dans ' il ne fait nul aller en ce pays ' (XI 3).

I. D. « BONHEUR » ET « MALHEUR »

I. D. 0. Les mots ci-dessus étudiés, quoiqu'ils n'impliquent par eux-mêmes aucun jugement de valeur, sont souvent accompagnés d'adjectifs ou d'adverbes destinés à préciser, devant l'événement ou la situation, la réaction affective du sujet ou de l'auteur.

Froissart dispose, de plus, d'un ensemble de mots qui n'ont pas besoin d'être qualifiés pour exprimer les notions d'événements ou de situations heureux ou malheureux et les virtualités correspondantes.

I. D. 1. Le « bonheur »

Dans quelques contextes, *fortune*, sans aucune qualification, prend évidemment le sens d'« heureuse fortune », c'est-à-dire de ce que nous appelons aujourd'hui « la chance », cette virtualité d'événements heureux inexpliquablement attachée à certains individus. C'est une des qualités essentielles du parfait chevalier : Jean Chandos ' avoit le renommée d'estre li uns des milleurs chevaliers de toute Engleterre, de sens, de force, d'*eur*, de *fortune*, de haute emprise et de bon conseil ' (IV 135) ; Le Prince de Galles était ' renommé de bonne chevalerie, de grasce et de *fortune* ' (VI 201) ; il a ' le grasce, l'*eur* et le *fortune* d'armes plus que nulz princes aujourd'hui ' (VII 11).

Fortune, au sens de « chance » est généralement du domaine des virtualités. Un exemple au moins, cependant, montre que dans certains contextes (ici, le verbe ' entrer ' qui marque le début d'un état), ce mot peut prendre une valeur actuelle et durative et dénoter une situation heureuse : Jacques d'Arteveld ' estoit entrés en si grant *fortune* et si grant grasce que c'estoit tout fait quant qu'il voloit deviser et commander par toute Flandres ' (I 127).

Fortune peut donc, quoique rarement, entrer en concurrence avec un mot spécialisé dans la désignation de situations durables, objectivement heureuses, *prospérité*, dont les emplois dépassent largement le cas de la simple richesse matérielle, encore que cet aspect des choses apparaisse clairement quelquefois : Étienne Marcel et ses partisans traitent avec les Anglais pour demeurer ' en vie et en bonne *prospérité* dou leur et de leurs amis ' (V 115) ; l'abbé de Saint Victor, de Marseille ' fu creés pape et appelés Urbain Vᵉ. Si regna depuis en grant *prosperité* et augmenta moult l'eglise et y fist plusieurs biens à Rome et ailleurs ' (VI 79).

Eur est souvent associé à *fortune* avec la valeur « virtuelle » de « chance », comme en témoignent les exemples déjà cités à propos de *fortune* (IV 135, VII 11). Mais il se prête, plus facilement que *fortune* à prendre une valeur « actuelle » et désigne alors non pas la « situation », mais l'« événement heureux » qui est une manifestation de cette « chance » : Une troupe de cavaliers se hasarde sur un pont trop peu solide pour les porter. Beaucoup se noyèrent. Néanmoins ' aucun eurent l'*eur* et l'aventure de passer outre ' (X 290).

De même, les adjectifs correspondants, *ewireus* (en français moderne *heureux*) et *fortuné*, partiellement synonymes sont volontiers associés quand il s'agit de gens « nés sous une bonne étoile » ; mais *ewireus* apparaît seul quand il s'agit de qualifier une aventure déterminée, ou une personne à qui la chance sourit dans une circonstance particulière : D'une part Du Guesclin est nommé connétable parce qu'il est, d'une façon générale ' le plus vaillant, mieus tailliet et sage de ce faire et le plus *ewireus* et *fortuné* en ses besongnes qui en ce temps s'armast pour le couronne de France ')(VIII 253) ; mais, d'autre part, ' li François furent desconfi... et chil tout *ewireus* qui purent partir ' (VI 226).

En somme, si l'on excepte *prospérité* (« actuel ») et *fortuné* (« virtuel »), on constate que ce sont les mêmes mots qui, dans ce domaine servent à l'expression de l'actuel et du virtuel, qu'ils sont en petit nombre, et qu'il n'existe pas un seul verbe spécifique signifiant « se passer » ou « arriver » en parlant de situations ou d'événements heureux.

I. D. 2. Le « malheur »

L'organisation des mots servant à désigner le « malheur » est bien différente : si *fortune* et *fortuné* ont des antonymes : *infortuneté* et *infortuné*, il n'en est pas de même pour *eur* et *ewireus* dont aucun dérivé n'apparaît ici.

I. D. 2. 1. Les exemples relevés de *infortuné* (III 185, VIII 44) et de *infortuneté* (V 42, VII 195, VIII 63, 102, X 227, 230, XI 213) se réfèrent tous à une circonstance précise tout en impliquant l'idée que le malheur présent est une manifestation de la « malchance » virtuelle qui s'attaque à un personnage ou à un parti, en particulier dans des expressions du type ' il mesavint, par grant *infortuneté*, à un bon et jone chevalier de France ' (X 213). On sait que Philippe VI, battu à Crécy, s'enfuit en pleine nuit, après la bataille, avec quelques compagnons. Arrivé au château de la Broie, il tente de s'y faire accueillir en criant : ' Ouvrés, ouvrés, chastellain, c'est li *infortunés* roi de France ' (III 185). Si l'on songe à l'importance que revêt, parmi les qualités majeures du chevalier, la *fortune*, l'*eur*, ce don mystérieux d'attirer le succès, on peut penser que cette parole fameuse exprime non seulement la constatation d'un malheureux hasard, mais encore le sentiment soudain et désespéré d'une « malchance » fondamentale attachée à sa personne.

I. D. 2. 2. A l'encontre de ce qu'on pouvait constater à propos du « bonheur » (v. § I. D. 1.), les mots spécialisés dans l'expression du malheur actualisé sont nombreux et l'ensemble qu'ils forment comporte quelques verbes. Certains le montrent sous son aspect ponctuel ; ce sont, pour commencer par les plus usuels st les moins marqués : — *mesvenir* ou *mesavenir* et *mescheir*, composés, au moyen d'un préfixe péjoratif, des verbes étudiés au § I. B. 2. 1., synonymes et de construction impersonnelle : ' Je li enjoindi... que il alast deviers le roi Charle de France, et li remoustrast ses besongnes et se ordonnast tous par li. De tout ce n'a il riens fait dont il l'en est *mesvenu* ' (IX 152) ; ' A ! Gautier, biaulx fils ! Comment il vous est tempre *mesavenu* en vostre jonesche ! Vostre mort me fera tamaint anoi ' (X 145) ; ' A celui à qui il *meschiet*, chacun lui mesoffre ' (X 238).

— Les substantifs dérivés de ces verbes : *mesavenue* : Les chefs militaires qui se sont laissé enlever par surprise la ville de Vannes sont ' pour le *mesavenue* tous honteus ' (III 18) ; *mesaventure* : ' Or regardés la grant *mesaventure*, car ilz occirent bien ce samedi au soir de bons prisonniers ' (XII 163) ; *mescheance* (alors que *cheance* n'a pas été relevé) : ' Cescuns li ala remoustrer et complaindre ses damages et ses *mescheances*... et toute la destruction que... li Englès avoient fais en son pays ' (II 120) ; des gens accusés d'incendie volontaire se disculpent en disant que ' li castiaulx estoit ars par *mescheance* et non autrement '. Ce n'était, en somme qu'un ' feu de *mescheance*, si com on dist ' (IX 185). Ce mot est d'ailleurs parfois vigoureusement renforcé en ' male *mescheance* ' (IX 194, X 220). Les expressions adverbiales ' par *mesaventure* ', ' par *mesavenue* ' servent à qualifier l'événement qu'on est en train de raconter : ' Les nouvelles vinrent au conte de Stafort que ses fils estoit ochis par grande *mesavenue* ' (XI 263) ' Ces... pillars... nous ont desconfis par grant *mesaventure* ' (VI 103). Elles peuvent être rapprochées d'autres expressions adverbiales relevées au § I. B. 1. 3. ' de male estrine ' et ' à la male heure '.

— *empeschement* dénote une circonstance fâcheuse qui vous empêche de mener à bien vos projets : ' Il le sieuroit hastéement en Portingal, voire se plus grans *empechemens*, que il ne veoit encores, ne estoient apparant en Engletière ' (X 92).

— *deablie* peut dénoter un événement extrêmement fâcheux et inopiné et, en somme, diabolique : ' Or regardés la grant *deablie* que ce euist esté, se li rois de France euist esté desconfis en Flandres et la noble chevalerie qui estoit avoecques lui en che voyage ' (XI 35).

— *plaie* dénote, sans doute par allusion aux plaies d'Égypte, un malheur tenu, dans une perspective religieuse, pour un châtiment. Elle est ' envoiee de Dieu ' (XII 226) ; la folie de Charles VI en était une : ' La *playe* crueuse luy estoit envoyée pour exempler son royaume ' (K. XV 50).

— Il en est de même pour *verge* (var. *verghe*) : Devant les difficultés que rencontrait, à Gand, le Comte de Flandres, ' pappes Clemens... disoit que Dieux li envoiioit ceste *verghe*, pour tant que il li avoit esté contraires ' (IX 232).

I. D. 2. 3. D'autres mots passent facilement de l'aspect ponctuel à l'aspect duratif et peuvent désigner selon les cas un triste événement ou une triste situation. Le plus courant est *meschief*, évidemment duratif quand il s'agit d'être ' en grant *meschief* et misère ' (V 180) ou qu'au spectacle des guerres qui déchirent l'Europe, on émet l'opinion que ' si est grant *meschiés* de ce que chrestiien destruisent ensi li uns l'autre sans pité ' (II 19). Néanmoins, dans la plupart des cas, *meschief* est ponctuel : un incendie (X 129), un viol (III 145), un accident (VII 203) sont des *meschiés* ; les troupes du roi de Navarre, en garnison à Évreux ' fisent maint *meschief* ou royaume de France ' (V 93). La polysémie de *meschief* ne se limite d'ailleurs pas là. Outre sa valeur objective, il peut avoir une valeur subjective et désigner non seulement la situation ou l'événement fâcheux, mais encore les sentiments correspondants et leurs diverses nuances. Nous le retrouverons donc dans des chapitres ultérieurs.

Povreté et son synonyme moins usuel *dureté*, employés au singulier, ont une valeur nettement durative : ' Ilz rompoient nos coffres et prendoient tout le nostre devant nous, et violoient nos femmes et nos filles, et quant nous en parlions, nous estions batus et meshaigniez. En celle *povreté* avons nous esté deux mois ' (XII 133) ; ' Et moroient les petites gens de fain, dont c'estoit grans pités. Et dura ceste *durtés* et cilz chiers temps plus de quatre ans ' (V 130). Au pluriel, ils prennent une valeur ponctuelle : ' Les compagnes... eurent trop de mauls et de *povretés*, ançois que il peuissent issir hors des dangiers d'Arragon ' (VI 214) ; ' Piteusement, li rois dans Pières avoit escript à lui et li segnefioit ses *durtés* et ses *povretés* ' (VI 196).

I. D. 2. 4. Cinq mots enfin, ont une valeur nettement durative et ne s'appliquent, semble-t-il, qu'à des situations plus ou moins prolongées :

a) *destrece* et *destroit* désignent des situations critiques, mais limitées à un individu ou à un groupe relativement petit : *destrece* est employé deux fois à propos de villes assiégées où règnent la famine et toutes sortes d'incommodités (II 25, IV 53) ; *destroit* également (X 203, I 29), et aussi à propos de gens placés devant un ultimatum (VI 58), de combattants serrés de près dans une bataille (XI 54). Un homme conscient de sa fin imminente et inévitable est dit ' au *destroit* de la mort ' (XI 87).

b) *Tribulation* et *pestilence* sont deux mots très forts et souvent associés, qui désignent toutes les grandes calamités publiques : guerre, pillages et incendies, défaite, épidémie, soulèvements populaires : La mort sans descendance du dernier Capétien en ligne directe fut ' li poins par quoi les guerres, les *pestilences* et les *tribulations* sont depuis incourutes et eslevées ' (I 11) ; ' si dura la bataille et la *pestilence* de l'heure de prime jusques à haute nonne ' (II 37) ; ' Estoit li pays de Haynau en grant *tribulacion* et en grant esmay, car une partie de leur pays estoit ars et essiliés ' (II 23).

c) Alors que ces quatre premiers mots sont monosémiques et n'apparaî-tront que dans ce paragraphe, le mot *dangier* ne dénote une situation pénible et ne mérite donc de figurer ici que dans une partie de ses emplois. Il peut désigner d'abord la situation d'un prisonnier : Messire Olivier de Mauni veut épouser ' la fille au signeur de Roie, de qui li pères estoit prisonniers et en grans *dangiers* en Engleterre devers le roi ' et il obtient sa libération (VIII 165) ; les gens de Montségur, assiégés, s'emparent de leur capitaine qui prétendait les dissuader de traiter avec les Anglais : ' Li chevaliers perçut bien l'affection qu'il avoient as Englès et comment il le tenoient en *dangier* ; si leur dist : « Metés moi hors, et j'en ferai mon pooir » ' (III 77). Cet emploi est complémentaire de l'expression ' estre ou *dangier* de quelqu'un ', c'est-à-dire « être à sa merci », que nous retrouverons aux paragraphes traitant de la volonté, de l'autorité et de la responsabilité. Le mot *dangier* est d'ailleurs fréquemment, dans ce second cas, associé à *prison* : ' Quant uns Alemans tient un prisonnier en son *dangier*, il le met... en dures prisons, ne il n'en a nulle pitié ' (XI 110 ; v. aussi VIII 116, 164, 189). De même, il peut s'agir, tout naturellement, d'assiégés poussés dans leurs derniers retranchements C'est ainsi que les défenseurs de Montpaon, réduits à traiter, disent à leurs assaillants dont les exigences sont inocceptables : ' Retournés devers monsigneur le duch, et li dittes qu'il nous prende courtoisement, sus certainne composition de raençon, ensi que il vorroit que il fesist les siens, se il estoient escheu en ce *dangier* ' (VIII 16 ; v. aussi III 64 et VIII 200). Mais *dangier* peut dénoter aussi bien toute situation pénible et incertaine où l'on n'est pas libre de faire ce qu'on souhaiterait : ' si singlèrent il de vent de quartier et de tous vents pour leur voiage avancier, mais il reculoient otant sus un jour que il aloient en trois. En ce *dangier* furent il tant que li jours Saint Mikiel espira ' (VIII 95) ; une armée, voulant passer une rivière trouve les ponts coupés, et pas de gués : ' Nous avons estet mal consilliet de prendre che chemin : mieux nous vausist estre alé par Saint Omer que chi sejourner en che *dangier* ' (XI 9). *Dangier* est particulièrement fréquent pour dénoter, en concurrence avec *durté* et *povreté*, des situations de privation, d'inconfort, de disette : L'Écosse n'était pas, au XIVe s. un pays confortable : ' Quant cil baron et cil chevalier de France qui avoient apris ces biaux hostels à trouver, ces salles parées et ces castiaux et ces bons mos lis pour reposer, se veïrent et trouvèrent en celle *povreté*, si commenchièrent à rire et à dire : « En quel Prusce nous a chi amenés li amiraulx ? Nous ne seuimes onques que che fu de *povreté* ne de *dureté* fors maintenant '... Leur chef les encourage : ' Biau signeur, il nous faut souffrir et attendre et parler bellement, puisque nous sommes mis en che *dangier*... Prendés en gré ce que vous trouvés ; vous ne poés pas tousjours estre à Paris ne à Digon, à Biaune ne à Chalon : il faut, qui voelt vivre en che monde et avoir honneur, avoir dou bien et dou mal. » ' (XI 216). En d'autres occurrences, la situation est plus grave : ' leurs gens estoient en grant deffaute de vivres et de pourveances pour yaus et pour leurs chevaux, car il logoient en moult mauvais pays et magre... Si vendoit on en l'ost dou prince un pain un florin, encores tout ewireus qui avoir le pooit, et faisoit moult destroit temps de froit, de vent, de plueve et de nege : en celle mesaise et *dangier* furent il six jours ' (VII 28). Elle peut même être tragique, comme durant la famine qu'eut à supporter Gand pendant l'hiver de 1382, lorsque ' li grenier estoient ja tout vuit ' et que ' quant li fournier avoient quit, il convenoit garder leurs maïssons à force de gens : autrement, li menus peuples, qui moroient de faim, eussent efforciet les lieus. Et estoit grans pités dou veoir et oïr les povres gens ; et proprement hommes, femmes et enffans bien notables ceoient en ce *dangier*, et tous les jours en venoient les plaintes, li plour et li cri à Phelippe d'Artevelle ' (X 202).

I. E. LES « PROBABILITÉS », OU « CHANCES » DE RÉALISATION D'UN ÉVÉNEMENT

I. E. 0. Les notions abstraites de « possibilité », de « probabilité », de « nécessité » et leurs contraires ne s'expriment guère, dans la langue de Froissart que par des verbes « opérateurs » ou « auxiliaires de mode » et quelques expressions adverbiales. Si l'on établit une échelle allant de l'impossibilité (aucune chance de réalisation) à la nécessité (10 chances sur 10) en passant par l'improbabilité (chances allant de 1/10 à 4/10), la possibilité (chances allant de 1/10 à 9/10) et la probabilité (chances allant de 6/10 à 9/10), on verra le matériel lexical utilisé par Froissart se disposer ainsi :

I. E. 1. La « possibilité » et l'« impossibilité ».

La « possibilité » s'exprime simplement par le verbe *pooir* (fr. mod. : *pouvoir*) : l'arrestation d'un meunier par le bailli du comte de Flandres permet à Jean Lion d'attiser le mécontentement des Gantois : ' Et commenchièrent plusieurs gens à murmurer et à dire que che ne faisoit mies à souffrir et que, par estre trop mols, les francisses de Gaind se *poroient* perdre... et estoit une cose par quoi le ville de Gaind *poroit* estre encore perdue, car petit à petit, on leur torroit leurs francisses, et si n'i avoit homme qui en osast parler ' (IX 170-171).

L'impossibilité s'exprime donc naturellement par *ne pouvoir* : Les Anglais redoutent une attaque de du Guesclin récemment promu connétable : ' Il *ne poet* estre que messires Bertrans, en se nouvelleté, ne nous viegne veoir, et qu'il ne chevauce ' (VIII 2).

Il faut noter que si, chez Froissart, l'expression ' il (ne) *puet estre* que... ' est relativement fréquente, l'adverbe *peut-être* n'apparaît pas avec son autonomie actuelle. C'est l'adverbe *espoir*, très usuel, et, semble-t-il, dépourvu de toute coloration affective, qui en tient lieu : ' Si prendés ceste offre... car quant vous l'arés refussé, *espoir*, n'i porés vous retourner ', conseille le bailli de Hainaut aux Gantois révoltés (X 211).

I. E. 2. La « probabilité » et l'« improbabilité ».

Une assez faible probabilité peut être exprimée par le verbe *devoir* au conditionnel. L'exemple suivant montre bien la gradation qui existe entre *pouvoir* et *devoir* : ' se *deveriens* temprement oïr nouvelles de nos gens qui sont en Engletière, et *poroit estre* que li rois d'Engletière ou si oncle passeront à toute poissance ou passent, et che nous venroit grandement à point ' (XI 26), les nouvelles arriveront sans doute ; le renfort, peut-être...

Mais l'expression la plus vigoureuse de la « probabilité » est fournie par le verbe *se tailler*, celle de l'« improbabilité » par la tournure négative *ne se tailler* : ' la guerre *se tailloit* bien à renouveller entre le roi de Portingal et le roi de Castille ' (XI 172) ; Les Français ayant pris une forteresse pyrénéenne, le Dez Julien, la font abattre et désemparer ' Et si le fut tellement que encores sont là les pierres en ung mont et *ne se taille pas* que on le reface jamais ' (XII 201). D'autre part, le mot *fort* (qui exprime fréquemment l'idée voisine de « difficulté ») peut également servir à exprimer l'« improbabilité » dans les deux tournures suivantes : celle qu'on trouve, par exemple dans la réflexion du sire de Corasse, qui vient de se montrer trop indiscret à l'égard du lutin Harton, son messager surnaturel : ' *Fort y a se* je le voy jamais, car il m'a dit pluseurs fois que si tost que je le courrouceroie, je le perderoie et ne revenroit plus ' (XII 180) ; ou encore celle qu'emploie Jean Chandos, qui n'a pas envie de bouger, dans sa réponse à l'appel d'un détachement anglais en difficulté : ' *Ce seroit fort que* nous y peuissiens venir à temps' (VII 177).

I. E. 3. La « nécessité ».

Le verbe *couvenir* (variante : *convenir*), très largement polysémique, et qui exprime souvent l'obligation morale ou sociale, est parfois utilisé

pour introduire la mention d'un événement inévitable : après le traité
de Brétigny, les seigneurs gascons sont extrêmement irrités que le roi
de France les ait dégagés de leur hommage pour leur permettre de devenir
vassaux du roi d'Angleterre, car ' leur venoit à trop grant contraire et
diversité ce que estre englès les *couvenoit*' (VI 57). Accompagné de
l'infinitif *mourir*, le verbe *couvenir* exprime habituellement le caractère
inéluctable de la mort. Voici le début du récit de la mort de la reine
d'Angleterre, Philippe de Hainaut, qui avait été la première protectrice
de Froissart : ' Quant la bonne dame et royne cogneut que morir le
couvenoit, elle fist appeler le roy son mari. ' (VII 181).

Il en est de même pour *besongnier* qui, dans certains contextes, peut
exprimer l'idée de « nécessité ». Des assiégés affirment être en état de
tenir leur château ' deux mois ou trois, se il *besongne* ' (VI 159). On le
trouve, comme *couvenir*, associé au verbe *mourir* : Avant une bataille,
' se acumenièrent et confessèrent li pluiseur, et se misent en bon estat,
ensi que pour tantost morir, se il *besongnoit* ' (I 177).

Mais la nécessité est exprimée essentiellement par le verbe *devoir*.
Dans tous les exemples relevés, d'ailleurs, elle est exprimée a posteriori,
une fois l'événement survenu, par une vue rétrospective des choses :
en 1381, le différend entre les Gantois et le comte de Flandres pouvait
encore être réglé facilement : ' Encore n'estoit point la cose à che jour
là où elle *devoit* estre ne li grans maus de Flandres sanchiés enssi comme
il fu depuis ' (X 72) ; les gens de Saint-Malo, assiégés et menacés d'être
pris par des travaux de sape, ont la chance de découvrir le lieu où, sous
terre, travaillent les mineurs et de détruire leur galerie, ' par grant
aventure, ensi que les coses *doivent* avenir, merveilleusement ' (IX 93).
Le verbe *devoir*, accompagné de l'adverbe *merveilleusement*, exprime
clairement le caractère inévitable, encore qu'imprévisible, de l'événement, et suggère que, fortuit en apparence, il est en réalité fatal ou
providentiel.

Froissart et ses héros sont généralement trop conscients des limites
humaines en matière de prévision pour jouer aux prophètes. Dans un
seul des exemples relevés, l'idée qu'un événement a toutes les chances
de se produire est exprimé a priori. Et dans ce cas, ce n'est pas *devoir*
mais *être conditionné* qui apparaît. Au moment où Charles VI est frappé
de démence, quelqu'un émet l'opinion que ' ce royaume de France est
trop bien *conditionné* de encheoir en tourble ' (K XV 53).

I. E. 4. Dans l'ensemble, donc, le vocabulaire qui compose ce champ
sémantique est pauvre. Les substantifs et les adjectifs manquent ; les
notions étudiées sont sous-jacentes au récit et se fondent avec lui plutôt
qu'elles ne sont exprimées pour elles-mêmes. L'expression de l'« impossibilité », de la « possibilité » et de la « nécessité » est particulièrement
neutre. Celle de la « probabilité » et de l'« improbabilité », à cause,
peut-être, de l'importance de ces notions pour des hommes d'action,
relativement plus vigoureuse.

I. F. LE « RISQUE » : « DANGER » ET « SÉCURITÉ ».

I. F. 0. Un individu peut entreprendre une action qu'il juge utile et dont il espère tirer profit, sans se dissimuler qu'elle comporte une certaine « probabilité » de conséquences fâcheuses pour lui : c'est ce que nous appelons « prendre un risque ». D'autre part, dans une situation donnée, le sujet peut estimer que les chances d'une issue fâcheuse sont fortes ; là encore, il y a « risque », subi et involontaire ; le sujet se juge, dans notre langue, « en danger ». Au contraire, il peut chercher à éliminer, dans toute la mesure du possible, les chances d'issue fâcheuse, ou juger que la situation où il se trouve en comporte peu, ou pas, ce qui définit la notion de « sécurité ». Les risques que comportent une action ou un état peuvent être envisagés objectivement par le sujet lui-même ou par une tierce personne — c'est ce qui nous occupe ici — ou subjectivement et de façon affective. Selon les contextes, les mêmes mots peuvent donc exprimer simplement le « danger » ou la « sécurité », ou, en plus de cela, la « peur », la « vigilance », la « méfiance » ou la « confiance » et la « tranquillité ». On les retrouvera donc dans des chapitres ultérieurs. Voici donc de quelles ressources lexicales Froissart disposait pour exprimer ces données fondamentales de l'expérience humaine :

I. F. 1. Le « risque ».

Le « risque » qu'on prend est exprimé, dans les Chroniques de Froissart, par le verbe *aventurer* (variante : *enventurer*). On le trouve parfois sans complément : Louis d'Espagne ayant levé le siège de Hennebont, ' chil de le ville fisent grans hus appriès yaus, quant il les veirent deslogiet. Et aucun issirent après yaus pour *aventurer*, mais il furent racaciet arrière ' (III 154). Ayant pris Guérande, il y trouve à l'ancre une flotte marchande. ' Si se mist li dis messires Loeis en ces vaissiaus qu'il avoit trouvés... pour *aventurer* sus le marine' (II 158) ; parfois avec un complément : ' Phelippes ne voloit pas follement *aventurer* ses gens ' (X 272) ; le plus souvent sous la forme pronominale.

De nombreux exemples montrent le goût du risque qui anime bien des héros de Froissart. *S'aventurer* est fréquemment complément de *désirer, vouloir*, ou accompagné de *volontiers* ou de *hardiement* : ' Aulcun jone chevalier et escuier qui *aventurer se voloient*, se abandonnoient en celle rivière plate et y faisoient de grans apertises d'armes ' (IX 82) ; ' tout *se desiroient à aventurer* ' (XI 218) ' soustilloient... à eux *aventurer* vaillamment ' (XI 10). Tous partent du principe que ' qui ne *s'aventure*, il n'a riens ' (XI 12) et qu'' on se doit *aventurer* pour son vivre ' (IX 253). Ils ' se voloient *enventurer* pour gaagnier ' (V 138) et ' *s'enventuroient* se il pooient riens conquerir ' (VIII 86). Un synonyme usuel d'*aventurer* est *mettre en aventure* : ' Pour l'amour de ma dame et de vous, je *mettrai* mon corps *en aventure* pour faire cesti message ' (II 128).

Mettre en aventure présente, par rapport à *aventurer*, cette commodité syntaxique d'être facilement suivi d'un infinitif introduit par *de* : ' Li signeur d'Engleterre... avisèrent que... li Escot poroient bien par nuit venir brisier et assallir leur host à deus costés pour *yaus mettre en aventure de* vivre ou de morir, car plus ne pooient endurer leur famine ' (I 69) ; ' aucun compagnon breton et saudoiiers qui gisoient en une ville que on claime Plaremiel issirent hors et *se mirent en aventure de* gaegnier ' (II 159)mais ils subirent un échec .

Un adjectif, *aventureux* (variante : *enventureux*) s'applique très couramment aux personnages qui possèdent cette qualité de l'homme de guerre qu'est le « goût du risque » : Du Guesclin se méfie des Anglais qu'il ' sentoit... cauls et boulans et *aventureux* ' (IX 83). Les ' compaignons *aventureux* ' (XII 18, 138, 201 etc...) ne sont pas des personnages de premier plan, mais tiennent pourtant une place essentielle dans les Chroniques, et il arrive que leur conduite soit payante : ' Tant firent aucuns povres compaignons qui estoient plus soubtilz et plus *aventureux* les ungs que les aultres... qui estoient yssus hors de leurs hostelz, mais bassement et povrement montez, que ilz avoient coursiers et genez de sejour V ou VI ' (XII 324).

On trouve assez souvent, dans des contextes guerriers, le verbe *s'abandonner*, fréquemment accompagné des adverbes *follement* (II 143, III 25, etc.), *hardiement* (VI 69), *vassaument* (III 123), *de grant volenté* (IX 22). C'est un synonyme expressif de *s'aventurer*, qui exprime l'idée que le sujet risque tout sans peser ses chances de succès. Devant le fléau des grandes compagnies qui avaient conquis de très fortes positions dans la vallée du Rhône et le midi de la France, ' fisent li papes et li cardinal sermonner de le crois partout publikement, et absoloient de painne et de coupe tous chiaus qui prendoient le crois et qui *s'abandonnoient* de corps et de volenté pour destruire celle mauvaise gent ' (VI 73). Il s'agit ici de susciter des dévouements héroïques, mais la plupart du temps, il s'agit seulement d'un emportement impulsif et irréfléchi, dans la chaleur du combat : ' si petit resongnoient le mort que il *s'abandonnoient* trop hardiement ' (IX 200). La même idée peut être exprimée par l'adverbe *abandonnéement* : ' se vaurrent mains espargnier que devant, et entrèrent *abandonnéement* ens es fossés ' (IX 242).

Enfin, diverses tournures adverbiales expriment l'idée que le sujet entreprend une action « à ses risques et périls », c'est-à-dire avec une pleine conscience de ce qu'il met en jeu : On trouve d'abord la formule figée ' *sus l'abandon de* ma tieste ' (I 70, III 131, 159) qui sert à appuyer une affirmation solennelle, ainsi que sa variante ' *en peril de* ma tieste ' (III 160). Mais les plus vivantes sont conformes aux types attestés dans les exemples que voici : Le duc de Normandie ayant fait en Gascogne de nombreux prisonniers ' les devoit... faire conduire à Bordeaux *sus son peril*' (III 119) ; au cours de la mise au point d'une ruse de guerre, quelqu'un déclare : ' Tout premièrement, il faurroit que vous euissiés... pourveues vos maisons de bons compagnons tous armés... Je parferoie le sourplus *à mon peril*' (V 88 ; v. aussi X 100, XII 315).

I. F. 2. Le « danger ».

I. F. 2. 1. Le *peril* et l'*aventure*.

Le mot essentiel qui exprime la notion de « danger » est *peril*. On peut *gesir* (V 109) ou, plus couramment, *estre en (grant) peril*. Un complément introduit par *de* peut exprimer sous quel rapport : ' Nous estions *en grant peril de* nos vies ' (I 17) ; ' il estoit *en peril d*'estre pris ' (VIII 204), ou pourquoi : ' cil de Chaalons en Champagne furent *en grant peril de* chiaus de la garnison de Biaufort ' qui les avaient attaqués de nuit et par surprise (V 152). La cause du *peril* mérite le qualificatif *perilleus* qui peut s'appliquer non seulement à des noms abstraits comme *incidence* (IX 6, XII 189) ou *fortune* (IX 83), à des noms d'action comme *assaut* (IX 24), *coup* (X 144), *siège* (XI 252), *bataille* (V 52) et même *bain*, les bains étant ' contraire et *perilleux* ' à une récente accouchée (IX 47), mais aussi à des noms désignant des personnes : Certains Flamands souhaitant se réconcilier avec leur seigneur le comte de Flandres, l'un d'eux s'effraie : ' Vous dites voir, Rogier, che respondi chils Jaquemes, mais c'est dur et fort à faire car Piètres dou Bos est trop *perilleus* ' (XI 286) ; ' Le roi... avoit d'en costé lui *perilleux* conseil ' (XII 297), ou des choses : une *plaie* (V 46), une *ville* : ' la ville de Courtrai... estoit *perilleuse* à garder ' (XI 112), un objet : ' portoient... *perilleus* bastons pour effondrer hiaumes et bachinés ' (X 212).

Estre en (grant) peril permute facilement avec *estre en (grant) aventure* : ' Là crioit on : « Flandres, au lion ! » en reconfortant les gens le conte ; et li autre crioient à haute vois : « Gaind ! Gaind ! ». Et fu tel fois que les gens le conte furent en *aventure* de tout perdre, et se il euissent perdu terre, il estoient desconffi et mort sans recouvrier ' (X 68). *Peril* et *aventure* sont d'ailleurs fréquemment associés : des navigateurs, ' à l'entrer en le haute mer d'Espaigne... eurent une dure fortune et contraire et tant que tout leur vaissel furent espars, et *furent* tout *en très grant peril et aventure* de mort ' (X 136).

I. F. 2. 2. *Peril* et *dangier*

La possibilité de substituer *dangier* à *peril* est loin d'être aussi évidente. On a vu que *dangier* peut désigner une autorité malveillante, une situation fâcheuse résultant de cette autorité ou de toute autre cause ; on verra au chapitre de l'action qu'il peut dénoter une « difficulté » quelconque. Tout cela, même gros de conséquences fâcheuses, est parfaitement actuel, alors que *peril* est uniquement prospectif et comporte un sème « virtuel » tout à fait fondamental. La plupart des cas où l'on serait tenté de tenir *dangier* et *peril* pour substituables l'un à l'autre sont donc ambigus. Examinons-en quelques-uns : Il est clair que lors-qu'il s'agit d'être payé de ses gages ' plainement et sans *dangier* ' (XI 87), *sans dangier* signifie « sans difficulté », ou plus exactement, « sans que ceux dont on dépend vous fassent de difficultés ». Mais qu'en est-il dans ce contexte guerrier : ' Ces gens de Compagnes, qui estoient en une montaigne veoient trop bien l'ordenance et le couvenant des François, mès on ne pooit veoir le leur ne yaus approcier fors à meschief et *à dangier* ' (VI 67) ? Les « difficultés » que pourraient faire les ' gens de compagnes ' à d'éventuels éclaireurs français ressembleraient fort à des *perils* !

' On leur ouvri les portes tantos et *sans dangier* ' (IX 190) signifie sans doute « sans manifester de mauvaise volonté ». Mais dans ce récit de bataille : ' « Par Dieu, signeur Englès, vous nous demorrés ; vous estes tout nostre : vous ne nos poés escaper ». Là fisent li dit Englès merveilles d'armes, tant pour yaus garder et oster dou *dangier* que pour contrevengier leur signeur ' (VII 204), les Anglais veulent-ils éviter la domination que feraient peser sur eux les Français au cas où ils les feraient prisonniers, la domination que déjà, ils exercent sur eux par leur supériorité, ou simplement, éviter le *peril* en général ? Et que dire du massacre qui eut lieu à Crécy, quand les arbalétriers gênois au service des Français eurent été réduits à l'impuissance ? ' Là, entre ces Englès, avoit pillars et ribaus, Gallois et Cornillois... qui portoient grandes coutilles, et venoient entre leurs gens d'armes et leurs arciers qui leur faisoient voie, et trouvoient ces gens d'armes en ce *dangier*, contes barons, chevaliers et escuiers ; si les occioient sans merci, com grans sires qu'il fust ' (III 187). Assurément, les cavaliers français, empêchés d'agir par leurs propres arbalétriers sont ' *en dangier* ', c'est-à-dire « dans l'em-barras » ; ils sont aussi, par le fait même, ' *ou dangier des* Gallois et Cornillois ', c'est-à-dire « à leur merci ». Mais enfin, il n'est pas question de faire des prisonniers, et tout cela fait qu'ils se trouvent dans un *peril* si réel que la plupart y perdirent effectivement la vie. La distance entre *peril* et *dangier* est parfois si faible qu'il leur arrive d'être associés : Après avoir raconté un combat acharné près du village de Purnon en Poitou, où les Anglais ont été attaqués à l'improviste, Froissart nous apprend que le comte de Pembroke envoya un messager à Jean Chandos pour le prévenir de ' l'estat et le *dangier* et le *peril* ' où ils étaient (VII 176).

La preuve que la possibilité d'une équivalence entre les deux mots n'est pas illusoire est que par-ci par-là on trouve ' ou *peril* de ' comme équivalent de ' ou *dangier* de ' avec le sens de « à la merci de » : Les Lillois ayant coupé un chemin par une grande tranchée, voilà une troupe dans l'embarras : ' Mi signeur, nous ne poons nullement passer le chemin que nous alons sans nous mettre en grant *dangier* et *ou peril de* chiaus de Lille ' (II 6).

Bref, on peut dire que, dans la langue de Froissart, *dangier* est un mot extrêmement polysémique qui se rapproche parfois de *peril* au point qu'ils arrivent dans certains cas à pouvoir se substituer l'un à l'autre.

I. F. 2. 3. Il existe enfin deux expressions qui semblent pouvoir se substituer à *estre en peril*. Ce sont *avoir à faire* et *avoir fort temps*.

a) *avoir à faire* A la bataille de Poitiers, les chevaliers qui entourent le Prince de Galles envoient demander du secours au roi d'Angleterre : ' Il vous prient que vous et vostre bataille les venés conforter et aidier à oster de ce *peril* ; car, se cilz effors monteplie longuement et s'efforce ensi, il se doubtent que vostres filz n'*ait à faire* ' (III 182). Au cours d'une bataille navale, ' li dus de Lancastre... en costiant le nef dou prince... cogneut tantost que il n'en avoient mies le milleur et que leur nefs *avoit à faire*, car on gettoit aigue hors à tous lés ' (IV 95). Réciproquement, *donner à faire à quelqu'un*, c'est le « mettre en danger » : le duc de Bourbon, chargé de débarrasser le Limousin des pillards était prié de ne pas épargner ' la garnisson de Vretuel... car c'estoit li fors qui plus *donnoit à faire* et à souffrir au païs ' (XI 196).

b) *avoir fort temps*, en un seul des exemples relevés, s'applique à une situation plus gênante que vraiment périlleuse : ' et faissoit une très belle saisson et sèche : aultrement, sus celle marine, gens et chevaux *euissent eu trop fort tamps*, ne on ne peuist estre alé avant ' (XI 227). Partout ailleurs, il s'agit de véritables dangers : ' Là *eurent* cil arcier *fort temps*, car il ne savoient où fuir ne où mucier, pour yaus sauver ; et les ocioient et abatoient ces gens d'armes sans pité et sans merci ' (V 171 ; v. aussi II 128, V 156, VI 147, 225, XII 19).

Avoir à faire signifie proprement « se trouver dans des circonstances qui exigent une grande activité » et *avoir fort temps* « avoir un moment difficile à passer ». Mais les contextes où ils sont employés montrent qu'il s'agit bien effectivement de dangers. Ces deux expressions sont donc des litotes, par là-même d'autant plus expressives.

I. F. 3. La « sécurité ».

I. F. 3. 1. La famille du mot *seur* (variante *segur*) occupe pour ainsi dire à elle seule la totalité de ce champ sémantique. Le seul substantif abstrait exprimant cette notion est *seurté* : Au début du règne de Charles VI, les Parisiens sont en différend avec le roi pour des raisons financières et lui tiennent tête : ' le plus grand ressort de *seurté* qu'il avoient et le grigneur moien, c'estoit ou duc d'Anjou... Cil dus se tenoit communement à Paris et subportoit desous ses eles les Parisiens ' (X 170). Les mots formés sur la base -*seur*- peuvent néanmoins, on le verra, permuter avec quelques autres.

I. F. 3. 2. Dans une vue prospective des choses, assurer la sécurité d'un objet quelconque, c'est le *mettre à seur*. Le comte de Foix défend les gens de Saverdun, attaqués à la saison des vendanges, les débarrasse de leurs agresseurs ' et là se tint tant que les besongnes des bonnes gens furent faictes, et que ilz eurent recueilly et vendengié, et le leur *mis à seur* ' (XII 34). C'est aussi le *garder*, verbe fort usuel, qui apparaît dans la formule de souhait ' Dieu *gart* Jean Lion ' (IX 166) et admet les compléments les plus variés (une forteresse, une terre, une personne etc.). Mais ici, on voit prédominer un sème « intérieur », de « vigilance » active, qui vaudra à ce mot d'être étudié plus en détail dans les paragraphes consacrés à l'attention et à l'action.

Mettre à seur a une variante superlative, *mettre au plus seur* : Les envoyés de Charles VI aux Parisiens rangés en bataille d'assez menaçante façon, ' pour leur besongne coulourer et aussi *mettre au plus seur...* emmenèrent avoec eux... trois ou quatre heraulx ' (XI 76). *Pour le plus seur*, c'est-à-dire « pour plus de sûreté » peut accompagner d'autres verbes que *mettre* : ' il conseilloit *pour le plus seur* que tous renouvellassent leur serement ' (K XII 293).

I. F. 3. 3. Au cours d'une action qui se déroule, ou d'une situation établie de façon plus ou moins durable, on retrouve la base -seur- dans diverses combinaisons morphologiques ou lexicales ; quelques substitutions sont alors possibles, que ne le seraient pas au § I. F. I. 2., plus particulièrement prospectif.

On peut naturellement agir ' *à seur* ' : David Bruce, roi d'Écosse, assiégeant Durham, ' faisoit... faire estrumens et engiens pour venir *à segur* jusques as murs ' (II 123). Agir ' *à seur* ' peut avoir pour équivalent agir ' *seurement* ' : Les Gantois avaient interdit aux marchands de Tournai, ville alliée au roi de France, de faire du commerce en Flandres, mais ' cil de Hainaut, de Hollande et de Zellande, et de Braibant, et dou Liège pooient *seurement* aler, demorer, et marchander par toute Flandres ' (X 272). Un autre équivalent, plus courant, est ' *sans peril* '. ' François ', disent les Anglais à un champion français opposé à l'un des leurs en un combat singulier dont la suite est remise au lendemain, ' vous chevaucherés avec nous *sans peril* ' et ' dictes à ceulx dou castel que il ne soient en nul soussi de leur homme, et que nous l'emmenons avoecques nous pour parfurnir son emprise, non pas comme prisonnier, et, li delivré, se il en puet escaper vifs, nous leur renvoierons *sans nul peril* ' (IX 274). Les filles du seigneur de Poix, en danger d'être violées, se mettent sous la protection du roi d'Angleterre et demandent à aller à Corbie : ' Là les fist li rois mener et conduire *sans peril* ' (III 153).

Lorsqu'il s'agit non plus d'une action, mais d'une situation, on peut, naturellement, *estre à seur de* (c'est-à-dire « au sujet de ») quelque chose : , de sa vie ' (IX 51 etc.), ' de ces pillars bretons ' (XII 131), ou simplement, sans complément, *estre à seur* (IV 37, V 94, IX 177 etc.) ou *se sentir à seur* (VI 191, X 147). *Estre à seur* peut avoir pour équivalent ' estre (se tenir) (demorer) *en seur estat* ' ou tout simplement ' *en seur* '

(VIII 85, 93 ; VII 161). Éventuellement aussi, le participe passé *asseuré*, dans certains contextes pourrait permuter avec *à seur*, quoique, la plupart du temps, sa valeur affective et subjective soit plus marquée : ' Ensi que messires Bernabo chevauchoit de ville à autre, qui nullement n'i pensoit et qui tout *aseurés* quidoit estre... evous qu'il s'embat sus l'une de ces embusques ' (XI 205). Et : ' Biau signeur... n'estes vous mies bien *asseguret* ? ... Vous avés grant tort, quant ensi fuiiés, et nulz ne vous cace ' (II 79).

Lorsqu'un pays, une ville, un édifice, une personne, malgré certaines circonstances critiques ne coururent aucun danger, Froissart peut dire, on l'a vu, qu'ils ' demorèrent *en seur estat* '. Il dit également, au moins aussi souvent qu'ils ' *n'eurent garde* ', sans aucun complément. ' Si fu, la nuit, li ville de Vertus toute arse, hormis l'abbeïe qui *n'eut garde*, pour tant que li contes i estoit logiés. Autrement, elle euist esté arse sans deport ' (IX 254) ; ' si ardirent le ville, mes li chastiaus *n'eut garde* ' (VII 192) ; confiants en leur propre valeur, et dans la force de la place d'Audenarde, ses défenseurs disaient ' que se traïson ne couroit entre eulx de ceulx de la ville, il *n'avoient garde*, pour siège que il veissent ' (X 260).

I. G. Conclusion Les champs sémantiques étudiés dans ce chapitre s'organisent autour d'un petit nombre de sèmes principaux qui se combinent entre eux de façons variées : « fortuit » ou « non fortuit » ; « duratif » ou « ponctuel » ; « bon » ou « mauvais » ; « virtuel » ou « actuel », la notion de « virtuel » impliquant celle de « chances » au sens du § I. E. et par conséquent aussi celle de « risque ».

D'autre part, ils sont, les uns par rapport aux autres, extrêmement dissymétriques : Tous ne comportent pas une égale représentation des diverses catégories grammaticales. On a vu que la langue de Froissart ne comporte pas, semble-t-il, d'adjectifs équivalents au français moderne *possible*, *probable*, ni de substantifs équivalents à *possibilité*, *probabilité*, *chances* (au sens du § I. E.). Ceci peut être le fait d'une langue qui réserve au latin philosophique l'expression explicite de notions particulièrement abstraites.

Indépendamment de toute considération de catégories grammaticales, on ne peut qu'être frappé par la dissymétrie qui existe entre l'expression du « virtuel » — pauvre, et non-spécifique, si l'on excepte le vocabulaire du « risque » — et de l'« actuel » — riche et comportant un grand nombre de mots spécifiques — ; entre la richesse lexicale du « risque » et du « danger » et la relative pauvreté de la « sécurité » plus d'une fois exprimée comme une « absence de danger » ; entre le vocabulaire du bonheur » — tenu pour normal, dès le premier plaisir passé — et celui du malheur — auquel on ne s'habitue pas et qu'on ne croit jamais désigner avec assez de précision. Froissart dispose d'une palette incomparablement plus riche pour le malheur que pour le bonheur. Le dépouillement d'un grand nombre de textes divers montrerait si cette disproportion est due au sujet traité, ou si — comme il est probable — la langue s'est modelée en cela sur les grandes constantes de l'existence et les réactions normales des hommes devant les événements qu'ils subissent.

CHAPITRE II

LA PERSONNE

II. 0. ' Li jones contes de Flandres ' (que ses sujets voulaient marier à une princesse anglaise) ' ... moustroit par samblant que cilz mariages as Englès li plaisoit très grandement. Et s'en tenoient li Flamench ensi que pour tout asseguré... Il ne cognissoient pas bien encores la condition de leur signeur. Car, quel samblant qu'il moustroit *deforainnement*, il avoit *dedentrainnement* le corage tout françois, ensi que on l'esprouva par oevres '. En effet ! il ne tarda pas à échapper à leur surveillance pour aller rejoindre le roi de France. (IV 36).

Ce passage, par l'opposition des deux adverbes *deforainnement* et *dedentrainnement* nous fournira les deux grandes divisions de ce chapitre : Nous étudierons d'abord la personne vue *dedentrainnement*, ou « de l'intérieur », c'est-à-dire le « sujet sentant », puis la personne vue *deforainnement*, c'est-à-dire « de l'extérieur ».

II. A. La personne vue de l'intérieur, ou « sujet ».

II. A. 1. La synthèse intérieure.

II. A. 1. 1. Le *cuer*.

Le cœur qui bat dans notre poitrine joue un rôle psychique, aussi bien que physiologique : il réagit sous l'effet d'une provocation : ' Quant Bernars ot che entendu, si li engroissa li *cuers* ou ventre et felenia grandement et dist : « çà, mes armes ! ensielés moi mon coursier : il n'en ira jà refussés » ' (IX 121) ; il s'enflamme sous l'effet de l'admiration : ' La memore des bons et li recors des preus enflamment par raison les *coers* des jones bacelers ' (I 3), ou de l'amour : ' si le feri une estincelle de fine

amour ens el *coer* ' (II 132). Il est, pourrait-on dire, l'organe de notre vie
psychique dans ce qu'elle a de plus synthétique, de plus personnel et
de plus profond, et il arrive que, de façon posthume et symbolique, il
soit traité comme tel : Après la déposition d'Édouard II, Hugues Spenser
le jeune, qui avait été le compagnon des débauches de ce roi, est exécuté.
' Apriès, on li fendi le ventre, et li osta on tout le *coer* et la coraille, et
le jeta on ou feu pour ardoir, par tant qu'il estoit faulz de *coer* et traittes,
et que par son traitte conseil et enhort li rois avoit honni son royaume
et mis à meschief ' (I 34). Aussi caractéristique est la page consacrée
aux dernières volontés du vieux roi d'Écosse, Robert Bruce : ' il en
appella le gentil chevalier monsigneur Guillaume de Douglas, et li dist
devant tous les aultres : ' Monsigneur Guillaume, chiers amis, vous
savés que j'ai eu moult à faire et à souffrir en mon temps que j'ai vescu,
pour maintenir les droits de cesti royaume. Et quant jou euch le plus à
faire, je fis un veu que je n'ai point acompli, dont moult me poise. Je
voai que, s'il estoit ensi que jou ewisse ma guerre achievée, par quoi je
peuisse cesti royaume gouverner en pais, jou iroie aidier à guerrier les
ennemis Nostre Signeur et les contraires de le foi chrestienne, à mon
loyal pooir. A ce point a toutdis mon *coer* tendu, mais Nostres Sires ne
l'a mies volu consentir. Si m'a donné tant à faire à mon temps et a
darrains entrepris si griefment de si grant maladie qu'il me couvient
mourir, si com vous veés. Et puis qu'il est ensi que li *corps* de mi n'i
poet aler, ne achiever ce que li *coers* a tant desiré, jou i voel envoiier le
coer ou lieu del *corps*, pour mon veu achiever. Et pour çou que je ne sçai
en tout mon royaume nul chevalier plus preu de vostre corps, ne miex
tailliet de mon veu acomplir en lieu de mi, je vous pri très chiers et
très especiaulz amis, tant com je puis, que vous cest voiage voelliés
entreprendre, pour l'amour de mi, et me *ame* acquitter envers Nostre
Signeur... Je voel, sitos que je serai trespassés, que vous prendés le *coer*
de mon *corps* et le faites bien embasmer, et prendés tant de mon tresor
que vous semblera que assés en aiiés pour parfurnir tout le voiage, pour
vous et pour tous chiaus que vous vorrés emmener avoech vous ; et
emportés mon *coer* avoech vous pour presenter au Saint Sepulcre, là
où Nostres Sires fu ensepelis, puis que li *corps* n'i poet aler ; et le faites
si giandement, et vous pourveés si souffissamment de tèle compagnie
et de toutes aultres coses que à vostre estat apertient ; et que partout
là où vous venrés, que on sace que vous emportés oultre mer, comme
messagiers, le *coer* le roi Robert d'Escoce, à son commandement, puis
qu'ensi est que li *corps* n'i poet aler. » ' (I 78-79).

On voit clairement, dans ce passage, que le *coer* s'oppose au *corps*
comme *dedentrainnement* s'oppose à *deforainnement*. De même, le roi
Jean, en prenant Évreux, n'avait pas réussi à faire de ses habitants
de vrais français : ' Il en avoit eu les *corps* tant seulement, mès les *coers*
non ; car toutdis estoient il demouret Navarois et plus avoient obei
au roy Jehan par cremeur que par amour ' (V 89).

Il peut aussi être opposé aux *lèvres* : Les habitants de La Rochelle, à la différence de ceux d'Évreux, tenaient, eux, à rester français. ' Et disent bien li plus notable de le ville... : « nous aourrons les Englès des *lèvres*, mais li *coers* ne s'en mouvera ja » ' (VI 59).

La présence de la détermination ' *de coer* ' suffit à faire passer des mots comme *mesaise* ou *meschief* de la dénotation d'une gêne physique ou d'une malchance à celle d'un sentiment : La comtesse de Monfort, inquiète de ne pas voir arriver de renforts anglais, les attend ' à grant mesaise *de coer* ' (II 141) ; les dames nobles assiégées par les Jacques dans le marché de Meaux étaient ' en grant meschief *de coer* ' (V 103).

Le *coer* est le siège de tous les sentiments : amour (II 133), rancune, haine (I 87, IV 129, VIII 95, XI 94) ; on est ' resjoï en *coer* ' (IX 167) ou ' haitié de *coer* ' (K XII 272), ' en grant soussi de *coer* ' (VII 110) ; on a ' en *coer* grant paine et grant angousse ' (X 123). Quand Édouard III fut à l'article de la mort, ' estoit là sa fille, ma dame de Couci, qui moult estoit astrainte de *coer* de grant dolour et anguisse, de ce que elle veoit son signeur de père en ce parti ' (VIII 230). Il est le siège de l'intérêt qu'on attache à toute affaire comme en témoignent les expressions ' prendre à *coer* ' (II 46, VII 248) ou ' avoir sur le *coer* ' quelque chose (K XII 292). Le duc d'Anjou est émerveillé, après la prise de la ville et du château de Montsach ' que moult recommanda en *coer*, et le fist depuis remparer et rapareiller, et dist que de Montsach il feroit sa cambre et son garde corps ' (VIII 179). *Recommander en coer* ne peut pas, ici, signifier autre chose que « faire un éloge, manifester un enthousiasme qui venait du fond du cœur ».

Le *coer* est aussi le siège de la vie morale : on l'a déjà vu à propos d'Hugues Spenser. On le voit clairement aussi lorsqu'Édouard III fait à la comtesse de Salisbury la cour la plus pressante et que celle-ci lui répond : ' Très chiers sires, ne me voelliés mokier ne assaiier, ne tempter. Je ne poroie cuidier ne penser que ce fust acertes que vous dittes, ne que si nobles ne si gentils princes que vous estes deuist querre tour ne penser pour deshonnerer moy et mon marit, qui est si vaillans chevaliers, et qui tant vous a servi que vous savés, et encores gist pour vous emprisonnés. Certes, vous seriés del cas petit prisiés et amendés. Certes, onques tel pensée ne me vint en *coer* ne jà ne venra, se Dieu plaist, pour homme qui soit nés ; et se je le faisoie, vous m'en devriez, non pas blasmer seulement, mais mon corps justicier et desmembrer '. (II 133-134).

Le *cœur* du roi d'Angleterre n'est pas inaccessible, lui non plus à toute noble pensée : ' li rois englès demora tout celi jour ens ou chastiel, en grans pensées et à grant mesaise de *coer*, car il ne savoit que faire. Aucune fois il se ravisoit, car honneurs et loyautés le reprendoit de mettre son *coer* en tèle faussté, pour deshonnerer si vaillant dame, et si loyal chevalier comme ses maris estoit, qui si loyaument l'avoit toutdis servi. D'autre part, amours le constraindoit si fort que elle vaincoit et sourmontoit honneur et loyauté ' (II 135). Car enfin ' nul *cuer* ne doit penser, qui chevalier est, à ordure, à vice ne à coardise ' (XII 150).

Le *cœur* apparaît enfin, dans certains contextes comme le siège d'une certaine connaissance intuitive : Le comte de Flandres entre dans Gand au milieu des ' Blancs Chaperons ', sorte de police municipale qui tient en main la ville. ' Et quant li contes passa parmi iaulx, il s'ouvrirent, mais fellement le regardèrent, che li sambla, et ne le daignièrent onques encliner, dont il fut mout merancolieus. Et dist depuis à ses chevaliers, quant il fu retrais à son hostel à le Posterne : « Je ne venrai pas aisse à men entente de ces blans capprons : che sont male gent et fourconsilliet. Li *cuers* me dist que la cose n'est pas encores où elle sera ; à che que je puis perchevoir, elle se taille bien que mout de maux en naissent encores ' (IX 217).

De l'expression ' li *cuers* me dist que... ', on peut rapprocher ' savoir par *cuer* ' qui indique une connaissance si bien assimilée qu'elle en est devenue instinctive et intuitive : Limousin, trahissant son ancien compagnon d'armes, Louis Rambaut, dit : ' « Loys quant il chevauche ne maine avecques luy non plus de XXX ou XL lances. Les chemins qu'il fait, je les sçay tous par *cuer*, car aussi, en sa compaignie et sans luy, je les ay fais trop de fois, et se vous volez mettre sus une chevauchée de gens d'armes, je offre ma teste à copper si vous ne le tenez dedens XV. jours » ' (XII 112)

Ce rôle de synthèse de toutes les activités psychiques de l'homme, joué par le *cœur* explique l'expression ' avoir tout le *coer* du roi ' (XII 6) et une variante assez fréquente dans les Chroniques : ' être tout le *cœur* de quelqu'un ', c'est-à-dire « être un autre lui-même, en qui il a mis tout son amour et toute sa confiance » : ' Tous estoient en cette volenté, quant une nuit, li contes d'Asquesuffort, qui estoit pour che tamps *tous li coers* et li consaulx dou roi, ne li rois d'Engletière n'amoit nul homme ne n'avoit parfaitement fiance fors en lui, destourna et desconsilla tout ' (XI 272). (v. aussi X 79, XII 63). Il explique aussi que l'oraison funèbre d'un chevalier mort à la guerre puisse se conclure par ' che fu un gentilz *cuer* ' (VIII 171), c'est-à-dire « ce fut une personnalité d'élite ».

II. A. 1. 2. L'*âme*

Le mot *âme* ne peut semble-t-il, en aucun cas permuter avec *cœur*. On le trouve dans des contextes religieux, en particulier à propos de mourants : Ayant repris Limoges, le Prince de Galles y fait passer au fils de l'épée plus de trois mille personnes innocentes de toute trahison. ' Diex en ait les *ames*, car il furent bien martir ! ' (VII 250) ; ' Ainsi fina messire Robert Trivilien, dont Dieu ait l'*ame* ! ' (K XII 272). On a vu que le roi Robert Bruce, sur son lit de mort, disait à Guillaume de Douglas : ' Je vous pri... que vous cest voiage voelliés entreprendre pour l'amour de mi et me *ame* acquitter envers Nostre Signeur ' (I 78). Il s'agit en effet d'un vœu dont l'accomplissement met en cause le salut éternel de celui qui l'a prononcé. Avant la bataille d'Auray où il devait trouver la mort, Charles de Blois ' aloit... de bataille en bataille amonester et prier çascun moult bellement et doucement qu'il volsissent estre loyal et preudome et bon combatant ; et retenoit sus s'*ame* et sa part de paradys que ce seroit sus son bon et juste droit que on se combateroit ' (VI 154).

Ce discours développe des formules d'assertion plus brèves telles que ' sour l'*ame* de mi ' (I 122) ou ' par m'*arme* ' (XI 34). Il est également assez courant de jurer par l'*ame* de son père (IV 108, VII 26, 243, XII 191).

L'*âme* n'est jamais qualifiée, jamais présentée comme le siège d'une activité psychique quelconque. D'autre part, il ne viendrait jamais à l'idée de personne de jurer ' par son *cœur* '. Ce n'est pas le *cœur*, mais l'*âme* qui est engagée dans l'aventure surnaturelle de l'homme et fonde véritablement sa dignité. Une noble bête, comme le lion, a un *coer* : la comtesse de Montfort qui, son mari prisonnier, poursuit la lutte, avait ' corage d'omme et *coer de lyon* ' (II 114). Or, pas plus que le chien ou le cheval, le lion assurément n'a d'âme. L'*âme* est seulement cette partie de nous-mêmes qui ne mourra pas. Et sans doute n'emportera-t-elle pas dans l'autre monde toutes les passions du *cœur*.

II. A. 1. 3. L'*esprit* et les *esprits*

Le mot *esprit* — assez rare, dans les Chroniques — peut, semble-t-il, employé au singulier, permuter ou être en distribution complémentaire

a) avec *âme*, quand il s'agit de mourants, par exemple, de Philippe de Hainaut, femme d'Édouard III : ' En apriès, la bonne dame fist le signe de la vraie croix sus lui et commanda le roi à Dieu... et puis assés tost, elle rendi son *esperit* ' (VII 182). Il est certain que le mot *esprit* dans le présent contexte et les exemples d'*âme* cités au paragraphe précédent désignent la même réalité. Néanmoins, leur distribution syntaxique semble différente. Nous n'avons pas relevé — peut-être est-ce un hasard — d'exemple de *' il rendit l'*âme* '. D'autre part, il semble impossible de formuler à propos d'un mort le vœu que *' Dieu en ait l'*esprit* ' ! Peut-être faut-il voir dans ' rendit l'*esprit* ' un latinisme, calque de la formule évangélique *emisit spiritum suum*.

b) avec *cœur*, quand il s'agit de dénoter la personnalité profonde d'un individu. Presque toujours, il est qualifié, et entre dans des tournures déterminatives servant à définir le « caractère » d'une personne. Certains se réjouissent de la mort de Charles V et tentent de convaincre le duc de Bretagne de se réconcilier avec son successeur : ' Li rois de France, espoir, que vous n'aviés pas bien à grasce, ne il vous, est mors : il i a à present un jone roi de bel et bon *esperit*, et tels haï le pere, qui servira le fil ' (X 31). Le syntagme ' *de legier esperit* ' est plusieurs fois attesté, en particulier dans des contextes relatifs à Charles VI. Celui-ci se trouvait un jour, en compagnie du duc de Touraine et du comte de Savoie en

visite auprès du pape. Tous trois étaient ' jeunes et *de legier esprit*...
si ne se povoient-ils tenir, ne ne vouloient aussi, que toute nuit ils ne
fuissent en danses et en caroles et en esbatemens avec les dames et les
damoiselles d'Avignon, et leur administroit leurs reveaulx le conte de
Genève qui estoit frere du pape ' (K XIV 37) ' Pour lors, il estoit *de legier
esprit*, et voulant et desirant trop fort à veoir nouvelles choses '. (Il
s'agit ici de grandes joutes auxquelles le jeune Charles VI désire fort
assister) (K XIV 129). *De legier esprit* exprime, on le voit la curiosité,
l'amour du plaisir, en un autre exemple (K XVI 107) la témérité, bref,
des traits de caractère plutôt que des humeurs passagères. C'est pourquoi,
au moment ou le même Charles VI, interpellé dans la forêt du Mans
est pris de sa première crise de démence, lorsque Froissart écrit ' son
esperit se fremy et se sangmella tout ' (K XV 37), il faut comprendre,
vraisemblablement, « il fut bouleversé jusqu'au plus profond de lui-même ».

Employé au pluriel, au contraire, le mot *esprits* dénote généralement
le siège d'émotions violentes et soudaines, comme lorsqu'on reçoit un
affront : ' « Cousin d'Erby, nous n'avons que faire de donner notre
cousine à ung traittre ». De ceste parole, mua grandement couleur le
conte d'Erby, et en furent ses *esperis* tous esmeus ' (K XVI 147).

— ou qu'on se trouve soudain en péril de mort : ' tous ses *esperits* se
esbahissoient fort, comme celluy qui se doubta que de fait les Londriens
ne le voulsissent occir ' (K XVI 186).

— ou encore, lorsqu'on éprouve une surprise, bonne ou mauvaise :
' Quant le roy ouy ces nouvelles, il fut tout esbahy et ne sceut que dire
et fremirent tous ses *esperits* ' (K XVI 178) ; mais ' Quant le conte
d'Erby vey l'archevesque de Cantorbie venir par devers luy, tout le
coer luy esleva, et se resjouirent tous ses *esperits* (K XVI 163).

Mais les ' *esperits* ', de même que le *coer*, ne jouent pas un rôle uniquement affectif : ils peuvent être aussi le siège d'une connaissance plus
ou moins intuitive : Le duc de Gloucester est en prison à Calais, sur
l'ordre de Richard II qui le fera bientôt assassiner : ' bien lui jugoient
ses *esperits*, selon aucuns apparans que il vey ung jour, que il estoit
en peril de sa vie ' (K XVI 75) et ' Tous ses *esperis* sentirent tantots
en cel arrest faisant, que les choses se portoient mal, à l'encontre de
lui ' (K XVI 72). Une bonne explication vous ' ouvre les *esperits* ' :
' Quant le conte d'Erby oy parler son conseil si acertes et remoustrer
ses besoignes par telle fourme, tous ses *esperits* se ouvrirent et dist :
« je feray tout ce que vous vouldrés » ' (K XVI 166).

On voit donc que, sans faire — loin de là — double emploi avec *cœur*,
esprit, au singulier ou au pluriel, recouvre un nombre déjà important
des emplois de ce dernier mot. Il faut noter de plus, en regrettant de ne
pouvoir l'expliquer, le fait que la grande majorité des emplois d'*esperit*
et la totalité des emplois de *esperits* ont été relevés dans la fin des Chroniques, après le moment où s'arrête l'édition de la Société de l'Histoire
de France, dans les textes pour lesquels nous avons eu recours à l'édition

de Kervyn de Lettenhove. Faut-il voir là un emprunt tardif de Froissart à la langue des médecins de son temps ?

II. A. 1. 4. Le *courage*.

Le mot *corage* (variante *courage*) peut, lui aussi, être étudié en relation avec *coer* dont il se distingue nettement en certains emplois, et avec lequel il peut permuter dans d'autres cas. Dans les contextes impliquant une idée de changement dans les dispositions du sujet, c'est toujours *corage* et jamais *coer* qui apparaît : Le roi d'Angleterre, furieux de l'assassinat de Jacques d'Arteveld, reçoit une délégation de Flamands qui plaident leur cause et lui proposent de marier leur jeune seigneur à l'une de ses filles. ' Ces paroles et aultres *raboinirent* et *adoucirent* grandement le *corage* du roi d'Engletière. Et se tint finablement assés bien contens des Flamens, et li Flamenc de lui ' (III 105). Les gens de Caen ayant tué plus de cinq cents Anglais en leur jetant des projectiles au moment où ils entraient dans leurs ' estroites rues ', Édouard III veut brûler la ville et passer tout le monde au fil de l'épée, mais Godefroi de Harcourt lui remontre que, pendant sa marche sur Calais, il n'a ni temps ni forces à gaspiller : ' « Chiers sires, voelliés *affrener* un petit vostre *corage*, et vous souffise ce que vous en avés fait » ' (III 145). De même, Gautier de Mauny le dissuade d'exiger que les gens de Calais se rendent sans conditions : ' « Monsigneur, vous poriés bien avoir tort, car vous nous donnés mauvais exemple. Se vous nous voliiés envoiier en aucunes de vos forterèces, nous n'irions mies si volentiers, se vous faites ces gens mettre à mort, ensi que vous dittes, car ensi feroit on de nous en samblant cas. » Cilz exemples *amolia* grandement le *corage* dou roy d'Engleterre ' qui décide alors de n'exiger la reddition inconditionnelle que de six bourgeois de Calais (IV 56-57). Enfin, on sait que s'il se résolut à conclure le traité de Brétigny, alors qu'il n'était pas encore entièrement arrivé à ses fins, c'est parce qu''il avint à lui et à toutes ses gens ossi, lui estant devant Chartres, un grant miracle qui moult le humilia et *brisa* son *corage* ' (VI 4). On voit que, dans ces exemples, il s'agit de l'humeur du moment, des dispositions dans lesquelles se trouve le sujet, de ses intentions. L'état actuel du *courage* peut être exprimé par le verbe *seoir* affecté des adverbes *trop bien* ou *trop mal*, en particulier lorsqu'il s'agit d'entreprendre une action ; avant une attaque : ' li *corages* m'en *siet trop bien*, li coers me dit que nous arons celle nuit Audenarde ' (XI 137) ; ou, au contraire, au moment de battre en retraite : ' Certes le *courage* me *siet trop mal* pour celle journée, ne je n'ose la bataille attendre ' (K XII 283).

Cette dernière valeur — qui, à l'intérieur d'un seul et même exemple n'exclut pas les autres — est particulièrement fréquente. Le *corage* est une disposition d'esprit assez souvent tournée vers l'action. On pourrait en citer de nombreux exemples, aussi bien positifs que négatifs :

' l'intention et *corage* ' des cités de Portugal était de faire roi le maître d'Aviz (XII 252) ; pendant la captivité des seigneurs français en Angleterre, ' on leur pilloit et destruisoit leurs hommes et leurs pays, et si n'y povoient remedier car leurs gens n'avoient nul *coraige* de bien faire ne de eulx deffendre ' (XII 110). Une action menée avec vigueur et enthousiasme est d'ailleurs dite menée ' de grant *corage* ' : Jean de Hainaut, entreprenant de remettre Isabelle de France, femme d'Écouard II, sur le trône d'Angleterre, ' le faisoit de si grant *corage* et avoit telle esperance en Dieu qu'il li estoit à vis que bien furniroit et à sen honneur le voiage ' (I 26). Un homme qui agit habituellement ' de grant *corage* ' peut être dit *courageux*, tel Messire Gallehaut de Ribeumont qui, blessé au combat, ne guérit jamais complètement de sa plaie ' car il estoit chevaliers de si grant volenté et si *corageus* que pour ce ne se voloit il mies espargnier et ne vesqui point trop longement ' (V 210).

A cet emploi de *corage*, peuvent être rattachés les mots *encoragier*, *rencoragier*, *descoragier* qui se rapprochent beaucoup de leur sens moderne et seront étudiés dans les paragraphes consacrés à la vie active.

Quant Pierre du Bois, qui avait animé la résistance contre le comte de Flandres, vit que la paix était faite entre son successeur, le duc de Bourgogne, et les habitants de Gand, il fut plongé dans un cruel embarras : ' si fu tout abus et ot pluiseurs imaginacions à savoir se il demorroit à Gand avoecques les autres. Bien le pooit faire, se il voloit, car tout estoit pardonné par le teneur et seellé dou duch de Bourgongne et des signeurs dessus nommés, ne on n'en devoit, pour guerre ne disencion qui euist esté, jamais faire fait ne monstrer samblant. Mais, quant il avoit bien examiné son *coraige*, son *coer* ne s'i acordoit nullement que il i demorast, tant pour les proïsmes et amis dou signeur de Harselles, dont il avoit consenti la mort... que pour les mors ossi de sire Simon Bette et sire Gisebrest Grute et de pluiseurs autres, que il avoit fait, la guerre durant, ocire et decoller en sa presence ' (XI 310). Le dernier mot, on le voit, reste au *coer*, source des intuitions les plus profondes et les plus fondamentales. Néanmoins, cet exemple montre bien en quoi consiste l'examen du *corage* : c'est la revue, par le sujet, dans une situation où il est vivement concerné, des arguments qui vont dans le sens de la plus grande évidence et de ses intérêts les plus apparents. Il peut éclairer l'expression, par elle-même assez obscure, ' par grant deliberation de *corage* ' qui apparaît en deux occurrences au moins : Une des clauses du traité de Brétigny était que la terre de Saint Sauveur le Vicomte serait donnée à Jean Chandos, chevalier anglais, mais que le statut particulier de ce fief obligerait à faire hommage au roi de France, lequel ' par grant *deliberation de corage* et d'amour, le conferma et seela à le priière dou roy d'Engleterre ' (VI 53) : Jean le Bon n'a dû confirmer cette clause qu'après avoir « murement examiné en lui-même tous les arguments qui militaient en sa faveur ». Quant à l'*amour* qui, si l'on en croit Froissart, a pesé lui aussi dans la balance, c'est le sentiment tout nouveau qui unit les deux rois depuis la paix. Le sens est probablement le même dans le passage où les Gantois, cherchant à désigner un capitaine, proposent plusieurs noms et où Pierre du Bois commence ainsi son discours : ' Signeur, je croi bien que ce que vous dites est par grant afection et *deliberation de corage* que vous avés à garder l'onneur et le pourfit de la bonne ville de Gaind, et que cil que vous nommés sont bien idone et merite d'avoir une partie dou gouvrenement de la ville de Gaind, mais j'en sai un qui point n'i vise ne pense, que, se il s'en voloit ensognier, il n'y poroit avoir plus propisce ne de milleur non ' (X 84). La première partie de cette phrase pourrait sans doute se traduire par « Seigneurs, je crois bien que vous parlez ainsi parce que vous désirez vivement sauvegarder le prestige et les intérêts de la ville de Gand et que vous y avez mûrement réfléchi... »

C'est donc au niveau du *corage* que, par une réflexion teintée d'affectivité, sont prises des décisions tenues subjectivement pour importantes.

Une dernière remarque permettra de cerner la spécificité du mot *courage* : Il est certain qu'une longue intimité permet, dans une certaine mesure de connaître le *cœur* des autres : ' Messire Nicolas Brambre congnoist... les *cuers* des Londriens, car il en est de nation ' (K XII 274). Néanmoins, le *cœur* est généralement présenté comme le domaine de l'incommunicable, la partie la plus personnelle et la plus secrète de chacun, tandis que le *corage* est la partie du psychisme humain qu'on peut le plus facilement dévoiler aux autres ou connaître chez eux, comme en témoignent les expressions usuelles ' savoir ' ou ' sentir *le corage* ' ou ' *du corage* ' de quelqu'un (VIII 61, XI 287, XII 132, 252) ou ' descovrir ' ou ' remoustrer son *corage* à quelqu'un ' (XI 287, XII 217).

II. A. 1. 5. La concurrence entre *coer* et *corage*.

Des paragraphes II. A. 1. 1. et II. A. 1. 3., se dégage l'opposition essentielle existant entre *coer*, qui dénote la personnalité profonde de l'individu et *corage*, qui dénote les couches les plus superficielles de cette même personnalité. Pourtant, un certain nombre de cas sont ambigus, *coer* et *corage* paraissant pouvoir s'y substituer l'un à l'autre :

a) Lorsqu'il s'agit d'opposer l'« intérieur » à l'« extérieur », *coer* et *corage* semblent interchangeables : Si *coer* s'oppose à *lèvres*, *corage* s'oppose à *langage* : Les Écossais n'étaient pas du tout ravis d'avoir reçu en renfort une armée de chevaliers français ' et n'en faisoient nul compte, mais les haioient en *corage* et les diffamoient en *langage* ce qu'il pooient, enssi comme rudes gens et sans honneur certes qu'il sont ' (XI 215). Quand Jean Lion vit que les Gantois avaient recours à lui dans leur différend avec les gens de Bruges, ' si fu *en coer* grandement resjoïs, mais nul *samblant* de sa joie il ne fist, car il n'estoit pas encore heure ' (IX 167). A la veille de la bataille de Roosebeke, Philippe d'Arteveld est réveillé par sa maîtresse qui, partageant sa tente et ne pouvant dormir, avait entendu, entre le camp des Flamands et celui des Français, ' trop grant noise '. Lui-même perçoit ' un grant tournoiement ', fait sonner l'alarme et blâme le guet de n'avoir pas bougé. Celui-ci s'excuse : ' « Voirement avons nous bien oï noise... et avons envoiiet à savoir que ce pooit estre, mais chil qui i sont alé ont rapporté que ce n'est riens et que nulle cose il n'ont veu... » Phelippe... se apaisa sur ce, mais *en corage* il s'esmerveilla grandement que che pooit estre. Or dient li aucun que che estoient li diable d'infier qui là jeuoient et tournioient où la bataille devoit estre, pour la grant proie que il atendoient ' (XI 42). *En cuer, en corage* semblent donc également synonymes de *dedentrainnement*.

b) De même lorsqu'il s'agit de passions politiques : Rien de plus courant que les expressions ' avoir le *corage* anglais ' ou ' français ' (IV 36, VIII 11, 64, IX 282, X 30, 260), ' être bon français de *corage* ' (VIII 75). Mais on trouve aussi : ' Cil qui avoient les *cuers* gantois ' (X 51), et ' les trois pars des gens de la ville estoient *en cœr* plus Englès assés que François ' (IV 39). Les deux mots peuvent, d'ailleurs, être associés : ' Ce duc... estoit de *cuer*, de *courage*, de ymaginacion et de affection tout anglois ' (K XIII 33).

c) Dans certains clichés exprimant l'amour ou la haine : ' Amenés vostre niepce en pelerinage à Saint Jehan d'Amiens, et li rois sera contre li. Se il la voit, espoir la golousera il, car il voit volentiers toutes belles coses et les aime ; et se elle li *eschiet en coer*, elle sera roïne de France ' (XI 225). Mais, dès que Piètres du Bos l'eut proposé pour capitaine aux Gantois, ' Phelippes d'Artevelle *entra* en toutes manières de gens si *en corage* que on dist tout de une vois : « On le voist, on le voist querre ! Nous ne volons autre ! » ' (X 85).

' Tels *avoit en contre corage* le roi Charle mort, qui venroit et demorroit grandement en l'amour du jone roi son fil ' (X 19). Mais ' bien sentoit messires Charles d'Espagne que li rois de Navare l'*avoit* grandement *contre coer* ' (IV 129).

d) Enfin, dans certaines tournures adverbiales exprimant dans quelles dispositions le sujet accomplit l'action dénotée par le verbe : ' Je ferai volentiers et *de cler coer* vostre commandement, à mon loyal pooir ' (I 79), répond Guillaume de Douglas à Robert Bruce quand il le charge de porter son cœur à Jérusalem (v. II. A. 1. 1.).

D'autre part, ' entruesque pappes Clement se tenoit à Fondes, la roïne de Napples le vint veoir *de bon corage*, et se mist, li et le sien, en son obeissance et le volt bien tenir à pappe ' (IX 150) ; après leur victoire de Crécy, ' si loerent li rois d'Engleterre... et tout li signeur grandement Dieu, et *de bon corage* de le belle journée que il leur avoit envoiie ' (III 190).

Dans aucun de ces cas le contexte n'impose absolument d'interpréter le *cœur* comme « le fond du cœur » ni le *courage* comme « l'humeur du moment », ni d'ailleurs de les tenir pour synonymes et signifiant seulement l'« intérieur » de la personne. Il est possible que l'opposition subsiste dans certains cas : *de bon corage* est courant, alors que *de cler cuer* paraît être un hapax et se trouve employé dans des circonstances particulièrement exceptionnelles. Il est probable toutefois qu'il existe toute une zone d'emplois où elle est neutralisée.

II. A. 1. 6. L'« humeur ».

Dans la mesure où *corage* dénote l'« humeur » du moment, autrement dit des dispositions intérieures, des intentions, des désirs susceptibles de varier, il peut être rapproché de plusieurs autres mots :

a) *estat* qui dans le contexte suivant — unique en son genre parmi les cent soixante exemples relevés — paraît bien présenter le même sème « intérieur » que *corage* : ' Quant on vint pour decoller maistre Jehan des Marès, on li dist : « Maistre Jehan, criiés merchi au roi, que il vos pardonne vos fourfais ». Adont se retourna il et dist : « Jou ai servi au roi Phelippe, son ave, et au roi Jehan, son taion, et au roi Charle, son pere, bien et loiaulment, ne onques chil troi roi si predicesseur ne me seurent riens que demander ; et ossi ne feroit cils chi, se il avoit eage et congnissanche d'omme, et quide bien que de mon jugié il ne soit en riens coupables. Si ne li ai que faire de criier merchi, mais à Dieu voel je criier merchi et non à autrui, et li pri boinement que il me pardonne mes fourfais ». Adont prist il congiet au peuple, dont la grigneur partie ploroit pour lui. En cel *estat* morut maistres Jehans des Marès '. (XI 81). Néanmoins, une permutation semble ici impossible. Nulle part n'a été relevée la tournure *' en ce *corage*, fist X telle ou telle chose '.

b) *grant*, mot rare : Quand les Anglais attaquèrent Cadsand, ' n'i eut riens parlementé ne devisé, car li Englès qui estoient en *grant* de yaus assallir, et cil de deffendre, criierent leurs cris et fisent traire leurs arciers' (I 136).

Ici, une permutation est possible : on pourrait avoir ' *encoragiés* de yaus assallir '. Ce substantif *grant* s'emploie toujours précédé de la préposition *en* avec laquelle il s'est soudé et a formé l'adjectif *engrant* (v. IV. B. 11. p. 133). Néanmoins, Godefroy présente quelques exemples où *en grant* n'a pas valeur d'adjectif (se mettre *en grant*, tenir *en grant*) ce qui permet d'étudier *grant* comme substantif autonome.

c) *condition* : Au cours d'une insurrection, le peuple de Londres menace d'assaillir le château et de massacrer ses occupants si le roi Richard II ne venait parlementer avec eux. Celui-ci ' leur envoia dire que il se traïssissent tout au dehors de Londres en une place que on dist le Milinde, une moult belle prée, où les gens vont esbatre en esté et là leur acorderoit li rois et otroieroit tout che que il demanderoient... Adont se commenchièrent à departir ces gens les communs des villages et iaus à traire et à aler celle part, mais tout n'i alèrent mies, et n'estoient mies tout de une *condition*, car il en i avoit pluiseurs qui ne demandoient que le rihote et le destruction des nobles et Londres estre toute courue et pillie ' (X 110-111).

Le roi Ferrand de Portugal, follement épris d'Aliénor de Coigne, femme d'un de ses chevaliers, déclare à l'évêque de Coïmbre son intention de l'épouser : ' L'evesque doubta le roi, car il le sentoit de merveilleuse *condition* ; si n'osa respondre du contraire ' (XII 249).

Dans ces deux contextes, la substitution de *corage* serait, semble-t-il, possible, et il s'agit vraisemblablement de dispositions momentanées inspirées par les circonstances plutôt que de traits de caractère permanents.

d) on peut en dire autant de *manière* dans le contexte suivant : Édouard II, soumis à l'influence d'Hugues Spenser qui l'a brouillé avec sa femme et son frère, le duc de Kent, menace de leur faire ' souffrir dou cors haschière ' s'ils ne quittent pas le pays. ' Dont, quant il avint que la royne et li contes de Kent oïrent ces nouvelles, si se doubterent, car il sentoient le roy hastieu et de diverse *manière* et che messire Hue si bien de lui qu'il faisoit tout ce qu'il voloit sans avis et sans regart de nulle raison ' (I 14).

e) on peut mentionner encore *convenant*, étudié également aux §§ I. C. 1. 4. et II. B. 2. 3. 7., qui dénote généralement une « situation » extérieure au sujet ou un « comportement », mais qui, dans certains contextes non équivoques, peut-être utilisé pour dénoter des dispositions intérieures, un état d'esprit. Les Anglais, débarqués en Flandres en 1383, ne doutent pas de leur succès ' et au voir dire, se il fussent adont venu devant Bruges, pluiseurs gens dient et dissoient adont, qui bien quidoient savoir le *convenant* de ceux de Bruges, que elle se fust rendue englesque ' (XI 107). Après la bataille de Roosebeke, le comte de Flandres ' estoit tout enfourmés dou *convenant* de cheux de Bruges, et comment il estoient esbahi ' (XI 62). Il arrive que le *bon* et le *mauvais convenant* (v. II. B. 2. 3. 7.) doivent être interprétés comme des « dispositions intérieures » plutôt que comme un « comportement » courageux, ou du moins que cette interprétation soit possible : ' comme lasches gens et plains de mauvais *convenant*, il... tournèrent le dos ' (X 226) ; ' Si se veirent assegiet de tous costés. Ensi que gens de *bon convenant* et de grant arroy, il ne furent de riens esbahi, mes entendirent à leurs gardes et à leurs deffenses ' (III 63).

f) Enfin, le *sang* est une métaphore possible pour dénoter « l'humeur du moment » : les éclaireurs du roi de Castille, ayant reconnu les positions portugaises à Aljubarrota, sont d'avis de passer à l'attaque : ' Si conseillons, sire roy..., que nous ordonnons nos batailles et les alons combatre endementres que vos gens sont en chault *sang* ' (XII 151).

Encore faut-il remarquer que les emplois ci-dessus relevés de ces quelques mots sont tous plus ou moins exceptionnels et ne font à *corage* qu'une concurrence infime.

II. A. 1. 7. Le « caractère ».

On a vu, au paragraphe II. A. 1. 3., que le mot *esprit* se prêtait à dénoter le « caractère » d'un individu, c'est-à-dire le trait dominant ou l'ensemble des traits qui peuvent définir, de façon permanente, sa personnalité. Encore faut-il pour cela qu'il soit qualifié, alors que les mots qui seront étudiés ci-dessous peuvent exprimer cette notion par eux-mêmes, sans le secours d'aucune qualification.

Le moins polysémique, sinon le plus courant, est *nature* : Un enchanteur, se vantant d'avoir déjà, par ses sortilèges, réduit à se rendre le Château de l'Œuf, à Naples, propose au duc d'Anjou de renouveler en sa faveur le même exploit. Celui-ci consulte le comte de Savoie qui se montre plus que réservé : ' Or regardés de la *nature* des malandrins de ce païs : pour seullement complaire à vous et avoir vostre bienfait, il voelt trahir ceulx à qui il livra une fois la roïne de Napples et son mari... ' (X 177). ' De sa *nature* ', Isabeau de Bavière, jeune fiancée de Charles VI, était ' pourveue de sens et de doctrine, mais point de français elle ne savoit ' (XI 228) ; à la différence de tant d'autres seigneurs, le comte de Foix n'avait pas de ' marmouset ' pour le divertir ' car il estoit saige *naturelment* ' (XII 227).

Il faut d'ailleurs constater que la *nature* d'un individu, dans les Chroniques de Froissart, inclut, outre ses traits de caractère personnels, l'habitude sociale, fortement enracinée, de dépendre de tel seigneur et de faire partie de telle *nation* (mot bien attesté dans les Chroniques, v. par exemple VII 181, XII 1), et de préférer ceux qui partagent avec vous ces appartenances. Ainsi, ' par *nature*, cil d'Evrues ont toutdis plus amé le roy de Navarre que le roy de France ' (V 87). Les gens du Quercy et du Rouergue, ' de *nature* et de volenté estoient trop plus françois qu'englès ' (VII 125). Ceux de La Rochelle ' onques n'amèrent *naturelment* les Englès ' (VIII 43), tandis que la reine d'Angleterre, Philippe de Hainaut avait toujours ' *naturelment*... amé chiaus et celles de le *nation* de Haynau, le pays dont elle fu née ' (VII 181). Quant à l'adjectif *naturel*, à la différence de *nature* et *naturelment* qui ont, on le voit, des emplois relativement souples, il sort du domaine psychologique et ne se trouve que figé dans la formule juridique courante ' *naturel seigneur* ' ou ' *seigneur* (ou *dame*, ou *héritier*) *naturel* '.

Dans la mesure où *nature* dénote le « caractère » de l'individu, il entre en concurrence avec des mots déjà étudiés pour certains autres de leurs emplois :

a) *manière* : ' Chilz rois englès... avoit deus frères de remariage. Si fu li uns nommés li contes Mareschaus et fu de diverse et de sauvage *manière* ; li autres fu appelés messires Aymes et estoit contes de Kent, moult preudons, douls et debonnaires et moult amés de bonnes gens ' (I 10). Il s'agit de toute évidence, dans ce contexte, de dispositions permanentes, et non d'une « humeur » passagère.

b) *condition* : ' L'Amourat Bakin est ung sire de noble *condicion*, et se il estoit plus jone XXX. ans que il n'est, il seroit taillé de faire de grans conquestes ' (XII 212). Il s'agit ici d'un ensemble de qualités individuelles, mais *condition* se prête bien, également à dénoter ce que nous appellerions des « tempéraments nationaux » : ' Je vous diray une partie de la *condition* des Espagnolz ; voir est que aux chevaulx, de première venue, ilz sont de grant beubant et de dur encontre à leur avantaige... mais si très tost comme ilz ont laissié et fait voler deux ou trois dardes... et ilz veent que leurs ennemis ne se desconfissent point, ilz se doubtent... et se sauvent, qui sauver s'il puet ' (XII 164).

Condition peut apparaître au pluriel, avec la valeur apparente de « traits de caractères » : ' Onques, depuis cent ans, ne fu plus courtois, plus gentilz ne plus plains de toutes bonnes et nobles vertus et *conditions* entre les Englès de lui ' (VII 207).

Condition, manière et *nature* peuvent d'ailleurs se trouver associés dans des couples synonymiques : Le comte de Foix, inquiet du sort des chevaliers béarnais partis combattre au Portugal n'a pas dit un mot depuis trois jours ; enfin, il appelle son frère, ' ung très saige et avisé chevalier et qui bien congnoissoit la *manière* et *condition* de son frère le conte ', et sait le laisser parler, et se taire à bon escient (XII 171). Le roi de France se demande s'il doit attaquer les Anglais. Ce n'est pas l'avis de du Guesclin qui prend à témoin son meilleur compagnon d'armes : ' Et veci mon compagnon le signeur de Cliçon, qui plus *naturelment* en poroit parler que je ne face, car il a esté avoech yaus nourris d'enfance : si cognoist trop mieulz leurs *conditions* et leurs *manières* que nulz de nous'. Le seigneur de Clisson considère en effet qu' 'en bataille ce sont les plus confortées gens dou monde ; car, com plus voient grant effusion de sanch, soit des leurs ou de leurs ennemis, tant sont il plus chaut et plus arresté de combatre ' (VIII 162). On interroge, à son retour le chef de l'expédition française en Écosse : ' Et li demanda on des nouvelles d'Escoce et de la *condicion* et de la *nature* dou roi et des barons dou païs. Il en recorda assés, et dist bien que li Escot se retraioient par *nature* auques sus le *condicion* des Englès, car il sont envieux sus les estraigniers ' (XI 280).

c) Exceptionnellement, dans le contexte suivant, *corage* et *sang* : Don Pèdre de Castille, détrôné, reçoit le conseil de recourir au Prince de Galles, car il est ' si nobles et si gentilz de *sanch* et de *corage* que, quant il sera enfourmés de vos anois et tribulations, il y prendera grant compation ' (VI 195). Au moment où parle le conseiller, le Prince de Galles est absent ; rien ne peut laisser présumer ses dispositions du moment. Il ne peut donc s'agir que de son tempérament, dû au *sang*, à la lignée, à la race dont il est issu, et des traits permanents de son caractère, bien connus des seigneurs qui ont pu le fréquenter ou en entendre parler.

II. A. 1. 8. Conclusion Les mots étudiés dans ce champ sémantique s'organisent ainsi : Ils ont en commun les deux sèmes suivants : « intérieur » (alors que les mots étudiés au chapitre précédent dénotaient tous des réalités importantes pour le sujet, mais « extérieures » à lui-même), et « synthétique », tous présentant la personnalité de façon globale, et pouvant seulement servir de support à une description analytique. Ils s'opposent entre eux par les couples sémiques que voici : « profond » vs « superficiel » ; « substantiel » vs « accidentel » ; « durable » vs « passager ». L'opposition entre le sujet, capable de dire « je » (le *cœur*) et le caractère (la *nature*) pourrait se traduire par les oppositions « désignatif » vs « descriptif ». Enfin, l'*âme* s'oppose à tout le reste par le sème « immortel » qui lui est propre.

II. A. 2. L'auto-estimation.

Au milieu de toutes les données « extérieures » énumérées au chapitre I., le sujet a une conscience globale et intuitive de son importance relative et de ses possibilités d'action. C'est ce fait psychologique que veut exprimer le titre choisi pour cette section du chapitre II.

II. A. 2. 1. Le sujet a conscience de son infériorité.

La « timidité », la « modestie », le « complexe d'infériorité », la « conscience de ses limites » n'ont pas de nom, semble-t-il, dans la langue des Chroniques de Froissart. Tous les héros de cette œuvre ne sont pourtant pas des Fierabras : Quand Charles V décida d'élever du Guesclin à la dignité de connétable de France, celui-ci ' s'escusa... moult grandement et très sagement, et dist qu'il n'en estoit mies dignes, et que c'estoit uns povres chevaliers et petis bacelers ou regard des grans signeurs et vaillans hommes de France, comment que fortune l'euist un petit avanciet '. Le roi insiste. ' Lors s'escusa encores li dis messires Bertrans par une aultre voie et dist : ' Chiers sires et nobles rois, je ne vous voeil, ne puis, ne ose desdire de vostre bon plaisir ; mais il est bien verités que je sui uns povres homs et de basse venue. Et li offices de le connestablie est si grans et si nobles qu'il couvient, qui bien s'en voelt acquitter, exercer et esploitier et commander moult avant, et plus sus les grans que sus les petis. Et veci messigneurs vos frères, vos neveus et vos cousins, qui aront carge de gens d'armes, en hos et en chevaucies : comment oseroie-je commander sus yaux ? Certes, Sire, les envies sont si grandes que je les doi bien ressongnier ; si vous pri chièrement que vous me déportés de cel office et le bailliés à un aultre qui plus volentiers l'emprende que je et qui mieuls le sace faire. » Lors respondi li rois et dist : « Messire Bertran, messire Bertran, ne vous escusés point par celle voie ; car je n'ai frère, ne neveu, ne conte, ne baron en mon royaume, qui n'obeisse

à vous ; et, se nulz en estoit au contraire, il me coureceroit telement
qu'il s'en perchevroit. Si prendés l'office liement, et je vous en prie. »
Messires Bertrans cogneut bien que escusances, que il sceuist ne peuist
faire ne moustrer ne valoient riens : si s'acorda finablement à l'ordenance dou roy, mès ce fu à dur et moult envis '. (VII 254-5). La chose
existe, on le voit ; elle est même finement analysée dans le discours de
du Guesclin et dans la réponse du roi, mais elle n'est nulle part dénommée,
ni là, ni, semble-t-il, dans aucun autre passage des Chroniques.

II. A. 2. 2. Le sujet a une juste conscience de sa valeur

II. A. 2. 2. 1. *Se faire fort de* quelque chose, c'est déclarer qu'on en est
capable, sans aucune vanterie, et en toute certitude : en voici quelques
exemples : Les conseillers du duc de Bretagne lui reprochent d'avoir
attiré chez lui les Anglais, et veulent le réconcilier avec le jeune Charles VI ;
' il *se faissoient fort* et porteroient oultre que il li feroient sa pais envers
le jone roi de France ' (X 19). En effet, p. 41, le duc ' vient à accord '.
Un chevalier gascon expose son plan pour prendre le château de Mauron
et conclut : ' Ensi les arons nous et le ville ossi : de tant *me fai je fors* '
(III 92). Et le château est pris. Le duc de Brabant veut marier sa fille
au comte de Flandres qui vient de faire faux-bond à une princesse
anglaise. Le roi de France accepte d'appuyer sa proposition ' se il pooit
tant faire que li pays de Flandres fust de son acord... Li dus de Brabant
respondi que oil, et de ce *se faisoit il fors* ' (IV 86). En effet, le comte
de Flandres, qui détestait les Anglais, resta, dans l'ensemble, toujours
fidèle au parti français, même si l'orientation de plusieurs de ses bonnes
villes était différente. Sur six exemples relevés, cinq fois, la chose dont
on s'est *fait fort* s'est effectivement réalisée. Une fois elle a échoué :
Les Anglais vont d'Ypres à Tournai en passant par Lille ' sus le guiement
monsigneur Wafflart de le Crois qui... se faisoit fors que d'yaus mener
sans peril, car il savoit les adrèces et les torses voies ' (II 6). Mais ils
tombent dans une embuscade que rien ne pouvait laisser prévoir. L'échec
est donc purement fortuit.

II. A. 2. 2. 2. *haut.* Le duc de Bourbon était ' *haut* de cuer et d'une
manière moult orgueilleuse et presumptueuse ' (K. XIV 237) ; le sire
d'Albret, ayant bravé insolemment le Prince de Galles, était en grand
péril, car ' li princes estoit durement grans et *haus* de corage et crueulz
en son aïr ' (VI 233). La valeur précise de l'adjectif *haut* s'éclairera
quand on aura vu en quoi peuvent consister les ' *hautes* paroles ' ou les
' *hautes* emprises ' qui permettent de dire de quelqu'un qu'il est ' *haut*
de cœur ' ou ' de courage ' : Godefroi de Charny, pris en traître, et attaqué
à l'improviste par les Anglais ' dist une *haute* parole : « Signeur, li fuirs
ne nous vault riens ; et se nous fuions, nous sommes perdu davantage.
Mieus vault que nous nos deffendons de bonne volenté contre chiaus

qui viennent que, en fuiant comme lasque et recreant, nous soions pris
et desconfi. Espoir sera la journée pour nous » ' (IV 77-78). C'est aussi
' une mout *haute* parole ' que prononce le sire de Couci en proposant
de marcher directement sur Audenarde pour attaquer les Flamands (XI 3),
mais on lui oppose des ' raisons raisonnables ' (XI 4). Rétablir le roi
Pierre le Cruel sur le trône de Castille est une ' *haute* emprise et grande '
(VI 216). Thomas, comte de Buckingham, fils cadet d'Édouard III
entreprend de porter secours au duc de Bretagne, et part avec l'armée
et l'escorte qui conviennent ' à fil de roi... qui entreprent un si *haut*
voiage que de passer parmi le roiaume de France qui est si grant et si
nobles et où tant a de bonne chevalerie ' (IX 236). Une ' *haute* journée '
peut être le résultat d'une ' *haute* emprise '. Après sa victoire de Najera,
on pense généralement que le prince de Galles ' estoit la fleur de toute
la chevalerie dou monde et que uns telz princes estoit dignes et tailliés
de gouvrener tout le monde quant par sa proèce il avoit eu trois si
hautes journées et si notables : la première à Creci en Pontieu ; la seconde
dix ans après, à Poitiers ; et la tierce, ossi dix ans après, en Espagne,
devant la cité de Nazres ' (VII 53). Guillaume de Douglas était le chevalier écossais qui, dans une série d'escarmouches contre les Anglais faisait
le plus de ' biaus fais, belles rescousses, *hautes* emprises ' (II 136). On
fait un ' *haut* honneur ' à quelqu'un en le chargeant de missions difficiles
(IV 74, VIII 35) ; en effet, ' li noms de preus est si *haus* et si nobles
et la vertu si clère et si belle que elle resplendist en ces sales et en ces
places où il a assemblée et fuison de grans signeurs... Encores avant on
voit le preu baceler seoir à *haute* honneur à table de roy, de prince, de
duch et de conte, là où plus nobles de sanch et plus rices d'avoir n'est
mies assis ' (I 3-4). Froissart lui-même, considérant qu'en 1388 la Picardie
et les Flandres étaient en paix, entreprend d'aller chercher auprès du
comte de Foix des nouvelles des lointaines marches : ' grandement
m'anuioit à estre oiseux, car bien sçay que ou temps advenir, quant je
seray mort et pourry, ceste *haulte* et noble hystoire sera en grant cours,
et y prenderont tous nobles et vaillans hommes plaisance et augmenta-
tion de bien ' (XII 2).

Hautain s'emploie, en concurrence avec *haut* pour qualifier des ' emprises ' : Les Français redoutaient particulièrement le captal de Buch
' pour ses *hautaines* emprises ' ; quant à Jean Chandos, ' li Englès
l'amoient pour tant qu'en li estoient toutes *hautaines* emprises. Li
François le haioient, pour ce qu'il le ressongnoient ' (VII 207).

Le mot *haut* (ou *hautain*) s'applique donc à des paroles courageuses,
à des actions difficiles et d'une certaine importance, et paraît souvent
écrit avec une certaine nuance d'admiration. On peut donc penser
qu'appliqué à des personnes, il peut dénoter la confiance en soi, correspondant à une valeur réelle, exigée par de telles paroles ou de telles
actions : si l'orgueil est un défaut, la fierté n'en est pas un et il y a de
nobles et légitimes ambitions. Pourtant, son association avec *crueulz*,

orgueilleus, presumptueus, oblige à le tenir pour bivalent puisqu'il peut, de toute évidence, entrer dans des contextes soit péjoratifs, soit mélioratifs.

D'ailleurs, à côté de ces emplois où il dénote des réalités purement intérieures, *haut* a aussi une valeur sociale et nullement péjorative : il peut qualifier des seigneurs « d'un rang éminent » (I 3, IX 130, XI 198, XII 61, 78 etc.) ; il se trouve aussi dans la description de fêtes très solennelles, comme celles du double mariage qui a uni les maisons de Bourgogne et de Hainaut : ' Le mardi, à l'heure de la *haute* messe, il furent espousé, en l'eglise catedral de Cambrai, à grant solempnité ' ; au dîner, les mariés sont servis par des seigneurs montés sur ' *haulx* destriers '...' Onques en Cambrai n'ot puis cinc chens ans si *haute* solempnité ni si renommée, comme il ot en ces jours dont je parolle. Après ce noble et *hault* disner fait, grant fuisson de signeurs et de chevaliers furent armet et aparilliet pour le jouste, et joustèrent sus le marchiet ' (XI 194-195). Froissart compare l'attitude des Gantois et du Comte de Flandres, au cours des circonstances où ils se trouvèrent opposés et prend la défense de ce dernier, montrant qu'il préférait la paix à la guerre, et qu'en diverses circonstances, il ne pouvait agir autrement qu'il ne l'avait fait ' reservé se *hauteur* et sen honneur ' (IX 223). Comment comprendre cette formule ? Peut-être, en combinant les deux valeurs du mot, « compte tenu du fait qu'il était un *haut* seigneur et qu'il était *haut* de cœur ».

II. A. 2. 3. Le sujet a une conscience exagérée de sa valeur

Froissart dispose, pour exprimer cette notion d'un ensemble de mots de toutes les catégories grammaticales, qui sont tous marqués d'une nuance péjorative.

II. A. 2. 3. 1. *se glorifier,* c'est-à-dire « concevoir, à partir de quelques succès limités, une excessive confiance en soi » est chose imprudente. C'est à peu près immanquablement la cause de graves échecs ultérieurs : En mai 1383, à l'appel du pape Urbain VI, les Anglais, conduits par l'évêque de Nordwich, partent en croisade contre les Français qui avaient opté pour l'anti-pape Clément, débarquent en Flandres, prennent Gravelines et Bourbourg, assiègent Ypres, et font des avances aux Gantois révoltés contre leur comte, leur promettant de grandes reconquêtes : ' Et ne faissoient nulle doubte que, dedens le septembre, toute Flandres seroit raquise à eux ; enssi *se glorifioient il* en leurs fortunes ' (XI 111). Hélas ! en septembre, précisément, les Français les contraignent à traiter et à regagner l'Angleterre. Les défenseurs de Saint-Amand, ville faiblement fortifiée, ' avoient... entendu que le contes de Haynau les venroit veoir, mès il s'estoient si *glorifiet* en leur orguel qu'il n'en faisoient nul conte '. C'est pourquoi, finalement ' il leur mesvint ' (II 66). De même, l'imprudence fatale de Philippe d'Arteveld, à Roosebeke s'explique par le fait qu'il ' *se glorefioit* si en la belle fortune et victore que il ot devant Bruges, que il li sambloit bien que nuls ne li poroit fourfaire ' (XI 39).

Ces exemples permettent de comprendre la portée de la lettre de défi adressée par Henri de Trastamare au prince de Galles venu soutenir la cause de son rival Pierre le Cruel : il s'étonne qu'il vienne l'attaquer pour lui ' tollir tant petit d'iretage que Diex nous a donné ', mais, ajoute-t-il, ' vous avés le grasce, l'eur et le fortune d'armes plus que nulz princes ajourd'hui, pourquoi nous esperons que vous vos *glorefiiés* en vo poissance ' (VII 11). Il lui demande donc où il aura la bataille. Le prince admire cette audace : ' Vraiement, cilz bastars Henris est uns vaillans chevaliers et plains de grant proèce, et le muet grandement hardemens à ce qu'il nous a escript maintenant ! '. Il lui fait donc, un peu plus tard (p. 29) des propositions honorables que don Enrique refuse. Toute la provocation réside dans le mot *vous vous glorifiez* qui signifie évidemment « vous présumez trop de vos forces » (et nous espérons bien, par conséquent, triompher de vous).

II. A. 2. 3. 2. *S'outrecuider, être outrecuidé, outrecuidance.*

L'attaque téméraire du Halse de Flandres à Menin, qui se termina en catastrophe, sur un pont piégé, est ainsi jugée par ' cil qui le plus estoient usé d'armes ' : ' « Che n'est pas emprise faite de sages gens d'armes qui voellent venir à bon chief de leur besongne, à faire essai, et pour ce que *outrequidiet* il ont chevauchiet, leur en est il mal pris » ' (X 291). De même, le combat des Trente, pendant les guerres de Bretagne : ' Li aucun le tenoient à proèce, et li aucun à outrage et grant *outrecuidance* ' (IV 115). Mais l'exemple le plus illustre d'*outrecuidance* est l'attitude de Philippe d'Arteveld et des Flamands à la veille de Roosebeke : ' Si estoient Phelippes et li Flamenc mout *outrequidiet*, quant il s'ahatissoient dou combatre, car, se il se fuissent tenu en leur siège devant Audenarde et aucunement fortefiiet, avec ce qu'il faissoit plouvieux et fresc et bruecqueus en Flandres, on ne les fust jamais là alé querre ; et, se on les i eust quis, on ne les peuist avoir eus pour combatre, fors à trop grant meschief et peril '. Mais, on l'a vu, ' Phelippes se glorefioit si en la belle fortune et victore que il ot devant Bruges, que il li sambloit bien que nuls ne li poroit fourfaire, et esperoit bien à estre sires de tout le monde ' (XI 39). Froissart y revient un peu plus loin : ' Jamais on ne les euist là alé combatre, pour tant que on ne les euist point eu sans trop grant damage, mais il voloient monstrer que c'estoient gens de fait et de grant volenté, et qui petit amiroient leurs ennemis ' (XI 51). C'est bien là-dessus, d'ailleurs, que comptaient les Français : ' Ils sont bien si orgilleux et si *outrequidiet* que il venront contre nous ' (XI 2) pense le connétable de France. Et de fait, ' orgieux et *oultrequidance* les resvilla ' (XI 49). De même, c'est un acte d'*outrecuidance*, de la part d'un sire d'Albret, de manifester de l'insolence à l'égard d'un aussi grand personnage que le prince de Galles (VI 233). Le pape Urbain VI, lui aussi, ' *s'outrequida* ' (X 144) en mécontentant à l'excès les cardinaux. Ils le lui firent bien voir en élisant l'anti-pape Clément.

II. A. 2. 3. 3. *s'ahatir, une ahatie.*

Le verbe *s'ahatir* suivi de l'infinitif exprime selon les contextes :

a) qu'on se « vante » de pouvoir faire quelque chose (VIII 196, X 33, VII 175).

b) qu'on est « tout prêt » à le faire : Ce serait une grande imprudence pour les Français de céder aux provocations des Navarrais et de les attaquer. Ils ' en furent tout appareillié et *ahati* par trois ou par quatre fois, mès toutdis vaincoient li plus sage et disoient : « Signeur, attendons encor un petit » ' (VI 120).

c) qu'on « entreprend » de le faire ; on a vu qu'à Roosebeke, les Flamands, s'opposant au roi de France et à ' toute fleur de vaillance et de chevalerie ' étaient ' mout outrequidiet quant il *s'ahatissoient* dou combattre ' (XI 39).

Dans tous les cas, il s'agit d'actions difficiles, plus ou moins téméraires : voyager de nuit (VII 175) ; venir à bout d'un travail dans un délai anormalement bref (VIII 196) ; traverser des montagnes particulièrement dangereuses (VII 7) ; provoquer un adversaire en combat singulier (X 33) ; attaquer dans des conditions défavorables (VI 120) un ennemi supérieur en nombre ou en expérience guerrière (XI 3) ; former des projets de conquête démesurés (XII 213).

Le sujet, confiant en lui, espère, malgré les difficultés, un succès qui sera l'affirmation de lui-même et une sorte de triomphe personnel. On voit qu'il s'agit de tout autre chose que dans *se faire fort de* où le sujet, mesurant exactement ses forces et la tâche à accomplir, a de son côté toutes les chances de succès. Le participe passé substantivé, une *ahatie* (variantes, *aatie, aathie*), que nous retrouverons d'ailleurs, avec *outrage*, au chapitre de l'action, est étroitement lié au sens du verbe *s'ahatir* comme le montrent les exemples suivants : Devant le château de Thori en Beauce, les Anglais et les Français escarmouchent ; ' eut là un escuier de Biausse, gentil homme et de bonne volenté, qui s'avança de son fait sans mouvement d'autrui et vint à le barrière tout en escarmouchant, et dist as Englès : « A là nul gentilhomme qui pour l'amour de sa dame voldroit faire aucun fait d'armes ? » ' (IX 272-3). Un Anglais relève le défi, et le combat s'engage, qualifié d'*ahatie* à la page suivante, de même que d'autres combats singuliers entre champions français et anglais qui se sont provoqués personnellement (X 32). Les menées révolutionnaires de Jean Lion à Gand, et ses discours destinés à envenimer un incident qui aurait pu être facilement arrangé, méritent égalementment la dénomination d'*ahatie* : ' Les cappitainnes des mauvais estoient tout liet et semoient parolles et faissoient semer aval la ville, mais que li estés revenist, li contes ou ses gens briseroient le paix et que on avoit bien mestier que on fust sus sa garde et pourveu de blés, d'avainnes, de chars, de sels et de toutes pourveances... Li riche, li sage, et li notable homme de le ville ne se pueent mies escuser que, au commenchement de ces *ahaties*, se il vosissent bien acertes, il n'euissent mis remède... ' (XI 218). Charles V, voulant aider les gens de Saint Malo assiégés par les Anglais, envoie une armée en renfort. Celle-ci campe à quelque distance des lignes anglaises mais n'attaque pas, le roi redoutant les aventures. Elle se contente de se déployer et de parader devant les Anglais que cette provocation exaspère : Le comte de Cambridge ' dist ensi et jura, se plus veoit de tels *ahaities*, puisque on ne les venoit combatre, il les iroit combatre, quel fin que il en deussent prendre ' (IX 83). Enfin, pendant sa grande crise de démence, Charles VI, se croyant en butte à l'hostilité de son entourage, attaque les gens de sa propre suite : ' Je n'oys point dire que nuls fuist mort de celle *aathie*, mais il en abaty plusieurs, car nuls ne se mist à defense ' (K XV 42).

De tout cela, ressort que l'*ahatie* peut être une provocation, un acte orgueilleux, ou téméraire, ou inconsidéré, mais l'enssentiel est que c'est une action qui tend à manifester au dehors la supériorité du sujet dont elle est un mode d'expression en quelque sorte vital.

II. A. 2. 3. 4. L'*orgueil*, *orgueilleux*, *s'enorgueillir*.

Se glorifier, *s'outrecuider*, *s'ahatir*, toutes ces erreurs d'appréciation ont en fin de compte leur source dans ce péché capital, ce vice fondamental de l'homme qu'est l'*orgueil*. Le tableau que fait Froissart de l'état de l'Église en 1390 permet de cerner deux des manifestations principales de l'*orgueil* : ' Bien sçay que ou temps advenir on s'esmerveillera de telz choses, ne comment l'Église peut cheoir en tel trouble ne si longuement demorer, mais ce fu une plaie envoiée de Dieu pour aviser et exemplier le clergié du grant estat et des granz superfluitez que ils faisoient, combien que les pluseurs n'en faisoient compte, car ils estoient si *abuvrez d'orgueil* et d'oultrecuidance que chascun voloit surmonter son plus grant ou ressambler son plus grant, et pour ce aloient les choses malement, et se nostre foy n'eust esté si fort confremée en humain gendre et la grace du Saint Esperit, qui renluminoit les cuers desvoiez et les tenoit fermes en une unité, elle eust branlé et crolé ' (XII 226).

L'*orgueil*, tenu ici pour responsable des maux les plus considérables, est donc une opinion excessive de soi-même qui se traduit, de la façon la plus concrète, par ' un grant estat ' et de ' granz superfluitez '. On a vu, ou on verra, d'ailleurs, que d'autres mots de ce champ sémantique : *haut*, *bobant*, *grandement*, peuvent s'appliquer à des démonstrations de faste.

Intérieurement, il a pour effet le refus de toute supériorité hiérarchique. Il s'agit de ' surmonter son plus grant ' ou de ' rassembler son plus grant '. C'est bien en cela, précisément que consista l'*orgieux de Flandres* ' (XI 57), lorsque Gand, à la tête de quelques autres villes, porta les armes contre son seigneur naturel qui trouva une aide efficace auprès des Français vainqueurs à Roosebeke : ' Dieus i fu pour eux, qui voloit consentir que li *orgieus* de Flandres fust abatus ' (XI 14).

Réciproquement, celui qui se sent dans une situation de force devient arrogant, inaccessible à la pitié, et accable de sarcasmes des adversaires plus faibles, il les ' sert ' de ' paroles... felles et venimeuses ' comme celles des Catalans aux Portugais à qui, à tort ou à raison, ils croient paraître redoutables.' si s'en *orgueillirent* grandement. Si encommencièrent à tenir leurs paroles et leurs gros mos, lesquelz les Portingalois ooient trop envis, car il disoient ainsi en leur langaige : « Entre vous de Portingal, tristes gens, rudes comme bestes, le temps est venu que nous aurons bon marchié de vous ; ce que vous avez est et sera nostre ; nous ensongnerons vos chasteaulx si comme nous faisons ceulx des Juifs qui demeurent par treu dessoubz nous ; vous serez nos subgectz, et ce ne povez vous contredire ne reculer, puisque nostre sire le roy de Castille sera vostre roy » ' (XII 251-2).

Lorsqu'il se trouve dans une situation de supériorité hiérarchique, l'*orgueilleux* a coutume de la faire bien sentir à ses subordonnés : Le duc de Bourbon était ' d'une manière moult *orgueilleuse* et presumptueuse ' (K XIV 237). La suite montre les manifestations de cet orgueil : le duc était peu abordable, désagréable avec les hommes, et exigeait de son entourage toute une étiquette. L'orgueilleux va facilement jusqu'à l'abus de pouvoir : Le roi Charles V envoie le seigneur de Bournisiel en Écosse, négocier une alliance. Lors de son passage à l'Écluse, le comte de Flandres, fâché du faste qu'il déploie et du fait qu'il n'est pas venu le saluer, le fait arrêter. Charles V ' ne l'en ama mies miex... mais bien dissoit que li contes de Flandres estoit li plus *orgilleus* et presumptueus princes que on seuist ' et il aurait été bien aise que ' ses grans *orguels* fust... abatus ' (IX 134).

Cette notion fondamentale d'*orgueil* comporte diverses variantes lexicales que nous allons maintenant étudier.

II. A. 2. 3. 5. *Présomption* et *Présomptueux* (var. *presumption* et *presumptueus*).

Ces mots, relativement rares, n'ont été relevés qu'associés à *orgueil* et *orgueilleux* ; nous avons déjà rencontré le duc de Bourbon et sa ' manière moult orgueilleuse et trop *presumptueuse* ' ; nous avons vu que le comte de Flandres s'était montré ' orgilleus et *presumptueus* ' en faisant arrêter un ambassadeur du roi de France. Le roi Jean le Bon voulant lever une gabelle sur le sel en Normandie, le roi de Navarre, seigneur de ce pays et plusieurs chevaliers normands s'y opposèrent. ' Li rois retint ceste cose en grant *orgueil* et grant *presumption*, et dist qu'il ne voloit nul mestre en France fors lui ' (IV 176). Aucune différence de contexte ne permet donc de cerner la spécificité de la *présomption* par rapport à l'*orgueil*.

II. A. 2. 3. 6. *Grand* et *grandeur*.

L'exemple suivant montre bien ce qu'est la *grandeur* : Philippe d'Arteveld, au début de la bataille de Roosebeke où il devait trouver la mort dans une défaite sanglante sur les Gantois ' avoit son page monté sus un biau coursier dalés lui, qui valoit encores pour un signeur cinc chens florins, et ne le faissoit pas venir avoecques lui pour cose que il se vosist embler ne defuir des autres, fors que pour estat et par *grandeur* et pour monter sus, se cache sus les François se faissoit, pour commander et dire à ses gens : « Tués tout ! Tués tout ! » ' (XI 43). Le maître de Gand s'imagine déjà victorieux, dans une attitude spectaculaire, donnant des ordres impitoyables. Il est plein du désir de paraître, d'augmenter son prestige personnel ; c'est un vaniteux. Ce trait de caractère avait d'ailleurs été bien senti par les commissaires du roi de France qui comprennent sans peine que ' Phelippes, par orgueil et beubant ' avait ' fait sa *grandeur* ' (X 273) en refusant leurs propositions, et ne se conformait ni aux sentiments réels ni aux intérêts des bonnes villes de Flandres.

On trouve donc *grandeur* associé à *presumption*. Toujours le même Philippe ' quidoit bien, par *grandeur* et *presumption* qui estoit en lui, que chil d'Audenarde se deuissent de fait venir rendre à lui, mais il n'en avoient nulle volenté ' (X 259) : ou encore à *orgueil* (X 66).

Le personnage qui a pour qualité la *grandeur* est *grand*, adjectif rarement employé seul en ce sens, si ce n'est dans une expression comme *monstrer grant visage* (v. II. B. 2. 3. 12.), c'est-à-dire « adopter une attitude de résistance farouche », mais plus souvent accompagné d'autres adjectifs. C'est ainsi qu'on trouve ' *grant* et orgueilleux ' (IX 117, XII 272), ' *grant* et beubenceux ' (XII 159). Signalons enfin le verbe *engrandir* « rendre orgueilleux » (XII 230).

Si *grand* et *grandeur* peuvent dénoter des traits de caractère, *grandement* s'applique à des manifestations extérieures : on reçoit un haut seigneur ' *grandement* et noblement ' (VI 56), ' liement et *grandement* ' (VI 150), c'est-à-dire avec tout le faste qui convient à son état.

II. A. 2. 3. 7. *bobant* (variante *beubant*) et *bobanceux* (variante *beubenceux*)

Ce mot est souvent associé à *orgueil* ; sa relative rareté et sa structure consonantique laissent présumer que c'est un mot expressif et affectif.

Philippe d'Arteveld, refusant les conditions du roi de France agit, aux yeux des commissaires de celui-ci, ' par orguel et *beubant*' (X 273) ; les Parisiens rangés en bataille pour accueillir Charles VI sont traités d' orgilleuse ribaudaille et plain de grant *beubant*' (XI 75). Les Castillans doivent en partie leur défaite, à Aljubarrota, à leur méfiance à l'égard de leurs alliés français qu'ils trouvent ' grans et *beubenceux*' (XII 159) et qu'ils abandonnent trop longtemps à leurs seules forces.

D'autre part, dans certains contextes non équivoques, le mot *bobant* n'exprime pas seulement un sentiment, mais encore des manifestations extérieures d'orgueil ou de vanité : Le comte de Montfort, prétendant succéder au duc de Bretagne, et s'approprier le trésor que celui-ci avait déposé à Limoges, entra dans cette ville ' à grant *beubant* et noblement recheus des bourgeois' (II 89) ; après la victoire de Crécy, qui avait eu lieu le soir et s'était soldée par un grand massacre des troupes françaises, Édouard III interdit à son armée toute manifestation de joie bruyante et déplacée : ' Ensi passerent il celle nuit sans nul *beubant*' (III 188). Enfin, le mot *beubant* peut traduire simplement une attitude pleine d'assurance, comme celle des Espagnols au début d'un combat, qui ' de première venue... sont de grant *beubant* et de dur encontre à leur avantaige ' (XII 164).

II. A. 2. 3. 8. *Posnée, fumée, fumeux.*

Quelques exemples nous permettront d'entrevoir la valeur de ces trois mots rares : Le prince de Galles, s'apprêtant à accompagner en Castille Pierre le Cruel qui prétend reconquérir son royaume, écrit au seigneur d'Albret de lui amener deux cents lances au lieu des mille dont ils avaient d'abord convenu. Le sire d'Albret se fâche et répond qu'il ne saurait privilégier deux cents lances parmi les mille qu'il avait déjà retenues pour faire partie de l'expédition. ' Adonc parlèrent aucun chevalier d'Engleterre qui là estoient et disent : « Monsigneur, vous cognissés encores petitement le *ponée* des Gascons et comment il s'outrecuident. Il nous amirent peu et ont amiré dou temps passé ' (VI 233). Les Anglais, après la bataille de Roosebeke, sont extrêmement jaloux de la victoire des Français et irrités de la gloire qu'ils en tirent : ' « A ! Sainte Marie ! Que cil François font maintenant de *fumées* et de *posnées*, pour un mont de villains que il ont ruet jus ! » ' (XI 85). La métaphore *fumée* semble bien insister, ici, sur le peu de fondement des *posnées* des Français, aussi ridicules sans doute, à leurs yeux, que l'attitude du seigneur d'Albret, très petit personnage, en comparaison du prince de Galles et dont l'arrogance manifestait un point d'honneur chatouilleux et une dose singulière d'indépendance et de susceptibilité.

Le second exemple cité pourra nous aider à interpréter l'adjectif *fumeus* appliqué au pape Urbain VI. Les cardinaux qui l'ont élu ne tardent pas à se repentir de leur choix : ' Cils papes ne leur estoit mies pourfitables ne ossi à l'Eglise car il estoit trop *feumeus* et trop merancolieus. Quant il se vei en prosperité et en poissance de papalité, et que pluiseur roi crestiien escrisoient et se mettoient en son obeissance, il s'en outrequida et enorgilli et volt user de poissance et de teste et retrenchier as cardinaulx pluiseurs coses de leur droit et oultre leur acoustumance. De quoi il leur desplaisi grandement ' (IX 144). Si l'on tient compte du fait que la *merancolie* est « mauvaise humeur », « neurasthénie », on trouvera assez cohérent d'interpréter *feumeus* comme « doué d'un orgueil ombrageux » qui le pousse aux actes arbitraires ci-dessus énumérés.

II. A. 2. 4. Le sujet ne prend pas en considération sa propre valeur :
Humilité, humblement, s'humilier (var. *humelier*) ; *s'engeniller, se mettre en genoulx.*

Notons d'abord, sans pouvoir l'expliquer, que si *humilité, s'humilier* et *humblement* sont fréquents dans le vocabulaire des Chroniques, l'adjectif *humble* — peut-être par hasard — n'a pas été relevé ; d'autre part que, dans le passage cité au § II. A. 2. 1. sur l'élévation de du Guesclin à la dignité de connétable de France, ni *humilité* ni *s'humilier* n'apparaissent. C'est que l'*humilité* n'est pas timidité ou constat d'impuissance ; le substantif (sinon le verbe *s'humilier*) est, dans certains contextes évidemment et hautement laudatif. Il dénote en effet une vertu maîtresse, parmi toutes celles qu'à l'occasion, Froissart reconnaît à ses héros ou héroïnes, et elle est compatible avec les plus brillantes qualités. Comme nous l'avons fait pour l'orgueil, nous ferons un répertoire des attitudes et des situations à propos desquelles Froissart emploie ces mots.

II. A. 2. 4. 1. Le sujet est en position d'infériorité.

C'est, il faut le reconnaître, le plus fréquent — mais non le seul — des cas où ces mots sont employés. Dans cette situation, le sujet « humble » ne conteste pas la supériorité hiérarchique, ou fortuite, de ceux auxquels il se trouve soumis il reconnaît volontiers quelqu'un pour son supérieur : la reine de Naples, désirant confier à une personne sûre le soin de régler, après sa mort, sa succession passablement embrouillée, reconnaît pour pape Clément ; elle ' le vint veoir de bon corage, et se mist li et le sien en son obeïssance, et le volt bien tenir à pappe... elle *se humelia* mout envers le pappe et se confessa à lui et li remoustra toutes ses besongnes et se descouvri de ses secrés ' (IX 150-151).

En butte à la malveillance d'autrui, il veille à ne pas l'irriter : Le connétable Charles d'Espagne, se sentant mal vu de Charles de Navarre et de ses frères, qui d'ailleurs devaient le faire assassiner, '*s'umelioit* toutdis... envers les enfans de Navare quant d'aventure il les trouvoit en l'ostel dou roy de France ou ailleurs ' (IV 129).

Traité injustement, il se justifie sans arrogance : Lors de son arrestation arbitraire par Jean le Bon, ' *s'umelioit* li rois de Navare grandement,
et disoit au roy de France : « A ! monsigneur, pour Dieu merci ! Qui vous
a si dur enfourmé sur moy ? Se Diex m'ayt, onques je ne fis, salve soit
vostre grasce, ne pensay trahison contre vous ne monsigneur vostre fil,
et pour Dieu merci, voeilliés entendre à raison... Voirs est que je fis occire
Charle d'Espagne, qui estoit mon adversaire ; mais pais en est, et s'en ay
fait la penitance ». (IV 178).

Coupable, il présente des excuses : le duc de Bretagne, qui a laissé
ses conseillers le réconcilier en sous-main avec Charles VI, est fort gêné
auprès du comte de Buckingham venu lui apporter des renforts pour
soutenir sa guerre ; ' li dus *s'umelioit* et escusoit ce qu'il pooit, car bien
veoit et sentoit que il avoit en aucunes manières tort ' (X 42).

Dans le besoin, il consent à reconnaître sa faiblesse et à appeler à l'aide,
tel le roi de Castille, Pierre le Cruel, fort capable d'orgueil en d'autres
circonstances, mais qui, détrôné, fait appel au prince de Galles ; ' remoustroit li rois dans Piètres au prince, envers qui moult *il se humilioit*, ses
povretés ' (VI 200) ; ' li dis rois *s'umelioit* moult envers lui et li offroit
et promettoit grans dons et grans pourfis à faire ' (VI 203). Il présente
ses requêtes en essayant de ménager l'orgueil de son interlocuteur. Des
envoyés du roi de Navarre, voulant se faire rendre ses deux fils, qui,
sans être appelés otages, étaient élevés à la cour de France en compagnie
du futur Charles VI ' parlèrent au roi à grant loisir en yaux moult
humiliant et recommandant le roi de Navare et en priant que ses deus
fieux il lui volsist renvoiier ' (IX 55). Il se fait conciliant et recherche
les accommodements, tel Jacques d'Arteveld, en danger de mort, au
cours d'une émeute : ' Quant Jakemars d'Artevelle vei l'effort, et comment il estoit apressés, il vint à une fenestre sus les rues, et se commença
moult à *humeliier* et à dire par trop biau langage, et à nu chief : « Bonne
gent, que vous fault ? Qui vous muet ? Pour quoi estes vous si troublé
sur moy ? En quel manière vous puis je avoir couroucié ? Dittes le moy :
je l'amenderai plainnement à vostre volenté. » ' (III 101).

Il sait recevoir les compliments, tel le jeune prince de Galles au soir
de Crécy : ' Li rois Edowars... s'en vint... devers son fil le Prince : si
l'acola et baisa. Et li dist : « Biaus filz, Diex vous doinst bonne perseve-
rance ! Vous estes mes filz, car loyaument vous vos estes hui acquittés :
si estes dignes de tenir terre. » Li princes à ceste parolle s'enclina tout
bas et *s'umelia*, en honnourant le roi son père, ce fu raisons. ' (III 187-8).
Il sait remercier pour un bienfait reçu, comme les Gantois affamés,
quand ils reçoivent de Liège un peu de ravitaillement : ' Quant les nouvelles vinrent en la ville de Gand que leurs gens retournoient et amenoient
plus de sis cens chars chargiés de pourveances, dont il avoient grant
necessité, si en furent moult resjoï, quoi que toutes ces pourveances,
qui venoient dou païs de Liège, n'estoient pas fortes assés pour soustenir
la ville de Gand quinse jours, mais toutesfois as desconfortés che fu
uns grans confors. Et se departirent de Gant trop grant fuisson de gens

à manière et en ordenance de pourcession contre che caroi, et à cause de *humelité* il *s'engenillèrent* à l'encontre et joindirent leurs mains vers les marcheans et les charetons, en dissant : « Ah ! bonnes gens, vous faites grant aumosne, qui reconfortés le povre menu peuple de Gand, qui n'avoient que vivre, se vous ne fuissiés venus. Graces et loenges à Dieu premièrement et à vous ossi ! » (X 206-207).

Remarquons au passage que l'agenouillement est le geste par excellence qui exprime l'humilité. Non seulement un bienfait, comme celui des Liégeois aux gens de Gand, mais même l'honneur d'être chargé d'une mission importante est accueilli à genoux : Édouard III envoie un de ses fils en Poitou : ' « Là serés gouvrenères et souverains de toutes les gens d'armes que vous y trouverés... et de chiaux ossi que vous y menrés ». Li contes de Pennebruch à ceste parolle *s'engenoulla* devant le roi et dist : « Monsigneur, grant mercis de le haute honneur, que vous me faites. Je serai volentiers ens es parties par delà uns de vos petis mareschaus. » ' (VIII 35). Et c'est à genoux qu'on présente une supplique instante. François Ackerman a décidé ' que il iroit à Brouxelles parler à la ducoise de Braibant et li remonsteroit en priant, de par la bonne ville de Gand, que elle vosist descendre à ce que de envoiier devers le conte de Flandres, leur signeur, par quoi il peussent venir à paix '. Il part avec deux compagnons. ' Cil troi *se missent en genoulx* devant la dame, et parla François pour tous '.

Enfin, le comble de l'humilité est de bien vouloir se mettre dans la position d'infériorité qui est celle du suppliant, pour d'autres que pour soi-même, comme le firent d'abord Gautier de Mauny, puis la reine d'Angleterre elle-même pour sauver les six bourgeois de Calais : ' Adonc fist la noble royne d'Engleterre grant *humilité*, qui estoit durement enchainte, et ploroit si tenrement de pité que on ne le pooit soustenir. Elle *se jeta en jenoulz* par devant le roy son signeur et dist ensi : « Ha ! gentilz sirez, puis que je apassai le mer par deçà en grant peril, si com vous savés, je ne vous ai riens rouvet ne don demandet. Or vous pri jou *humlement* et requier en propre don que, pour le fil sainte Marie et pour l'amour de mi, vous voelliés avoir de ces six hommes merci. » (IV 62).

II. A. 2. 4. 2. Le sujet est en position de supériorité

Traiter des gens d'un rang inférieur avec considération procède d'humilité. C'est ainsi que Charles V sut faire passer du côté français les seigneurs gascons dégoûtés de l'orgueil du prince de Galles : ' Voir est que les Gascons mistrent le roy Édouard d'Engleterre et le prince de Galles, son filz, en la puissance de Gascongne et puis l'en ostèrent-ilz... L'*orgueil* des Englois estoit si grant en l'ostel du prince que ilz n'avisoient nulle nacion fors que la leur, et ne povoient les gentilzhommes de Gascongne et d'Acquitaine... venir à nul office en leur pays ; et disoient les Englois que ilz n'en estoient pas dignes, dont ilz leur en anoioit, et quant ilz peurent ilz le monstrerent... Le roy Charles, de bonne memoire, les raquist par doulceur, par largesce et par *humilité* ; ainsi veullent estre Gascons menez '. (XII 204).

Accepter librement une discipline, le plus fort se contraignant à respecter les plus faibles, est aussi un acte d'humilité : Le comte de Flandres ayant posé des conditions de paix inacceptables, il ne reste plus aux Gantois qu'à se battre. Philippe d'Arteveld les exhorte, leur fait valoir leur bon droit et finit ainsi son discours : ' « Biaulx seigneurs, vous veés devant vous toutes vos pourveances ; si les vuelliés bellement departir l'un à l'autre, ensi que frères, sans faire nuls outraiges, car, quant elles seront passées, il vous fault conquerir des nouvelles, se vous voulés vivre ». A ces paroles se ordonnèrent il mout *humblement*, et furent les chars deschargiés et les sachiées de pain données et departies par connestablies et li tonnel de vin tourné sus le fons. Là desjeunèrent il de pain et de vin raisonnablement et en heurent pour l'eure chascuns assés, et se trouvèrent après le desjuner fors et en bon point et plus aidables et mieux aidant de leurs membres que se il eussent plus mengié ' (X 223).

' « Très honnourée et chière dame, par vostre grant *humilité*, plaise vous à avoir pité et compation de ceulx de la ville de Gand qui ne pueent venir à merci ne à paix deviers leur signeur ' (X 205). Tel est le début de la requête des Gantois à la duchesse de Brabant. Ils comptent, on le voit, sur l'*humilité* de cette dame pour qu'elle consente à écouter et à exaucer leur prière. C'est une entrée en matière relativement courante quand on a quelque chose d'important à demander à un grand de ce monde et il arrive qu'on fasse appel à l'*humilité* de personnages dont ce n'est certes pas la qualité la plus apparente : tel Jean le Bon, à la veille de la bataille de Poitiers, auquel le cardinal de Périgord s'adresse en ces termes : ' Très chiers sires, dist li cardinaulz, vous avés ci toute le fleur de le chevalerie de vostre royaume assamblet contre une puignie de gens que li Englès sont ens ou regart de vous ; et se vous les poés avoir et qu'il se mettent en vostre merci sans bataille, il vous seroit plus honnourable et pourfitable à avoir par celle manière que de enventurer si noble chevalerie et si grant que vous avés ci. Si vous pri, ou nom de Dieu et d'*umilité*, que je puisse chevaucier devers le prince et li remoustrer en quel dangier vous le tenés. » (V 24). Tel le comte de Flandres, au cours d'une fragile et éphémère réconciliation avec ses sujets de Gand : ' Quant chil de Gaind entendirent que leurs sires li contes venoit, si furent mout resjoï et vuidièrent à l'encontre de li à piet et à cheval ; et chil qui l'encontroient, s'enclinoient tout bas à l'encontre de li et li faissoient toute l'onneur et reverence que il pooient. Il passoit oultre sans parler, et les enclinoit un petit dou chief. Enssi s'en vint il jusques à son hostel... et là disna ; et li furent fait de par la ville tamaint present, et le vinrent veoir li juret de le ville, che fu raisons, et *se humeliièrent* mout envers lui. Là leur requist li contes et dist que en bonne paix ne doit avoir que paix, mais que il voloit que li blanc cappron fussent ruet jus et que li mors de son baillieu fust amendée, car il en estoit requis de son linage. « Monsigneur, respondirent li juret, c'est bien nostre entente, et nous vous prions que, *par vostre grant humelité,* vous voelliés demain venir en le place et remonstrer deboinairement vostre entente au peuple ; et quant il vous verront, il seront si resjoï que il feront tout che que vous voldrés. » Li contes leur acorda ' (IX 214-5).

L'humilité peut enfin parvenir à faire accepter à un puissant personnage une solution à laquelle spontanément, et s'il n'avait écouté que son orgueil, il aurait répugné : Le comte de Flandres exige, pour se réconcilier avec Gand, que tous les hommes de la ville, entre quinze et soixante ans se présentent à lui en chemise et la corde aux cou. Procèdera-t-il à des exécutions capitales ? Philippe d'Arteveld imagine l'hypothèse où les Gantois se plieraient à pareille exigence : ' Il n'a pas le coer si dur ne si oscur que, quant il nous vera en cel estat, que il ne se doie *humelier* et amoliier et de son povre peuple il ne doie avoir merchi ' (X 217). Philippe VI envahit et ravage le Brabant dont le duc avait commis le crime de donner asile à Robert d'Artois. On s'entremet pour négocier une trêve : ' Trop à envis et à dur y descendi le roy de France, tant avoit il pris la cose en grant despit. Toutes fois, à le priière dou conte de Haynau, son serourge, li rois *s'umelia* et donna et acorda triewes au duch de Brabant ' (I 102-3).

De l'orgueil procèdent donc les discordes et les guerres ; de l'humilité, la concorde et la paix. Alors que l'orgueil enferme le sujet dans le sentiment de sa grandeur et empêche toute communication réelle avec autrui, *l'humilité,* vertu par laquelle le sujet fait abnégation du sentiment qu'il peut avoir de sa valeur ou de sa supériorité, rend possible la communication entre les personnes, ouvre les cœurs à la pitié, arrête les actes de vengeances, les destructions, les représailles, et permet à la vie de reprendre paisiblement son cours.

II. A. 2. 5. On nous permettra, pour finir, de citer et de commenter le célèbre *apologue de frère Jean de la Rochetaillade* où l'on trouvera résumés la plupart des thèmes, et employés la plupart des mots que nous avons passés en revue dans cette section du chapitre II consacrée à l'opinion du sujet sur lui-même. Frère Jean était retenu en prison à Avignon, par le pape Innocent VI pour l'excessive liberté de langage dont il usait à propos des ' grans superfluitez que il veoit et qui estoient entre ceulx qui le baston du gouvernement avoient ' (XII 229) et des grands malheurs qui ne manqueraient pas d'en résulter pour l'Église. Ayant reçu un jour la visite des cardinaux d'Ostie et d'Auxerre, ' il leur fist ung exemple par telle manière et ve le cy. Ce dist frere Jehan de Rocetallade : « Il fu une foys ung oysel qui nasqui et apparut au monde sans plumes ; les aultres oyseaux, quant ilz le sceurent, l'alerent veoir pourtant que il estoit si bel et si plaisant en regard, et ymaginerent sur lui et se conseillierent quelle chose ilz en feroient car sans plumes il ne povoit voler, et sans voler il ne povoit vivre. Dont distrent ilz que ilz voloient que il vesquesist, car il estoit moult bel. Adont n'y ot là oysel

qui ne li donnast de ses plumes, et plus estoient gentilles et plus lui
en donnoient, et tant que ce bel oysel fu tout empenné et commença
à voler, et encores en volant prenoient tous les oyseaux qui de leurs
plumes li avoient donné grant plaisance. Ce bel oysel, quant il se vey cy
au dessus de plumaige et que tous oyseaulx l'onnouroient, il se commença
à *enorgueillir* et ne fist compte de ceulx qui fait l'avoient, mais les
debiechoit, poindoit et contrarioit.

Les oyseaulx se mistrent ensemble et parlerent de cel oysel que ilz
avoient enpenné et creü et demanderent l'un à l'autre quele chose en
estoit bon à faire, car ilz n'avoient tant donné du leur que ilz l'avoient
si *engrandi* et *enorgueilli* que il ne faisoit compte d'eulx. Adont respondi
le paon : « Il est trop grandement enbelli de mon plumage. Je reprendray
mes plumes. » — « En nom Dieu, dist le faucon, aussi ferai-ge les miennes » ;
et tous les autres oyseaux aussi ensieuvant, chascun dist que il repren-
droit ce que donné li avoient, et li commencierent à retolir et à oster
son plumaige.

Quant il vey ce, si *s'umilia* grandement et recongnut oprimes que
le bien et l'onneur que il avoit et le biau plumaige ne li venoit point
de lui, car il estoit né au monde nud et povre de plumaige, et bien li
povoient oster ses plumes ceulx qui donnez li avoient, quant il voloient.
Adont leur pria-il mercy et leur dist que il s'amenderoit et que plus par
orgueil ne par *beubant* n'ouvreroit. Encores derechief, les gentilz oyseaux
qui enplumé l'avoient en orent pitié quant ilz le veirent *humilier*, et li
rendirent plumes ceulx qui ostez li avoient, et li distrent au rendre :
« Nous te veons volentiers entre nous voler tant que par *humilité* tu
vueilles ouvrer, car moult bien y affiers, mais saches, se *tu t'enorgueillis*
plus, nous te osterons tout ton plumaige et te metterons ou point où
nous te trouvasmes ».

Ainsi, biaux seigneurs, disoit frere Jehan aux cardinaulx qui estoient
en sa presence, vous en evenra, car les empereur de Romme et d'Alemaigne
et les roys Crestiens ensieuvant, et les haulx princes terriens vous ont
donné les biens et les possessions et les richesses pour servir Dieu, et
vous les dispensez et alevez en *orgueil* et en *beubans*, en pompes et en
superfluitez '. (XII 230-1). Il leur donne en exemple le pape saint Syl-
vestre qui ' se tenoit simplement et closement à Romme et vivoit sobre-
ment avecques ceulx de l'Eglise '. Constantin lui donna de grandes
richesses, ' mais ce fu son entente que ces biens et ces seignouries on les
gouverneroit justement en *humilité*, non en *orgueil* ne en *beubant*, et
on en fait à présent tout le contraire, pourquoy Dieu s'en courroucera...
grandement ' (XII 231).

On voit que l'oiseau en question a tous les défauts de l'orgueilleux :
il n'a pas de reconnaissance, ne tient pas compte des autres, même
si ce sont ses bienfaiteurs, il abuse de son pouvoir, puisqu'il les ' debiechoit,
poindoit et contrarioit ' ; il cultive les ' pompes et superfluitez ', d'où
mésentente avec ses congénères qui veulent revenir sur leurs bienfaits,
et désordres dans la société des oiseaux.

Dans sa phase d'*humilité*, au contraire, il reconnaît sa faiblesse naturelle, se souvient qu'il est né ' nud et povre de plumaige ', fait acte de gratitude et appel au bon vouloir des autres. Aussitôt renaissent la pitié et la concorde.

II. A. 2. 6. Conclusion Tous les mots de ce champ sémantique ont en commun le sème suivant : le sujet a « conscience de sa propre valeur ». Cette conscience peut être purement « intérieure » ou, comme dans *se faire fort de, s'hahatir*, « exprimée ». De toutes façons, elle est « affirmée ». Elle peut alors être « juste » ou « exagérée ». Dans un seul cas, celui d'*humilité* et de sa famille, le sujet, sans qu'on puisse dire qu'il n'ait pas conscience de sa valeur, adopte le parti de ne pas la prendre en considération et de ne pas en faire état. Elle est alors « non-affirmée ». Dans le cas de *engrandir, s'enorgueillir*, on voit apparaître un sème « progressif ». De plus, les mots résultant de la combinaison de ces différents sèmes peuvent présenter une nuance « laudative » ou « péjorative » plus ou moins accentuée, cette dernière coïncidant avec la présence du sème « exagéré ». Telle nous paraît être l'organisation sémique de ce champ.

II. B. La personne vue de l'extérieur

II. B. 1. L'individu : nous désignerons ainsi le spécimen de l'espèce humaine perçu comme un « objet » par un observateur qui ne cherche pas particulièrement à pénétrer dans son intériorité de « sujet ».

II. B. 1. 1. La personne comme unité dénombrable

Plusieurs mots entrent en concurrence. On remarquera qu'ils s'opposent entre eux par deux statuts syntaxiques différents, les cinq premiers pouvant être employés absolument, alors que les deux derniers exigent la présence d'un complément déterminatif.

II. B. 1. 1. 1. *homme* : Le duc de Lancastre amène en renfort au prince de Galles ' quatre cens *hommes* d'armes ' (VI 229) ; ' Se il est *homs* ou monde qui m'en voelle amettre, je m'en purgerai par l'ordenance de vos pers, soit dou corps ou aultrement ' (IV 178) , dit le roi de Navarre accusé de trahison. Les Normands pensent que jamais le roi de France ne parviendrait à faire lever une gabelle en Normandie : ' il n'est si hardi *homme* de par le roy de France... qui ne le deuist comparer dou corps ' (IV 175).

II. B. 1. 1. 2. *âme* : Pendant les émeutes qui ont marqué le règne du

roi d'Angleterre Richard II, ' li rois et cil qui estoient ou castiel de Londres,
qui desiroient à oïr des nouvelles, quant il veïrent le batelet venir, fendant
la Tamise, se dissent : « Vechi aucune *âme* qui nous apporte nouvelles » '
(X 103). Un éclaireur vient reconnaître les abords du château de Berwick.
Il ' entra ens ès fossés où point d'iauwe n'a ne puet avoir... et regarda
desoubz et deseure, et n'y oy ne vei *âme* ' (IX 29). Enfin, l'exemple
suivant montre rapprochés *homme* et *âme* dans le même emploi : Les
' routiers de Gand ', recherchant le comte de Flandres pour l'assassiner,
entrent chez la pauvre femme qui lui a donné refuge et qu'ils soup-
çonnent. Celle-ci nie. ' « Par ma foi, dist elle, je n'i veï de celle nuit entrer
homme ceans '. Les autres insistent, visitent le logis et ne trouvent rien :
' « Alons ! Alons ! nous perdons le plus pour le mains. La povre femme
dist voir : il n'i a *ame* ceans fors elle et ses enfans » ' (IX 232).

II. B. 1. 1. 3. *Personne* : Cet emploi, qui semble exceptionnel, du mot
personne, n'a été relevé que dans l'exemple suivant : des assiégeants
entrent sans difficulté dans un château : tous les défenseurs s'étaient
enfuis par un souterrain ' ne onques ung tout seul varlet ilz ne laissièrent
derrière '. Les arbalétriers, qui s'aperçoivent les premiers de l'absence
de toute garnison préviennent ainsi les autres : ' « Sachiez certainement
que il n'y a nulle *personne* ou chastel » ' (XII 194). Or, rien dans le
contexte ne laisse supposer qu'on s'attendît à trouver là quelque personnage officiel particulièrement important, sens usuel de *personne*, comme
on le verra au § II. B. 1. 2. 2. Cet emploi de *personne* semble donc synonyme de ceux de *homme* et *âme* cités ci-dessus.

II. B. 1. 1. 4. *Pied* est toujours associé à des verbes de mouvement :
' onques *pied* n'en escapa ' « personne n'en réchappa » ou « ne parvint à
se sauver » : ' Finablement, cil de Bourdille furent là desconfi, tout mort
ou pris, onques *piés* n'en escapa ' (VII 152 ; v. aussi I 82, II 38, III 93,
189, V 171, VIII 26, 127 etc.). On trouve aussi, parfois, le verbe *retourner* :
Philippe d'Arteveld s'imagine que, de toute l'armée française venue le
combattre, ' les communautés de France... voroient... que jamais *piés*
n'en retournast en France ' (XI 140). On annonce une attaque de Gand
contre Bruges ; le comte de Flandres n'en est pas effrayé : ' « Velà folle
gent et outrageus !... De toute le compaignie jamais *piés* n'en retournera.
Or arons nous maintenant fin de guerre. » (X 220, v. aussi XI 76, 270).
Exceptionnellement, apparaît une variante : Les Gantois sont pleins
d'espoir, avant Roosebeke : ' Il puet trop bien estre que Phelippes des-
confira le roi et ja *piés* n'en repassera la rivière » (XI 36, v. aussi XI 85).

II. B. 1. 1. 5. *Teste* : Pendant les guerres civiles de Flandres, Philippe
d'Arteveld se plaint qu'en la ville de Gand, ' il i a tels trente mille *testes*...
qui ne mengièrent de pain, passet a quinse jours ' (X 217). L'Amourat
Bakin, seigneur Turc, menace son voisin le comte de Nazara d'une
manière figurée et parlante, en lui faisant porter par ses envoyés un sac

de millet : ' « Et se vous estes rebelle de non vouloir faire, nous sommes chargez de vous dire que l'Amourat mettera en vostre terre plus de *testes* de hommes armez que il n'a de grains de millet en ce sac » ' (XII 217). L'expression ' *testes* armées ' est d'ailleurs assez usuelle dans les dénombrements de troupes.

II. B. 1. 1. 6. *Chief* : Alors que la dénotation d'êtres humains est le seul emploi possible de *homme, âme, personne*, et même le seul emploi relevé de *pied* et *teste*, *chief* est attesté pour des animaux et semble donc possible pour tout être animé : on peut parler de : ' deux mille *chiefs* de poulaille, chapons et gelines ' (XII 217), mais aussi, après la bataille de Crécy, lorsque l'on compte les morts, dire que ' onze *chiés* de princes estoient demoret sur le place ' (III 171). Après une énumération où plusieurs grands personnages ont été cités nommément, Froissart ajoute parfois ' et tout li *chief* des grans signeurs ' (III 171, IX 96).

II. B. 1. 1. 7. *Corps* : Le dernier emploi cité de *chief*, appliqué à des êtres humains, ' li *chief* des grans signeurs ' semble pouvoir permuter avec l'expression courante ' les *corps* des grands seigneurs ', étudiée au § II. B. 2. 1., et qui, dans un exemple, au moins, est utilisée dans un dénombrement : ' Et en cescune de ces trois galées... estoient li trois *corps* des signeurs, messires Loeis, messires Charles, et messires Othes ' (III 8) (v. aussi K XII 254).

II. B. 1. 1. 8. *Armeure de fer* peut être rapproché de *testes armées* en tant qu'expression propre aux dénombrements de troupes : ' Messires Guillaumes Douglas... se tenoit sus le pays, ens es bois, à tout cinq cens *armeures de fier*, tous bien montés, et n'attendoit autre cose que le retour dou roy et des Englès ' (IV 156).

II. B. 1. 2. Les dénominations de la personne

II. B. 1. 2. 1. *Corps* : On a vu, au § II. A. 1. 1., de nombreux exemples où le *corps* était opposé au *cœur* comme l'« extérieur » à l'« intérieur » de la personne. Il peut aussi être associé, et, sémantiquement, opposé aux *biens* : Les habitants d'une ville assiégée craignent de ' tout perdre, *corps et biens*, car il estoient faiblement fremet et muret ' (IV 169). Le Chanoine de Robersart (qui n'avait de chanoine que le nom) ' bien avoit *corps* de chevalier ' et, en Espagne, fit un jour ' grant fuison d'armes ' (X 160). La comtesse de Montfort, qui remplaçait son mari prisonnier, et ' semonnoit ses gens de bien deffendre ', dans Hennebont assiégée, était ' armée de *corps* ' (II 143). Pour combler les fossés du château de Montcontour, on fait ' grant fuison de bois aporter à force de harnas et de *corps* ' (VIII 52). Dans une bataille, on *défend*, ou on *garde* son *corps* (I 48, IV 82, XI 273) et il arrive même qu'on se batte *corps à corps* :

' « Messire Ustasse, vous estes li chevaliers del monde que je veisse onques mieus ne plus vassaument assallir ses ennemis ne sen *corps* deffendre. Ne ne trouvai onques, en bataille là où je fuisse, qui tant me donnast à faire, *corps à corps*, que vous avés huit fait : si vous en donne le pris ; et ossi font tout li chevalier de ma court par droite sieute. » ' (IV 82-83). C'est d'un tel discours et du don de son riche ' chapelet ' qu'Édouard III honore son valeureux prisonnier Eustache de Ribemont. Gautier de Mauny fit, au cours de sa vie ' si grandes proèces de son *corps*... que on n'en pooit savoir le nombre ' (I 77, v. aussi I 124). Froissart ne reculait jamais devant les fatigues d'un voyage pour recueillir des informations exactes : ' si ne ressongnay pas la paine ne le travail de mon *corps*, mais m'en vins à Bruges en Flandres pour trouver les Portingalois et Luscebonnois, car tousjours en y a grant plenté ' (XII 238). L'expression ' comparer dou *corps* ' exprime l'idée d'un châtiment corporel, sinon de la peine de mort. C'est ce qui attend les sergents du roi de France, s'ils se mêlent de lever une gabelle en Normandie (IV 175). Le roi de Navarre, arrêté par Jean le Bon, se défend ainsi : ' Se Diex m'ayt, onques je ne fis... ne pensay trahison contre vous ne monsigneur vostre fil... Se il est homs ou monde qui m'en voelle amettre, je m'en purgerai par l'ordenance de vos pers, soit dou *corps* ou aultrement ' (IV 178). ' Se purger du *corps* (d'une accusation) ' fait sans doute allusion à la possibilité d'un combat singulier avec ses accusateurs, ' aultrement ' à un ensemble de preuves et de témoignages. Après la mort du roi Ferrand, Jean, maître de l'ordre d'Avis, nouveau roi de Portugal, envahit, avec cent cinquante habitants de Lisbonne, la résidence royale. Il épargne Aliénor, épouse illégitime du feu roi, mais veut la tête de son conseiller : ' « Damme, respondi maistre de Vis, ne vous doubtez en riens, car ja de vostre *corps* vous n'arez mal, ne nous ne sommes point ci venus pour vous porter dommaige *du corps* ne contraire. Mais y sommes venus pour ce traitre qui est là, Jehan Ferrant Andere, et fault que il muire ' (XII 257). La reine n'a donc à craindre, au contraire de Jehan Ferrant Andere, aucune violence physique.

Dans tous les exemples ci-dessus, le mot *corps* présente donc très nettement un sème « physique » et désigne la personne visible, en chair et en os.

Mais la plupart du temps, la locution ' Le *corps* de X. ' n'est qu'une forme renforcée du pronom personnel et équivaut à la tournure moderne ' X. lui-même ' qui semble inconnue à Froissart : ' Li chevaliers... se rendi au duc, son *corps*, ses hommes et tout le sien ' (IX 18). Pierre du Bois, ne se sentant plus en sécurité, demande aux gens de Gand, après leur traité avec le duc de Bourgogne, en récompense de tous les services qu'il leur a rendus et de son dévouement à la ville, ' que il li fesissent celle grace que sen *corps* et sa femme et ses enfans et sen meuble paisiblement il laissassent partir de la ville de Gand ' (XII 312). Paroles du duc de Lancastre à son neveu, le roi Richard II : ' « Et je vous sieurai, monsigneur, car vous n'avés homme en vostre compaignie qui tant vous aime comme je fai, et mi frere ossi. Et se nuls voloit dire ne mettre oultre, excepté vostre *corps*, que je vosisse autre cose que bien à vous et à vos gens, j'en bailleroie mon gage » ' (XI 274).

Ainsi peuvent s'expliquer un certain nombre de tournures courantes dans les Chroniques, dont nous allons donner quelques exemples :

a) ' *Li corps des (grans) seigneurs* ' : Le roi d'Angleterre ' donna... toutes manières de gens congiet exceptet *les corps des grans signeurs* ' (II 39) ; ' Et vinrent li princes et *li corps des grans signeurs* logier en la dite ville ' (III 163) ; ' Tout estoit abandonné et *li corps des grans signeurs* se logoient ens es bonnes villes ' (X 285) ; ' Li dessus nommet... chevaucièrent devers Normendie, excepté *le corps dou seigneur de Labreth* ' (VI 106).

b) ' *avoir quelqu'un pour son corps* ' et ' *être chevalier du corps de X.* ' : Le roi d'Angleterre dit à un simple écuyer qui a fait prisonnier le roi d'Écosse : ' Je vous retieng escuier *de mon corps* et de mon hostel ' (IV 27) ; à Poitiers, le prince de Galles fit planter sur un buisson sa bannière, à laquelle se rallièrent bientôt tous ses chevaliers ' *cil dou corps* et cil de sa cambre ' (V 56, v. aussi III 168) ; A telle chevauchée, participa ' messires Robers de Glennes... adonc escuier et *au corps monsigneur Jehan de Haynau* ' (II 72) ; ' Janekins Clinton estoit escuiers d'onneur au conte de Bouquighem et le plus prochain que il *euist pour son corps* ' (X 37, etc.).

c) ' *son corps avancier* ', c'est-à-dire « se mettre en valeur », « se faire remarquer », avec l'espoir plus ou moins net de s'élever dans l'échelle sociale : Jean de Hainaut recrute, pour son expédition en Angleterre, des jeunes gens ' qui se voloient enventurer avoech le dit chevalier *et leurs corps avancier* ' (I 26) ; les chevaliers présents à Navarrete, en Espagne ' desiroient moult *leurs corps à avanchier* '. Le résultat est une grande escarmouche au cours de laquelle ils ' resvillierent merveilleusement l'ost et en occirent aucuns et prisent ' (VII 15) ; ' messires Henris de Flandres, en se nouvelle chevalerie, et *pour son corps avancier et accroistre sen honneur*, se mist un jour en le compagnie et cueilloite de pluiseurs bons chevaliers, desquels messires Jehans de Haynau estoit chiés ' (I 166). A l'assaut de Sainte Sévère aussi, ' s'avançoient chevalier et escuier de toutes nations pour leur honneur accroistre et *leurs corps avancier*, qui y faisoient merveilles d'armes ' (VIII 58).

Dans quelques cas exceptionnels, il arrive enfin qu'on trouve le mot *corps* comme complément de verbes qui laisseraient attendre un mot comportant le sème « intérieur » : Philippe de Navarre se plaint amèrement au roi Jean du ' grant tort et injure ' qu'il a fait à son frère le roi de Navarre ' que de *son corps* amettre de villain fait et de trahison où onques ne pensa aucunement ' (IV 181). Deux envoyés du roi de France, se plaignant auprès d'Édouard III d'infractions au traité de Brétigny ' avoient... proposé pluiseurs articles et raisons au *corps* dou dit roy, dont pluiseurs fois l'avoient melancoliiet et courouciet ' (VII 107).

Enfin, ' Dans Ferrant de Castres... avoit à garder et consillier le *corps* dou roy dan Piètre ' (VII 77), c'est-à-dire qu'il était le « garde » et le « conseiller personnel » de ce roi. Ici, le mot *corps* est parfaitement vague et désigne la personne dans son ensemble, sans même que l'idée de « présence physique » soit vraiment sensible.

II. B. 1. 2. 2. *Personne* : Ce mot désigne toujours une personnalité officielle :

a) ecclésiastique : Le Saint-Siège fait négocier une paix entre la France et l'Angleterre par ' discrètes et venerables *personnes*, l'archevesque de Ravanne et l'evesque de Carpentras ' (VIII 181) ; le pape Grégoire XI voulant regagner Rome ' fist faire et ordener ses pourveances... ensi comme à si haute *personne* comme il estoit appertenoit ' (IX 49) ; le traité de paix entre Gand et le duc de Bourgogne prévoyait des sanctions si ' aucune *personne* d'eglise venoit contre la dite paix ' (XI 306).

b) civile : le roi, ou quelque grand personnage : Jean Mouton, venu faire part au roi Richard III des exigences du peuple anglais révolté, le rassure : ' N'aiés nulle doutance de vostre *personne*, car il ne vous ferons ja mal ' (X 104). Le prince de Galles cité à comparaître, par Charles V, devant la chambre des pairs pour être jugé au sujet des plaintes portées contre lui par les barons de Gascogne, prend très mal la chose et déclare qu'il ' venroit tenir son siège et remoustrer sa *personne* à la feste dou Lendit ' (VII 102). Un incident particulièrement grave, qui fut une des causes des guerres civiles de Flandres, fut que ' li baillus de Gaind qui representoit la *personne* dou conte, la banière dou conte devant lui ' fut assassiné par les Blancs Chaperons (IX 177). En effet, un grand personnage délègue quelque chose de son autorité à ses ' officiers, sergans, *personnes* publiques ' (VI 49). La permutation avec *corps* serait possible dans le premier exemple du § b) ; elle rendrait le second moins expressif ; partout ailleurs, elle serait parfaitement impossible. Pour donner à la formule employée un caractère plus officiel, il arrive qu'on renforce le mot *corps* par le mot *personne* : Les envoyés anglais venus rechercher l'alliance des seigneurs de l'Empire menaient grand train, ' sans rien espargnier nient plus que li *corps* dou roy d'Engleterre y fust en propre *personne* ' (I 124).

Tous ces exemples permettent d'interpréter le passage suivant : au moment où, le roi de Navarre venant de perdre sa femme, le comté d'Évreux aurait dû revenir à ses deux fils mineurs, élevés à la cour de France, il est dit que ' chis rois de Navarre estoit soupechonnés dou temps passé d'avoir fait, consenti, et eslevet ou roiaume de France tant de maux que de sa *personne* il n'estoit mie dignes ne tailliés de tenir heritage ou roiaume en l'ombre de ses enfans ' (IX 47). Il faut comprendre sans doute que, étant donné son passé politique bien connu de tous, un « personnage », une « personnalité » comme le roi de Navarre ne pouvait, aux yeux des Français, jouer le rôle envisagé.

II. B. 1. 3. La présence de la personne

II. B. 1. 3. 1. *corps* : Il est bien évident, d'après les exemples cités au § II. B. 1. 2. 1., que le mot *corps* peut servir à préciser que le sujet est physiquement présent dans les circonstances dont il est question : un écuyer, vaincu au combat ' se rendi à venir dedens XV. jours tenir *son corps* prison à Lourdes, rescous ou non rescous ' (XII 53). Le duc de Normandie ' s'en vint mettre le siège devant Melun sus Sainne, où les gens le roy de Navarre se tenoient, car *li corps dou roy* n'i estoit point mès se tenoit en Normendie... ens ou fort chastiel de Vernon ' (V 160). Et quand Froissart écrit : ' Ensi fu li contes de Bouquighem logiés en la citté de Vennes, et ses *corps* en l'ostel dou duch, un bien plaissant castiel qui siet dedans la ville et est nommet la Motte ' (X 28), cela signifie évidemment que tous ceux qui dépendent du comte, sa suite et son armée, furent logés à Vannes, mais qu'il fut lui-même reçu à l'hôtel du duc.

II. B. 1. 3. 2. *Personnellement* (variante *personelment*) insiste sur le fait que le sujet est effectivement présent et ne s'est pas fait représenter. Sur les douze exemples relevés, il s'agit — comme il est normal, étant donné le sens du mot — dix fois de grands personnages : des rois (V 13, VIII 94, V 231, IV 22), le duc de Bretagne (VIII 197) ; le prince de Galles, qui, avant de donner l'assaut au château de Romorantin ' y estoit *personelment* ' pour encourager ses hommes (V 10), ou qui rend les derniers honneurs à James d'Audelée : ' Se li fist on son obsèque moult reveramment en le cité de Poitiers, et y fu li princes *personelment* ' (VII 163). Les pairs de France étaient venus ' *personelment* ' à la cérémonie de l'hommage du tout jeune Édouard III à Philippe VI de Valois (I 95). Dans deux cas seulement, il s'agit de personnages secondaires, mais revêtus pourtant de quelque importance politique : Messire Guichart d'Angles, négociant la reddition du château de Montpaon (VIII 16), ou les trois cents notables d'Ypres ouvrant leur ville au comte de Flandres (X 58).

Une variante de *personelment* est *en personne* ' Li dus de Normendie envoia là son mandement, car *en personne* il n'i vint mies ' (V 160).

II. B. 1. 3. 3. *Présent, présence* : L'adjectif *présent* et le substantif *présence* sont attestés dans les Chroniques : quelqu'un veut savoir comment s'est passée la dispute entre Jean Chandos et le comte d'Asquessufort : ' « je vous le diray », dist le chevalier, « car je y estoie *presens* » ' (XIV 20). Le récit des difficultés que le roi Richard II eut avec les londoniens qui voulaient savoir où passait l'argent de leurs impôts en fournit de bons exemples. Ils vont d'abord trouver un des oncles du roi, le duc de Glocester, qui est de leur parti ; Le duc donne ' as londriens qui estoient *en sa presence* ' (XIV 27) le conseil de se trouver à Windsor à la Saint Georges. Ils s'y trouvent, et le roi accepte de les recevoir. ' Or

vindrent ces gens *en sa presence* en la sale bas ' (XIV 28) ; le discours
suggéré aux Londoniens par le duc comportait cette phrase : ' « Très
redoubté sire, *en la presence de* vostres oncles, nous vous supplions
humblement que vous ouvrez à ces besognes » ' (XIV 26). Le roi leur
fixe un rendez-vous ' aux octaves de la Saint George à Westmoutiers '
et les délégués veulent s'assurer que certains personnages participeront
à cette rencontre : ' « Nous prions à nos seigneurs qui sont *ici present*
que ilz y soient » ' (XIV 31).

II. B. 1. 3. 4. *estre là* ou *y estre* : ce verbe suffit à exprimer la présence
du sujet : ' *Soiés là* ', c'est-à-dire à Windsor, à Saint George, dit le duc
de Gloucester aux Londoniens. Et ceux-ci, discutant de la composition
de l'assemblée qui délibérera sur leur requête expriment ainsi leurs
exigences : ' « nous voulons et prions à nos seigneurs vos oncles qu'ils
y soient. » — « Nous *y serons* voulentiers », respondirent-ilz... « En après »,
distrent les Londiiens, « nous voulons et pryons aux reverens peres
l'arcevesque de Cantorbie, l'evesque d'Eli et l'evesque de Wincestre,
que ilz y soient. » — « Voulentiers », respondirent-ilz. — « En après,
nous prions à nos seigneurs qui sont *icy present*... que *ilz y soient* » '
(XIV 31-32).

II. B. 1. 3. 5. Mais lorsqu'on veut insister sur cette présence et lui
donner un caractère en quelque sorte officiel et administratif, c'est le
verbe *se remoustrer* qu'on emploie. Des seigneurs gascons, au fond loyaux
anglais, ayant à contre cœur promis au duc d'Anjou d'embrasser le parti
français, décident d'enfreindre ce serment et d'aller à Bordeaux ' *se
remoustrer* ' au sénéchal des Landes (IX 15) pour lui expliquer leur
situation. ' Li sires de Gommegnies passa oultre en Engleterre : si *se
remoustra* au duch et au conseil du roy ' (VIII 251). ' S'en vinrent
François Acremen lui dousime en le citté de Liège, où il *se remoustrèrent*
as maistres de Liège ' (X 204).

On constate que dans tous ces exemples, la personne qui *se remoustre*,
c'est-à-dire qui « se présente » à quelque grand personnage accomplit
une démarche qui la place, dans une certaine mesure, dans une situation
d'infériorité. C'est pourquoi, sans doute, le prince de Galles, furieux,
on l'a vu, d'avoir été cité en justice par Charles V, parle non pas de *se
remoustrer* mais de *remoustrer sa personne* (VII 102) à la fête du Lendit.

II. B. 1. 4. Conclusion La structure sémique du champ sémantique
étudié dans la section II. B. 1. paraît donc assez simple. Il s'ordonne
autour du sème « extérieur » auquel viennent s'ajouter ou non, selon
les cas « dénombrable », « physique », « socialement important » et
« présent ».

II. B. 2. L'expression extérieure de la personne intérieure

Les nécessités de la vie en société font que les personnes qui la composent ont besoin de se connaître entre elles, c'est-à-dire de pénétrer de quelque façon dans l'intériorité de celles qui les entourent et de leur faire connaître leur propre intériorité. Le moyen le plus simple, pour ce faire, est d'user de la parole ou de tout autre code signifiant. Les mots désignant cette catégorie de faits seront étudiés aux chapitres de la connaissance et du langage. C'est pourquoi nous avons écarté de celui-ci des mots comme *remoustrer* employé transitivement, ou *signifier* qui peuvent fort bien s'appliquer à la communication de réalités intérieures au sujet, mais supposent l'emploi délibéré d'un code.

Mais d'une part le sujet peut révéler ce qu'il est — volontairement ou involontairement — par d'autres moyens que par la parole, et d'autre part, celui qui l'observe peut apprendre à le connaître autrement qu'en sollicitant ses confidences. Ces divers moyens peuvent se résumer dans le mot de « comportement », c'est-à-dire l'ensemble des actes, des paroles, des attitudes physiques, des jeux de physionomie d'une personne. Ce sont justement les mots qui dénotent ces moyens non strictement codifiés d'expression ou de connaissance de la personne intérieure qui feront l'objet de la présente étude.

II. B. 2. 1. Verbes exprimant la « manifestation extérieure » de réalités cachées, appliqués à des faits psychologiques

Plusieurs entrent en concurrence. On remarquera que les trois premiers, pronominaux ou intransitifs, s'opposent par leur statut syntaxique aux quatre derniers qui sont transitifs.

II. B. 2. 1. 1. *Se prouver* signifie « faire ses preuves », c'est-à-dire « montrer par ses actes ce qu'on vaut et de quoi on est capable » : ' Messire Regnault Lymosin... estoit ung chevalier... que du temps passé messire Bertrand de Claiequin avoit mené en Espaigne ens ès premieres guerres, lequel s'i estoit si bien fait et *prouvé*, que le roy Henry l'avoit marié et donné bel hiretaige et bonne et belle dame et riche à femme ' (XII 12).

II. B. 2. 1. 2. *Se remoustrer* signifie « se faire remarquer », « attirer l'attention ». Il s'agit en général de particularités tout extérieures, mais rien n'exclut que l'objet remarquable soit de nature psychique : On a vu, déjà, que ' li noms de preu est si haus et si nobles et la vertu si clère et si belle que elle resplendist en ces sales... où il a... fuison de grans signeurs, et *se remoustre* dessus tous les autres, et l'ensengn'on au doi et dist on : « Velà cesti qui mist ceste cevaucie ou ceste armée sus... » ' (I 3-4).

II. B. 2. 1. 3. *Apparaître* (variante *apparoir*) : Ce verbe est extrêmement fréquent et dénote toute manifestation constatable d'une réalité antérieurement cachée. Il arrive — mais ce n'est nullement un emploi spécifique — que la réalité cachée soit de nature psychique : ' A ce donc avoit dedens Honnecourt un abbet, de grant sens et de hardie entrepresure, et estoit moult hardis et vaillans homs as armes. Et bien *apparut*, car il fist... en grant haste unes bailles mettre et assir au travers de la rue ' et il défendit sa petite ville comme un véritable homme d'armes (I 167).

II. B. 2. 1. 4. *Faire* est employé, dans certains contextes, en concurrence avec *monstrer* pour exprimer la manifestation au dehors de dispositions intérieures. On *fait* ' semblant ' de quelque chose (v. § II. B. 2. 3. 3.), telle ou telle ' contenance ' (II. B. 2. 3. 6.) ; on peut *faire* ' visage ' (II. B. 2. 3. 12.), ' bonne chère ', ' chère lie ', ' grant chère ' ou ' simple chère ' (II. B. 2. 3. 11.). Mais on peut aussi, dans des expressions moins lexicalisées, *faire* à quelqu'un ' grans recongnissances ' (VIII 152, 119, 215), c'est-à-dire lui manifester sa joie en le retrouvant, ou ' feste et joie ' (II 132) ou ' ses regrés ' (VIII 240) ou ' reverence ' (VII 2, XI 71), ' hommage et feaulté ' (X 171) ; on peut *faire* ' grant dangier ', c'est-à-dire « de grandes difficultés » pour accepter d'aller comme otage en Angleterre (VI 25), ou, comme Philippe d'Arteveld *faire* ' sa grandeur ' (X 273).

D'autre part, la locution *faire le* (ou *la*) suivie d'un adjectif ou d'un substantif exprime l'idée de « jouer un rôle, une comédie », de montrer à dessein des ' semblants ' qui ne répondent pas forcément à la réalité intérieure : Pierre du Bois, voulant faire porter au pouvoir par les Gantois Philippe d'Arteveld, lui apprend son métier de dictateur : ' « Sarés vous *faire* le cruel et le hauster ? car uns sires, entre communs et par especial à ce que nous avons à faire, ne vault riens se il n'est cremus et redoubtés et renommés à le fois de cruauté. Enssi voellent Flament estre mené, ne on ne doit entre euls tenir compte de vies d'ommes ne avoir pité nient plus que des arondiaulx ou aloettes, c'on prent en leur saisson pour mengier. » — « Par ma foi ! respondi Phelippes, je sarai bien tout ce faire. » ' (X 83). Le comte de Flandres, poursuivi par ses adversaires, ayant trouvé refuge chez une pauvre femme ' entra en ce solier et se bouta, au plus bellement et souef que il pot entre la coute et l'estrain de ce povre literon ; et là se quati et *fist* le petit : faire li convenoit ' (X 232). Jean Lion, qui a incité les Gantois à envahir et à piller le château du comte, s'aperçoit qu'il brûle ' Dont demanda Jehans Lions qui *fist* mout l'esmervilliet : « Et dont vient cils feus en l'ostel de Monsigneur ? » ' (IX 184). On trouve aussi ' *faire* le maistre ' (IV 182, IX 189) ; ' *faire* la malade ' (XII 178) ; ' le mauvais ' (X 97) ; ' le piteux (IX 181), ' l'esbahie ' (IX 166), ' l'effraé ' (VI 102).

II. B. 2. 1. 5. *Monstrer* (variante *moustrer*), d'une façon très générale, est « rendre visible un objet qui auparavant ne l'était pas ». Cet objet

peut être de nature psychique, et l'action de le *montrer*, c'est-à-dire d'en
fournir des signes sensibles, peut être consciente et volontaire ou au
contraire inconsciente et involontaire : Philippe d'Arteveld, avant
Roosebeke, envoie aux commissaires du roi de France une lettre extrêmement arrogante : ' « Cils Phelippes, à ce que il *monstre*, est plains de grant
orguoel et presomption, et petitement amire la majesté roial de France '
(X 280). ' A ce que li Englès *moustroient*, il ne desiroient aultre cose
que il peuissent avoir la bataille ' (VIII 155). ' Ensi se tenoient ces
garnisons en Navare tout en paix et sans riens faire, et ne *monstroient*
point que en l'ivier il volsissent chevauchier ' (IX 110). Le « signe »
par lequel on révèle une réalité intérieure étant le *semblant*, on trouve
parfois ce mot associé à *monstrer*. Les gens de la Rochelle, on l'a vu,
n'aimaient pas les Anglais : ' quel *samblant* que toute la saison il euissent
moustré as Englès, il avoient le corage tout bon françois ' (VIII 64).
Le duc de Bourgogne, gendre et successeur du comte de Flandres est
prêt à tout pardonner aux Gantois ' et... de cose qui fust avenue il ne
monsteroit jamais *samblant* ' (IX 203). On peut ' *monstrer* par *semblant* '
(IX 83) son intention de combattre.

Il existe, de plus, un emploi pronominal ou absolu du verbe *montrer*
où celui-ci prend le sens de « montrer ce qu'on est, ce qu'on vaut »,
c'est-à-dire « montrer du courage, de la résolution ». Faisant allusion
aux grandes compagnies, Froissart écrit : ' li nobles royaumes de France
a esté foulés, gastés et essilliés... en toutes ses regions, telement que
nuls des princes ne des gentilzhcmmes n'osoit *moustrer* contre ces gens
de bas estat, assemblés de tous pays, venus li uns apriès l'autre, sans
nul chief de hault homme ' (V 230). Et quand Jean de Castille, fils aîné
du roi Henri, assiégea Pampelune en l'absence du roi de Navarre, ' n'i
avoit seigneur nul en Navare qui *s'osast monstrer* contre iaux, mais
se tenoit cascuns en son fort, et ens es montaignes ' (IX 102).

II. B. 2. 1. 6. *Demener*, verbe aux emplois très variés, qui exprime
d'une façon générale l'idée du déroulement dans le temps d'une action
quelconque peut être utilisé pour dénoter la manifestation extérieure
d'une attitude intérieure : Frère Jean de Rochetaillade prédisait de
' grandes merveilles... qui devoient avenir, meismement et principau-
ment sur les prelas et presidens de Sainte Eglise, pour les superfluitez
et le grant orgueil qu'il *demainnent* ' (V 229). Après une victoire navale
remportée sur les Anglais, ' tout ce jour... se tinrent li Espagnol à l'ancre
devant le Rocelle, en *demenant* grant joie et grant reviel ' (VIII 43).

II. B. 2. 2. Verbes signifiant « se comporter ».

II. B. 2. 2. 1. *se maintenir* qu'on retrouvera en d'autres chapitres,
en particulier dans celui de l'« action », signifie d'une façon générale
« mener une action », « tenir une ligne de conduite ». Naturellement,

cette conduite peut être, pour des observateurs, révélatrice de certaines attitudes intérieures. Les Gantois, qui préparent une attaque nocturne contre Audenarde, sont aperçus, tout à fait par hasard, par une pauvre femme qui, malgré l'heure tardive, ' retailloit herbe pour ses vaches et estoit là katie '. Aussitôt, elle va prévenir la sentinelle et lui dit ' « que pour Dieu il fust sur sa garde et allast veoir à la porte de Gand comment li compaignon qui le gardoient *se maintenoient*, car briefment il i avoit des Gantois assés près de là ' (XI 139). Le « comportement » des guetteurs ne révéla que trop leur insouciance, leur inattention, leur coupable négligence, cause directe de la prise d'Audenarde : La sentinelle ' s'en vint à la porte de Gand où les gardes veilloient, et les trouva jeuwans as dés, et leur dist : « Seigneur, avés vous bien fremé vos portes et vos barrières ? une femme est venue à mi et m'a ensi dit. » Il respondirent : « Oïl. En male nuit soit la femme entrée, quant elle nous traveille à celle heure ! Che sont ses vaques ou si viel qui sont desloiet : si cuide maintenant que ce soient Gantois qui voisent par les camps : il n'en ont nulle volenté. » ' (XI 139). Certains « comportements » sont une peinture vivante de l'état intérieur du sujet. Les Parisiens, ayant fait, sur l'ordre d'Étienne Marcel, une expédition contre la garnison anglaise de Saint-Cloud rentrent après avoir marché toute la journée sans avoir trouvé la bataille : ' Quant ce vint sus le vespre, il se misent au retour,, sans ordenance et arroy, comme cil qui ne cuidoient avoir point d'encontre ne d'empeecement ; et s'en revenoient par tropiaus, ensi que tout lassé et tout hodé. Et portoit li uns son bacinet en sa main, li aultres en unes besaces ; li tiers par tanison trainoit sen espée ou il le portoit à eskerpe : tout ensi *se maintenoient* il, et avoient pris le chemin pour rentrer en Paris par le porte Saint Honnouré ' (V 113). C'est naturellement le moment que choisissent les Anglais pour les attaquer et les massacrer en grand nombre.

II. B. 2. 2. 2. *Se porter*, avec un sujet humain, signifie, comme *se maintenir*, « agir », « se comporter ». Il est assez souvent accompagné d'un adverbe qui exprime la qualité ou les dispositions intérieures révélées par ce comportement. Ces adverbes sont en petit nombre. Si l'on met à part ' bien ' et ' mal ', ce sont ' loyaument ' (V 110), ' vassaument ' (I 137, 183, IV 171, VIII 114), ' noblement ' (I 183), ' vaillamment ' (V 86, IX 44 etc.), ' bellement ' (I 174, X 235, XI 106). Le sujet montre en somme, par son comportement, qu'il est loyal, courageux, noble, ou qu'il sait prendre les choses avec bonne humeur.

II. B. 2. 2. 3. *Soi avoir* semble, dans les deux exemples suivants, exprimer un comportement : Au siège du château de la Bousée, ' Ernauton de Batefol, le cappitaine, estoit à la porte, où il avoit grant assault et là faisoit merveilles d'armes, et tant que les chevaliers disrent entre eulx : « Vela ung escuier de grant volenté, et auquel les armes sont moult bien seans, car il *se* scet bien *avoir* ' (XII 187). Les chevaliers français envoyés en renfort auprès des Écossais furent bien déçus car

' en Escoce il ne veïrent onques nul homme de bien, et sont enssi comme gent sauvage, qui ne *se* sèvent *avoir* ne de nullui aquintier, et sont trop grandement envieux dou bien d'autrui, et si se doubtent de leurs biens à perdre, car il ont un povre païs ' (XI 215). On le trouve associé à *être* dans ce portrait de Jean Chandos qui fut ' doulz chevaliers, courtois et amiables, larges, preus, sages et loyaus en tous estas, et qui vaillaument se savoit *estre* et *avoir* entre tous signeurs et toutes dames ' (VI 59).

II. B. 2. 2. 4. *Convenir* (variante *couvenir*) : on peut enfin mentionner ce verbe qui n'apparaît guère en ce sens que dans l'expression courante ' laisser *convenir* quelqu'un ' c'est-à-dire « le laisser se conduire à sa guise, sans s'en mêler ». Les Gantois, aveuglés par le passé et les belles paroles de Jean Lion, ne lui résistent pas : ' Laissons le *convenir*. Encores n'avons nous veu en lui que tout bien et pourfit pour nostre ville ' (IX 175). Les Écossais n'apprécient pas les services de leurs alliés français : ' « il nous feront plus de contraires, de despis et de damages, se nous les laions *convenir*, que li Englès ne feroient ' (XI 214).

II. B. 2. 3. Substantifs dénotant un « comportement » significatif

II. B. 2. 3. 1. *Monstre* : L'exemple suivant permettra de saisir le rapport qui existe entre le verbe *monstrer* et le substantif déverbal *monstre* : Les Français envoyés en renfort pour aider les gens de Saint Malo à faire lever le siège aux Anglais ' s'ordonnoient mout souvent par bataille et venoient sur la rivière et *monstroient* par semblant proprement que il se voloient combatre. Et le cuidoient li Englès, en disant ensi : « Veci, veci nos ennemis qui tantost à basse euwe, passeront la rivière pour nous combatre ». Mais il n'en avoient nulle volenté, car li rois de France de son temps ressoignoit si les fortunes perilleuses, que nullement il ne voloit que ses gens s'aventurassent pour combatre par bataille, se il n'en avoient de set les cinc. En ces *monstres* et en ces assemblées... avint une fois ', poursuit Froissart, que le comte de Cambridge, exaspéré, passa à l'attaque sans succès notable. ' De tels ahaities, de tels affaires et de tels *monstres* l'un contre l'autre, le siège estant devant Saint Malo, il y heut pluiseur faites ' (IX 83-84).

On voit donc que la *monstre* — mot qui dénote souvent, en particulier, les revues ou parades militaires — est une action consciente et volontaire et bien souvent une manifestation de prestige ou de bluff : ' Et faisoient trop bien *monstre*, li Englès et li Navarrois, et ordenance de bataille ; et puis se faindoient et point ne traioient avant ' (IV 190) ; les Gantois espèrent impressionner assez les Brugeois pour les amener à composition sans bataille ; ' si se pourveïrent et ordonnèrent et tout par *monstre*... et se partirent de Gaind entre noef et diis mille hommes, et enmenèrent grant carroi et grans pourveances '. Arrivés près de Bruges, ils ' se rengièrent... tous sus les camps et se missent en ordenance de bataille, et leur carroi derière iaulx '. Ils envoient alors dire aux Brugeois qu'ils viennent ' non pour guerre ne iaulx grever, se il ne voellent, ou cas que il... ouveront deboinairement les portes '. Les messagers sont chargés de dire si les Brugeois veulent ' estre ami ou ennemi ' (IX 187). Dans l'exemple suivant, enfin, le mot *monstre* associe les valeurs de « parade militaire » et de « manifestation de prestige » : Les Parisiens accueillent le jeune Charles VI, vainqueur à Roosebeke, rangés en bataille d'un air assez menaçant, pour lui faire voir, prétendaient-ils, quelle puissance ils pourraient mettre au besoin à son service : ' Adont s'aviserent li Parisiien que il s'armeroient et *mousteroient* au roi à l'entrer en Paris quel poissance il i avoit à che jour en Paris... Mieux leur vausist que il se fuissent tenu quoi en leurs maisons, car celle *monstre* leur fu convertie depuis en grant servitude ' (XI 75).

II. B. 2. 3. 2. *Semblant* (variante *samblant*) :

Le *semblant* est l'« apparence » en général, telle celle d'une image ' faite au *semblant* de Nostre-Dame ' (XI 150, 151). Mais, la plupart du temps, cette apparence est le signe extérieur d'une réalité intérieure. Ce mot est dans son ensemble réservé au domaine de la psychologie humaine. On le trouve fréquemment employé comme complément de *faire* ou de *monstrer*. Dans quelques cas, ' faire *semblant* ' traduit une volonté très consciente de signification et de communication de la part du sujet : ainsi, lorsque, pour obliger le défenseur d'une tour à se rendre, l'assiégeant ' fait *semblant* ' de préparer l'exécution capitale de ses parents détenus comme otages (IX 142) ; ou quand, pour faire sortir l'ennemi de ses retranchements, une armée ' fait *semblant* ' d'avancer, alors qu'elle n'en a ni l'intention ni même, vraiment, la possibilité (I 68) ; plus clairement encore lorsqu'on ' fait ' ou ' monstre ' *semblants* d'amour à une personne dont on attend quelque service (VI 194, XII 61). Mais la plupart du temps, rien dans le contexte ne permet de déterminer si ce *semblant* que l'on ' fait ' ou que l'on ' monstre ', ou qui apparaît dans l'expression adverbiale ' par *semblant* ' est un indice volontairement ou involontairement fourni. De toutes façons, le *semblant* est la réalité telle que la voit l'observateur et non telle que l'éprouve le sujet. Et l'observateur n'a généralement pas le moyen de connaître les intentions du sujet. Il ne peut qu'en préjuger, et justement par des *semblants*.

Il est donc normal qu'il s'interroge sur la fidélité de ces *semblants* à la réalité intérieure du sujet. Dans divers contextes, on trouve le mot associé à *coer* ou à *corage*, c'est-à-dire aux deux dénotations principales de la personne intérieure : Les assaillants de la ville d'Aubenton viennent d'y pénétrer, mais ses défenseurs ne se rendent pas pour cela : ' Adonc se recueillièrent en le place devant le moustier, li visdames de Chaalons et aucun chevalier et escuier, et levèrent là leurs banières et leurs pennons, et moustrèrent de faire bien *samblant* et *corage* de yaus combatre et tenir tant que par honneur il poroient durer ' (I 202). Ce *semblant* était vrai et traduisait exactement les dispositions du *courage*. En effet, ' là ot dur hustin et fier, et tamaint homme reversé et mis par terre. Et là furent très bons chevaliers li visdames de Chaalons et si troi fil, et y fisent tamainte belle apertise d'armes ' (I 202).

Il n'en est pas de même lorsque les circonstances obligent une personne à embrasser contre son gré le parti anglais ou le parti français : Le roi Charles V négocie secrètement avec les villes de Bretagne pour qu'elles ne s'ouvrent en aucun cas aux Anglais. ' Chil de Nantes... li remanderent secrètement que il n'en fust en nulle doubte... quel *semblant* ne quel tretiet que il euissent enviers leur signeur ', le duc de Bretagne, allié des Anglais (IX 279). ' Quel *samblant* que... il euissent moustré as Englès, il avoient le *corage* tout bon françois ' (VIII 64). Et l'on vit bien, à l'usage ce que valaient les ' *semblants* d'amour ' (XII 61) que fit le comte de Foix à Arnoul de Béarn qui paya de sa vie son refus de lui livrer le château dont il était capitaine.

L'absence de *semblants* elle-même ne prouve pas nécessairement l'absence de passions : ' si fu en *cœr* grandement resjoïs, mais nul *samblant* de sa joie il ne fist ' (IX 167).

Enfin, dans la plupart des contextes où se trouvent les expressions ' par *semblant* ' ou ' faire *semblant* ', rien ne permet d'affirmer si ce *semblant* était ou non véritable : on ignore les faits qui auraient pu le montrer ; il s'agissait d'une menace dont le succès ou une circonstance quelconque ont empêché la réalisation (IX 142, XI 261) ; la phrase est hypothétique (XI 284) ou négative (I 66)... En somme, le *semblant* est essentiellement ambigu. L'observateur est bien obligé de s'y fier, dans ses rapports avec le sujet, n'ayant d'autre moyen de le connaître. Et néanmoins, il doit toujours s'en défier quelque peu, n'ayant jamais une totale assurance qu'il soit fidèle à la réalité. Il est donc normal que la locution adverbiale très courante ' par *semblant* ', c'est-à-dire « apparemment » affaiblisse une affirmation plutôt qu'elle ne la renforce : Froissart explicite ainsi cette idée dans le passage où il raconte l'accueil fait par les gens de Saint Jacques de Compostelle au duc et à la duchesse de Lancastre : ' Vinrent au dehors à pourcession tout le clergié de la ville, et portans dignes reliques, croix et confanons, hommes, femmes et enfans, contre la venue du duc et de la duchesse, et aportoient les hommes de la ville avecques eulx les clefs des portes, lesquelles ilz presenterent de bonne volenté par *samblant* — je ne sçay se il estoit *faint* ou *vray* — au duc et à la duchesse, tout en genolz, et les recueillierent à seigneur et à dame ' (XII 318).

En quoi consistent les *semblants* ? Ce n'est habituellement pas précisé, ce mot synthétique permettant justement l'économie de nombreux détails superflus. Néanmoins, divers contextes permettent de s'en faire une idée : la cérémonie d'accueil processionnel du dernier exemple cité est un *semblant* de ' bonne volenté '. Arnoul de Béarn s'étant rendu à la convocation du comte de Foix, celui-ci ' le receupt joyeusement, et le

fist seoir à sa table et li moustra tous les biaux *samblans* d'amour que
il peut ' (XII 61). Là encore, le récit d'un bon accueil prépare l'emploi
du mot *semblant*. Henri de Trastamare devenu roi de Castille licencie
une partie des Grandes Compagnies et conserve le reste auprès de lui
pour aller combattre le roi de Grenade. A ceux qui partaient, il ' fist
grant profit '. Il ne pouvait guère faire moins à ceux qui restaient et à
qui ' il faisoit et moustroit grant *samblant* d'amour en istance de ce que
il en voloit estre aidiés et servis ' (VI 194). L'un de ces *samblants d'amour*
est en tous cas la nomination de du Guesclin aux fonctions de connétable
de Castille.

Ailleurs, les alliances de mots (*chière, bras, contenance* et *visage*) suggèrent que le *samblant* pourrait être une attitude du corps ou une expression de la physionomie : Le comte de Foix va voir, lors de leur passage
à Dax, le prince de Galles et son frère, le duc de Lancastre et ' fist grant
chière et grant reverense de bras et de *samblant* au dit prince et à son
frère et se offri dou tout en leur commandement ' (VII 2). Les Anglo-
Navarrais attaqués par Jean le Bon ' moustroient par *samblant* contenance et visage qu'il se vorroient combatre ' (IV 189).

Mérite donc le nom de *semblant* tout acte, toute attitude pouvant
servir à interpréter les dispositions intérieures du sujet.

Ainsi s'explique le fait que les expressions ' faire *semblant* ' et ' montrer
semblant ' puissent s'employer absolument, sans aucune détermination
autre qu'adjectivale, au sens de « réagir », « manifester ce qu'on ressent » :
le roi d'Angleterre, après un insuccès diplomatique auprès des princes
allemands ' en fist milleur *semblant* qu'il put ' (I 144). De vieux compagnons d'armes ' se fisent grant *samblant* quant il se trouvèrent ' (VIII 153).
Par contre, les Anglais sont résolus à ne pas réagir aux cris et aux provocations des Écossais. Ils ' se tinrent tout quoi, et ne fisent nul *samblant* ' (III 176). Le comte de Staffort, qui fait partie, avec son fils,
d'une expédition contre les Écossais, a le chagrin de voir celui-ci assassiné
dans une rixe stupide. Le roi lui promet justice ' et se parfist li voiages
alant en Escoce... ne onques sus tout che cemin li contes de Stafort ne
monstra *samblant* de la mort de son fil, dont li baron tout l'en tinrent à
sage ' (XI 265).

II. B. 2. 3. 3. *Apparant* : ce substantif peut, dans certains cas, faire
une légère concurrence à *samblant* : ' Vis leur fu, à l'*apparant* que li
Flamenc faissoient, que il seroient combatu ' (XI 103). Le roi de Portugal,
avant la bataille d'Aljubarrota, fait faire par deux chevaliers une enquête
sur le moral de ses troupes : ' Ilz n'y avoient trouvé homme qui ne fust,
par l'*apparant* que on veoit en lui, tout conforté pour attendre la bataille '
(XII 150). Les Anglais et les Français ' se cuidoient bien li un et li autre
combatre, car il en faisoient tous les jours les *apparans* ' (IX 83). Il faut
remarquer toutefois que son emploi est beaucoup plus large que celui de
semblant et que ce n'est que de façon accidentelle qu'il désigne précisément l'apparence extérieure de dispositions psychologiques.

II. B. 2. 3. 4. Il en est de même pour *signe* qui, dans l'expression
' monstrer (grans) *signes* d'amour ' (V 80, VI 182, VII 255) fait une certaine concurrence à ' monstrer (grans) *semblans* d'amour '.

II. B. 2. 3. 5. *Manière* : On trouve ce mot associé à *chière* (v. § II. B. 2.
3. 11.) dans le passage où l'abbé de Honnecourt, qui alliait à l'état
religieux de remarquables aptitudes guerrières ' moustra et fist bien
cière et *manière* de deffense ' (I 167). Il est implicitement opposé aux
paroles lorsque Charles V, irrité contre le comte de Flandres parce qu'il
soutient le duc de Bretagne, le traite d'orgueilleux et de présomptueux
' et encores oultre..., on veoit bien à sa *manière*... que c'estoit li sires que
plus volontiers euist mis à raison ' (IX 134). Voici maintenant quelle
était la *manière* de Godefroi de Harcourt lors d'un engagement entre
Français et Anglo-Navarrais : ' Quant messire Godefrois de Harcourt
vit ce et que morir ou estre pris le couvenoit, car fuir il ne pooit, mès
plus chier avoit il à morir que à estre pris, il prist une hace et dist en
soi meismes qu'il se venderoit ; et se arresta sus son pas, piet avant aultre,
pour estre plus fors, car il estoit boisteus d'une jambe, mès grant force
avoit en ses bras. Là se combati vaillamment, longuement et hardiement,
et n'osoit nulz attendre ses cops. Quant li François en veirent le *manière*
et que il donnoit les cops si grans que il le ressongnoient, si montèrent
doi homme d'armes sus leurs coursiers et abaissièrent leurs glaves,
et s'en vinrent tout d'un relay et d'une empointe sus le dit chevalier, et
le consievirent tout ensamble d'un cop de leurs glaves, telement que
il le portèrent par terre ' (V 77-78). C'est ce qu'ailleurs on dénote par
la locution adverbiale ' de grant *manière* ', c'est-à-dire « avec un comportement vigoureux et énergique » comme dans ce récit de l'attaque de
Bergerac défendue par de simples ' bidaus ' : ' Li signeur d'Engleterre,
les glaves abaissies, et montés sus bons coursiers fors et appers... se
ferirent en ces bidaus *par grant manière* ' (III 47).

On peut donc mettre la *manière* que — exceptionnellement — le sujet
' monstre ' ou que — couramment — l'observateur ' voit ', au nombre des
« comportements » significatifs. L'usage du mot *manière* pour dénoter
de préférence un comportement « observé » est bien mis en valeur par
l'exemple suivant : Les Anglais viennent de mettre le siège devant
Montsach ; ' et se commencierent à logier bien et faiticement, ensi qu'il
deuissent là demorer un mois ; et fisent ce premier jour *semblant* qu'il
assauroient à l'endemain, et levèrent devant les murs aucuns canons
qu'il portoient. Quant cil de Montsach en veirent le *manière*, si se commencièrent à effraer, et il sentirent bien que il ne se poroient longuement
tenir, car il n'avoient nulles pourveances ' (VII 145). On constate ici
l'emploi symétrique de *semblant* et de *manière* régi par la correspondance
lexicale suivante : quand le sujet ' fait *semblant* ' de telle ou telle intention, l'observateur en ' voit la *manière* '.

II. B. 2. 3. 6. *Contenance* peut exprimer :

a) un comportement individuel significatif, comprenant l'expression du visage, l'attitude, les paroles et les actes : Édouard III traite royalement certains seigneurs français prisonniers et leur fait la conversation. Mais il fait une exception pour Geoffroi de Charny à qui il reproche d'avoir voulu reprendre la forteresse de Calais en soudoyant son capitaine. ' Et là, en parlant à lui, canga il un peu *contenance*, car il le regarda sus costé en disant : « Messire Joffroi, messire Joffroi, je vous doi par raison petit amer, quant vous voliés par nuit embler ce que j'ay si comparet et qui m'a coustet tant de deniers ' (IV 82). Le roi de Navarre et le comte de Harcourt, pendant qu'ils dînaient chez le duc de Normandie, voient le roi Jean, furibond, venir en personne les arrêter. Ils ' furent bien esmervilliet et esbahi, quand il veirent le roy de France entrer en le salle et faire tel *contenance*, et vosissent bien estre aultre part ' (IV 177). Le Mongat de Sainte Basille, organisant une ruse de guerre qui ressemble fort à une escroquerie, se déguise, lui et quatre de ses hommes, en moine et ' ne cuidast nul jamais, si il les veist, que ce ne feussent drois moines, car trop bien en avoient l'abit et la *contenance* ' (XII 26).

b) au singulier, ou au pluriel, divers comportements stéréotypés répondant à certaines normes sociales : La duchesse de Brabant avait entrepris de faire de la jeune Isabeau, fiancée de Charles VI, une véritable reine de France. C'est pourquoi elle ' endoctrinoit... en manières et en *contenances* le jone fille de Baivière ' (XI 228).

c) un comportement collectif, interprété à la faveur d'indices moins fins qu'en a) : Robert de Namur, devant Tournehem, voit, vers minuit, des feux briller dans le camp du duc de Bourgogne. ' Si dist en soi meismes : « Li François nous poroient bien venir resvillier : il en font durement *contenance* » ' (VII 186). Charles VI et ses oncles, au retour de leur expédition en Flandres ne rentrent pas à Paris directement ' car il douptoient les Parisiens '. Ils envoient leurs gens à l'avance, préparer leur logis et aussi ' veoir quel *contenance* et ordenance li parisiien feroient ne aroient à la revue dou roi ' (XI 75).

d) assez souvent, il s'agit d'un comportement résolu. Dans certains de ces cas, *contenance* peut être assorti d'une détermination explicite ou du moins d'un contexte proche qui en précise le sens : Les Anglo-Navarrais, rejoints à l'Aigle, en Normandie par Jean le Bon ' moustroient par samblant *contenance* et visage qu'il se vorroient combatre ' (IV 189). Quand les Anglais, arrivés devant Carcassonne ' veirent celle grosse ville... et le *contenance* de ces bidaus qui se voloient deffendre, si s'arrestèrent... et consillèrent comment... il poroient assallir ces gens ' (IV 166). Mais il arrive aussi que *contenance*, sans aucune détermination, et en particulier dans des phrases négatives, ait le même sens : Les Gantois, après la bataille de Roosebeke, ' estoient si esbahi que il n'i avoit conseil, arroi ne *contenance* entre eux ' (XI 66).

En prenant le contrepied des attitudes énumérées dans l'exemple ci-dessous, on verra au juste en quoi consiste la *contenance* : Lors de l'invasion du Poitou, en 1346, ' saciés que tous li pays estoit... si effraés de la venue dou conte Derbi et des Englès que nulz n'avoit *contenance* ne arroy en soi meismes ; mès fuioient devant yaus et s'enclooient ens ès bonnes villes et laissoient tout vaghe, hostelz et maisons, et n'i avoit aultre apparant de deffense. Neis li chevalier et escuier de Saintonge et de Poito se tenoient ens en leurs fors et garnisons et ne moustroient nul samblant de combatre les Englès ' (IV 12).

II. B. 2. 3. 7. *Convenant* (variante *couvenant*) :

On a vu au § I. C. 1. 4., que ce mot peut dénoter une « situation » quelconque, politique et surtout militaire. Il arrive aussi qu'il dénote le comportement d'un individu (v. le verbe *convenir* au § II. B. 2. 2. 4.), révélateur de ses qualités intérieures ou de ses intentions. Aussi est-il fréquent de le trouver accompagné du verbe ' voir ' et d'adjectifs exprimant un jugement, tels que *bon* ou *mauvais* : Dans une guerre d'escarmouches entre Anglais et Écossais, ' sur tous les autres y estoit souvent veus en *bon couvenant* messires Guillaumes Douglas ' (II 136). On saura ce qu'est le *bon couvenant* en prenant le contrepied des attitudes décrites dans l'exemple ci-dessous : Les gens du comte de Flandres sont témoins de la débandade des gens de Bruges devant les Gantois. Ce spectacle leur ôte tout courage : ' se il eussent point veu de *bon couvenant* ne d'arrest de retour à ceulx de Bruges sur ceulx de Gand, il eussent bien fait aucun fait d'armes et ensonniet les Gantois, par quoi, espoir, il se fussent recouvrés ; mais nennil, il n'en i veoient point, mais s'enfuioient chascuns qui mieux mieux vers Bruges, ne le fils n'attendoit mie le père ne le père le fils ' (X 227). On peut être pris ou tué *en bon convenant*, c'est-à-dire dans une attitude qui révèle des dispositions héroïques : à la bataille d'Auray ' fu occis *en bon convenant*... messires Charles de Blois, le viaire sus ses ennemis ' (VI 168). Le *mauvais couvenant* — expression beaucoup plus rare que *bon couvenant* — peut être une attitude lâche (X 226) ou menaçante : un chevalier allemand tout dévoué à Bernabo Visconti l'avertit ainsi qu'il tombe dans une embuscade : ' Sire, sauvés vous ! je vois sur vous venir gens de très *mauvais convenant*, et sont de par vostre nepveu, messire Galeas ' (XI 205). Les Anglais, venus au secours du duc de Bretagne, sont scandalisés de son inactivité ; Ils ' estoient trop esmervilliet dou duc de Bretaigne, qui point ne venoit... et s'en contentoient mal car... il trouvoient en li *foible convenant* et ne savoient à qui plaindre qui droit leur en fesist ' (X 21). De même, Jeanne de Hainaut, témoin des activités guerrières de son père qui vient d'incendier Guise : ' Dedens le forterèce estoit ma dame Jehane sa fille, femme au conte Loeis de Blois, qui fu moult effrée de l'arsin et dou *couvenant* monsigneur son père ' (I 172).

Il y a donc une synonymie entre *contenance* et certains emplois de *convenant.* La substitution serait certainement possible dans ce passage relatant l'expédition téméraire du Halse de Flandres contre Menin : ' Evous chevaliers et escuiers retourner montés sur fleurs de coursiers et de chevaux, et truevent en la ville plus de deus mille de ces païssans qui là s'estoient requelliet, liquel se mettent tout en bataille pour venir sus eux. Quant cil gentil homme en veïrent le *convenant*, si dissent : « Il nous faut, par force de chevaux, rompre ces villains, ou nous sommes atrapet » ' (X 289).

II. B. 2. 3. 8. *Façon* apparaît dans le contexte ci-dessous comme un synonyme exact de *contenance* : ' cest homme-cy a bien *façon* et *ordonnance* de estre droit hommes d'armes ' (XII 35). Un exemple comme celui-ci permet d'interpréter *façon* comme synonyme de *contenance* ou de *(bon) convenant,* également dans l'expression courante ' de grant *façon* ', c'est-à-dire comme signifiant « comportement courageux » : ' Là furent cil Espagnol envay et combatu de grant *façon* ' (IV 95) ; les Anglais ' furent devant le ville de Rochewart et l'assalirent de grant *façon*, mès riens n'i conquisent ' (VII 169).

Il faut remarquer toutefois qu'en ce sens, *contenance* apparaît plutôt dans des contextes négatifs du type *n'avoir contenance,* ou *bon convenant* dans des contextes statiques comme *être, se défendre, se mettre,* tandis que *de grant façon* accompagne plutôt des verbes dynamiques comme *envahir, assaillir, combattre.*

II. B. 2. 3. 9. *Ordonnance* : On a vu au paragraphe précédent que *ordonnance* pouvait se trouver associé à *façon* dans un couple apparemment synonymique. On le trouve également associé à *contenance* dans le passage où Charles VI et ses oncles, à leur retour de Flandres, envoient leurs gens devant eux à Paris ' veoir quel *contenance* et *ordenance* li Parisien feroient ' (XI 75). Ces deux exemples suggèrent que le mot très polysémique qu'est *ordonnance* peut, dans certains cas, dénoter un comportement significatif.

II. B. 2. 3. 10. *Maintien* :

On se référera aux exemples cités au paragraphe II. B. 2. 2. 1. à propos du verbe *se maintenir* dont *maintien* est le substantif déverbal, pour éclairer la valeur prise par ce mot dans les contextes suivants :Pendant une campagne contre les Écossais, Édouard III, avec sa suite, loge au château de Salebrin dont il vient de faire lever le siège : ' Sitos que la dame de Salebrin sceut le roi venant, elle fist ouvrir toutes les portes, et vint hors si richement vestie et atournée que cescuns s'en esmervilloit. Et ne se pooit on cesser de li regarder et de remirer le grant noblèce de le dame, avoech le grant biauté et le gracieus *maintien* que elle avoit. Quant elle fu venue jusques au roy, elle s'enclina jusques à terre encontre lui, en regratiant de le grace et del secours que fait li avoit, et l'en mena

ens ou chastiel pour lui festiier et honnourer, comme celle que très bien
savoit le faire ' (II 131-132). L'amour s'empare du cœur du roi : ' Ha !
ma chière dame, dist li rois,... li doulz *maintiens*, li parfais sens, la grant
noblèce et la fine biauté que jou ay veu et trouvet en vous m'ont si
souspris et entrepris qu'il covient que je soie vos amans ' (II 133). Tout
le monde passe à table, mais ' li roys y disna petit, car aultre cose li
touçoit que boire et mengier ; et ne fist onques à ce disner fors que
penser. Et à le fois, quant il osoit la dame et son *maintien* regarder, il
gettoit ses yex celle part. De quoi toutes ses gens avoient grant merveille ' (II 134). Le *maintien* si remarquable de la dame de Salebrin
n'est pas seulement sa façon noble et gracieuse de se tenir, mais, comme
dans les exemples cités à propos de *se maintenir*, l'ensemble de son comportement : la façon qu'elle a de recevoir ses hôtes, ses manières de femme
du monde, traduction plus ou moins fidèle de quelque délicatesse, de
quelque raffinement du cœur.

II. B. 2. 3. 11. *Chière* :

De même que *semblant*, ce mot apparaît ordinairement comme complément du verbe *faire* ou, accessoirement, *montrer*, ou dans des locutions
adverbiales du type *à* (ou *de*) *bonne chière*. Il est habituellement qualifié
par un ou deux des adjectifs *lie, bonne, simple, grant* qui expriment les
sentiments révélés à l'extérieur par la *chière*. *Lie* exprime la joie, tout
particulièrement la joie qu'on éprouve à voir quelqu'un : Yeuwain de
Galles amène à Paris son prisonnier ' le captal de Beus, dont li rois eut
grant joie, et le quel bien cognissoit, car il l'avoit vu aultrefois : se li
fist *grant chière et lie*, et le tint en prison courtoise, et li fist prommettre
et offrir grans dons et grans hiretages et grans pourfis, pour li rattraire
à sen amour ' (VIII 85). Les filles du seigneur de Poix se mettent sous
la protection du roi d'Angleterre qui, ' pour honneur et gentillèce, leur
fist *bonne chière et lie* et les recueilla doucement ' (III 153). On jugera
de ce qu'est la *bonne chère* en prenant le contrepied de l'attitude
d'Édouard III chez la dame de Salebrin. Après l'avoir ' grant pièce '
regardée ' si ardamment que elle en devenoit toute honteuse et abaubie ',
il s'isole des autres chevaliers : ' il ala à une fenestre pour apoier, et
commença fortement à penser... Quant la dame eut tout deviset et com-
mandet à ses gens chou que bon li sambloit, elle s'en revint à *chière lie*
par devers le roy, qui encores pensoit et musoit fortement, et li dist :
« Chiers sires, pour quoi pensés vous si fort ? Tant pensei s n'affiert pas
à vous, ce m'est avis, sauve vostre grace. Ains deuissiés faire feste et
joie *à bonne cière*, quant vous avés encaciet vos ennemis qui ne vous
ont osé attendre » ' (II 132-133). Édouard lui laisse entendre qu'il est
absorbé par un grand souci qu'elle croit, ou feint de croire de nature
politique ou militaire : ' « Ha ! chiers sires, dist la dame, vous deuissiés
tous jours *faire bonne cière*, pour vos gens mieulz conforter, et laissier
le penser et le muser. Diex vous a si bien aidiet jusques à ores en toutes

vos besongnes et donnet si grant grasce, que vous estes li plus doubtés
et honnourés princes des Chrestiens. Et se li rois d'Escoce vous a fait
despit et damage, vous le porés bien amender, quant vous vorrés, ensi
que aultre fois avés fait. Si laissiés le muser et venés en le sale, se il vous
plaist, dalés vos chevaliers : tantost sera appareilliet pour disner »'
(II 133).

Rien de plus contraire à la *bonne chière*, on le voit, que le désir de
solitude, la réflexion silencieuse, l'inquiétude. Il faut montrer aux autres
qu'on est heureux d'être avec eux, optimiste, et libre de tout souci, ce
qui produira chez eux un effet tonique, leur donnera le goût de vivre
et d'agir, les ' reconfortera ' comme dit la dame de Salebrin. Édouard III
le sait bien, d'ailleurs, lui qui prépara son armée à la bataille de Crécy
en allant de rang en rang et en exhortant ses hommes presque indivi-
duellement ' et leur disoit ces langages en riant, si doucement, et *de si
lie cière* que, qui fust tous desconfortés, si se peuist il reconforter, en
lui oant et regardant ' (III 170). Le roi Henri de Castille, avant Najera,
traite ses troupes de la même façon : il ' leur remoustroit sa besongne
de si bonne chière que tout en avaient joie ' (VII 33). On voit d'après
ces deux exemples que *bonne chière* et *lie chière* — les deux adjectifs
sont d'ailleurs souvent associés — sont pratiquement synonymes.

Simple exprime au contraire la tristesse. Quoique traité royalement
par les Anglais après Poitiers, Jean le Bon ne parvient pas à cacher la
sienne, ce qui lui vaut, de la part du prince de Galles, cette consolation
où se trouve justement l'opposition entre *simple* et le verbe dérivé
apparenté à *lie, esleecier* : ' « Chiers sires, ne voelliés mies faire *simple
chière*, pour tant se Diex n'i a hui volu consentir vostre voloir ; car
certainnement monsigneur mon père vous fera toute l'onneur et amisté
qu'il pora, et se acordera à vous si raisonnablement que vous demorrés
bon amit ensamble à tousjours. Et m'est avis que vous avés grant raison
de vous *esleecier*, comment que la besongne se soit tournée à vostre gret ;
car vous avés conquis au jour d'ui le haut nom de proèce, et avés passet
tous les mieulz faisans de vostre costet ' (V 63-64). *Simple* se trouve
renforcé de l'adjectif plus expressif *mate* dans le récit des réactions du
comte de Foix, lorsqu'il fut informé avant tout le monde, par on ne sait
quel moyen mystérieux de l'issue de la bataille d'Aljubarrota, fatale
aux chevaliers béarnais : ' et le dimenche tout le jour et le lundi et le
mardi ensieuvant, il fist à Ortais, en son chatel, si *mate* et si *simple.
chière* que on ne povoit estraire parole de lui ' (XIII 171).

La locution *faire grant chière* pose un problème par le fait qu'on la
trouve associée à l'expression de la joie comme à celle de l'agressivité :
Le roi Édouard III reçut certains seigneurs du Hainaut, dont il espérait
l'alliance, ' à *grant chière* et les conjoy et festia moult liement ' (II 40)
tandis que les Anglais, attaqués à l'improviste par les Français ' fisent
grant chière et s'ordonnèrent tantost si com pour combatre ' (V 187).
Il faut sans doute, alors, donner à *grant* le sens vague d'« extraordinaire »,
« impressionnant », conciliable avec ces deux attitudes opposées. Com-

ment dès lors, interpréter le passage où Fioissart raconte comment les
Rochelois, traditionnellement français de cœur, accueillent, au soir
d'une grande bataille navale où la flotte anglaise a péri dans leurs eaux,
un détachement de six cents Anglais qui ignorent tout de l'événement :
' On leur fist *grant chière de bras*, car on n'en osoit aultre cose faire '
(VIII 44) ? N'osant pousser des cris hostiles, ils se sont contentés, sans
doute, de gestes de dérision qui ont constitué néanmoins un accueil
extrêmement surprenant et significatif. Il est certain que l'expression
du visage se prête particulièrement à traduire des sentiments comme
la joie, la tristesse, la résolution, ou la dérision. Mais enfin, l'expression
chière de bras montre bien que tout le corps peut participer à la *chière* ;
et d'autre part, aucun exemple de *chière* n'a été relevé avec le sens concret
de « visage » en tant que partie du corps. On peut donc considérer que,
chez Froissart, *chière* est entièrement du domaine de la psychologie
humaine et que son sens — sinon, dans tous ses détails, son statut
syntaxique — n'est guère différent de celui de *semblant*.

Comme à propos de ce dernier mot, l'opposition entre « signification
volontaire » et « signification involontaire » n'est guère pertinente. La
simple chière est normalement involontaire ; la *grant chière* des Anglais
attaqués l'est probablement aussi. Par contre, la ' *grant chière de bras* '
des Rochelois est certes très volontairement significative. Il faut remarquer de plus que *chière* est un mot du vocabulaire mondain, fréquemment associé à des verbes exprimant des rapports sociaux tels que
' recevoir ', ' saluer ', ' festiier ', ' conjouir ', et que toutes les fois qu'il
est question de faire *bonne*, ou *lie*, ou *grant chière* à quelqu'un ou de le
recevoir *à bonne chière*, il s'agit de manifestations de politesse plus ou
moins sincères, mais en tout cas intentionnellement significatives.

II. B. 2. 3. 12. *Visage*, lui, est attesté dans les Chroniques avec le
sens concret de « partie du corps ». Ce n'est pourtant pas, loin de là,
son emploi le plus fréquent. Il a, le plus souvent, le sens d'« attitude
résolue et agressive » et s'emploie surtout dans l'expression ' monstrer
(grant) *visage* ' : ' Flamench moustroient ossi *visage* et faisoient grant
deffence ' (XI 13) ; ' quant cil qui devant se tenoient estoient mort ou
blechiet, li autre, qui estoient derière les tiroient hors, et puis se remet-
toient devant et monstroient grant *visage* ' (IX 200, v. aussi IX 257,
XII 141). On trouve aussi ' Li Navarrois... ordonnèrent deus cens des
leurs à *faire* à l'endemain *moustre* et *visage* contre les François jusques
à l'heure de nonne ' (IV 190).

II. B. 2. 3. 13. Concurrence entre *chière* et *visage* :

On pourrait rapprocher l'exemple où le roi Henri harangue ses troupes
de bonne chière (VII 23) du passage où un chevalier anglais venu récla-
mer ses gages et ceux de ses compagnons au comte de Cambridge ' remons-
tra *de bon visage* la parole ' (X 188). Mais les deux expressions ne sont

sans doute pas synonymes : il faut sans doute plus de courage que d'amabilité à un simple officier pour adresser des récriminations au général, et son discours est d'ailleurs assez agressif. Par contre, *moustrer grant chière* (en contexte héroïque) et *monstrer grant visage* semblent exactement synonymes, ce qui permet d'interpréter l'expression *monstrer chière* comme synonyme de *monstrer visage* dans le passage où l'abbé de Honnecourt, qui ' estoit moult hardis et vaillans homs as armes... monstra et fist bien *cière* et manière de deffense ' (I 167).

En somme, le *visage* est une *chière* spécialisée dans l'expression de l'agressivité, de la résolution, et de l'héroïsme militaire.

II. B. 2. 4. *Conclusion* :

On remarque a) que les verbes transitifs signifiant « manifester au dehors une réalité cachée » ne s'appliquent pas spécifiquement aux réalités psychiques, qu'ils sont vagues, peu nombreux, et servent essentiellement de support au substantif plus riche de sens qu'ils introduisent.

b) qu'il existe une nette dissymétrie entre la pauvreté des verbes et la richesse des substantifs exprimant la notion de « comportement ».

c) qu'après le substantif exprimant le « comportement » ou « apparence extérieure d'une réalité intérieure », une détermination est ordinairement nécessaire pour préciser la nature de cette réalité ; que cependant certaines locutions échappent à cette nécessité. C'est le cas de ' faire *semblant* ' « réagir », absolument vague et général, et de toute une série d'expressions du « comportement courageux » où la détermination adjectivale est facultative et non spécifique : *se montrer, contenance, bon couvenant, grant façon, grant manière, (grant) visage* et *(grant) chière*. L'expression des signes du courage, attitude particulièrement significative de la consistance de la personne et de sa volonté de persévérer dans l'être, est donc privilégiée par rapport à celle des autres réalités intérieures.

d) que les sèmes autour desquels s'organise ce champ sémantique sont les suivants : « expression » « extérieure » par le « comportement » du « sujet » de sa réalité « intérieure ». A cela s'ajoute le fait que cette expression peut être « volontaire » ou « involontaire », « exacte » ou « trompeuse », « observée » ou « manifestée ». Les oppositions ci-dessus se trouvant d'ailleurs fréquemment neutralisées, on peut donc considérer que les mots ci-dessus étudiés sont, dans une large mesure, des synonymes.

II. C. *Conclusion du chapitre II.*

Si l'on écarte toute considération de catégorie grammaticale, de statut syntaxique, de degré de lexicalisation des mots étudiés et si l'on se borne strictement à l'analyse du contenu sémantique que leur étude en contexte et leur comparaison nous ont permis de découvrir, on verra que ce grand ensemble lexical est sous-tendu par un certain nombre de notions simples ou « sèmes » qui en français moderne pourraient s'exprimer ainsi : La « personne » est l'unité d'un « sujet » « intérieur », centre d'activités psychiques et d'un « individu » « extérieur » qui se présente sous un aspect « physique », qu'on peut « dénombrer », dont on peut constater la « présence » et qui revêt une certaine « importance sociale ». Le « sujet » a, de l'« intérieur », une vue « synthétique » de sa « réalité ». Cette « réalité » peut être appréhendée à un niveau « profond », « substantiel », « durable », ou à un niveau « superficiel », « accidentel », « passager ». Il y a en lui quelque chose d'« immortel » qui l'oppose à tous les autres êtres vivants. Il a normalement « conscience » de représenter une certaine « valeur », mais cette « conscience » peut être « affirmée » ou « non-affirmée ». Son « affirmation » peut être « exacte » ou « exagérée » ; dans ce dernier cas, elle est tenue pour « mauvaise » — et donc exprimée par des mots « péjoratifs » — à cause des conséquences sociales fâcheuses qui en résultent. Au contraire, sa « non-affirmation » est tenue pour « bonne » — et donc exprimée de façon « laudative ». Cette conscience exagérée de sa valeur peut être présentée comme « acquise » ou « en voie de formation ». La « personne » fournit par son « comportement » une certaine « expression » de sa « réalité intérieure ». Cette « expression » peut être « volontaire » ou « involontaire », « exacte » ou « trompeuse ». Elle peut, de plus, être présentée comme « manifestée » ou « observée ».

Telle semble être l'image de la personne que, à condition d'en prendre conscience par une certaine réflexion, ne pouvaient manquer de se faire Froissart et tous ceux qui se trouvaient avec lui en situation de communauté linguistique, étant donné les ressources que leur offrait le vocabulaire dont ils disposaient.

DEUXIÈME PARTIE

LA VIE AFFECTIVE

PRÉLIMINAIRES

Le sujet n'est, d'ordinaire, pas indifférent au monde extérieur. Il opère instinctivement, dans les choses, les êtres, les événements, les situations, une sorte de classement de nature affective entre ce qui, à des degrés divers, l'intéresse, lui semble important, et ce qui ne le concerne pas et le laisse insensible.

L'acte par lequel est formulé ce jugement de valeur est dénoté par un certain nombre de verbes ; l'objet de ce jugement et le sujet qui le porte sont qualifiés par divers adjectifs ; l'importance, aux yeux du sujet, des actions qu'il accomplit, précisée par tout un jeu d'adverbes. L'ensemble de ce vocabulaire, qui comporte fort peu de substantifs abstraits, constitue le premier chapitre de cette deuxième partie, c'est-à-dire le chapitre III de l'ouvrage, sous le titre « L'intensité affective ».

Le chapitre IV, « Le changement dans la vie affective », réunit le vocabulaire des deux catégories de faits psychiques que voici : D'une part celui d'un certain nombre de sentiments qui, quelle que soit leur durée, impliquent la nécessité d'un changement et y tendent (privation, désir, attente, espoir, crainte). D'autre part, celui de modifications soudaines et momentanées de l'état affectif du sujet, d'états violents et instables (émotion, surprise, colère, frayeur). On aurait pu envisager de répartir ces deux vocabulaires en deux chapitres distincts. Néanmoins, la peur pouvant être soit une attente soit une émotion et les mêmes mots figurant parfois dans les deux sections, il a paru préférable de les réunir.

On étudiera ensuite les faits d'affectivité ressentis par le sujet pendant qu'il les vit, et quelle que doive être leur durée, comme des états stables, dont il n'envisage pas le terme, Il s'agira dans le chapitre V d'états affectifs égocentriques : plaisir et douleur, où l'intérêt du sujet se porte sur lui-même, et dans le chapitre VI, d'états affectifs allocentriques : amour et haine, où l'intérêt du sujet se porte sur des objets qui lui sont extérieurs.

Quoique exprimant un changement dans l'état affectif du sujet, les verbes inchoatifs dénotant le début des états ci-dessus définis n'en seront pas disjoints et apparaîtront dans les mêmes chapitres.

Ces derniers chapitres, qui rassembleront un matériel lexical particulièrement copieux, figureront dans le volume II de cet ouvrage.

CHAPITRE III

L'INTENSITÉ AFFECTIVE

III. A. Les verbes

III. A. 1. Verbes ayant pour complément le sujet sentant

III. A. 1. 1. *Toucher* est fréquemment employé avec le sens de « être important » aux yeux du sujet sentant, le « préoccuper » plus ou moins vivement. La construction habituelle est ' quelque chose *touche* à quelqu'un '. Le roi Édouard III ne fit pas grand honneur au dîner de la dame de Sallebrin : ' aultre cose li *touçoit* que boire et mengier ' (II 134). Charles V est mis dans l'embarras par les Grandes Compagnies : ' Li rois, qui volentiers euist adrechiet son peuple et qui grant compassion en avoit, car trop li *touchoit* la destruction de son royaume, n'en savoit que faire ' (VIII 214-215). ' « Sire » ', disent les barons gascons au roi de Castille qu'ils sont venus servir et auquel ils conseillent la poursuite des hostilités, ' « vous estes ung puissant homme de terre et de mise, et petit vous *touche* la paine et le traveil de vostre peuple, encores especialement quant il sont sur le leur » ' (XII 135). Exceptionnellement, on voit apparaître la variante impersonnelle ' il *touche* à quelqu'un de quelque chose ' : Le roi d'Angleterre demande conseil à divers seigneurs ' à qui il *touchoit* bien de le besongne ' sur l'opportunité d'attaquer les Français (I 174). Il arrive que le complément soit effacé ; la locution est alors réduite à ' il *touche* ' ou ' telle chose *touche* ' : ' Li connestables obeï à l'ordenance dou roy... et se hasta de faire celle armée et chevaucie, car il *touchoit* ' (VIII 124). ' En le contrée de Northombreland,... estoient demoret... quatre grant baron, pour aidier à garder le pays, se il *touchoit* ' (IV 19). ' Espaignolz sont dures gens aux armes... quant ilz voyent que la besongne *touche* ' (XII-175). Le roi de Navarre s'impatiente des retards des Anglais : ' Trop longhement metoient au venir, scelon ce que besoings *touchoit* et que il avoient heu en convenant ' (IX 107).

Enfin, le verbe *toucher* se prête à divers renforcements affectifs tels que *toucher au cœur, toucher de près,* ou *de trop près,* ou *près du cœur* (XI 67, 181, 232, 264...).

III. A. 1. 2. *Chaloir* est un verbe impersonnel : Les éclaireurs envoyés par le duc d'Anjou trouvèrent le château de Duras ' merveilleusement fort et disent que sans lonc siège il n'estoit mies à prendre, et à leur retour il contèrent tout ce au duc d'Ango : « Ne puet *chaloir* », dist li dus ; « j'ai dit et juret que jamais de chi ne partiray si arai le castel à me volenté » ' (IX 24). Les Écossais ne craignent guère les ravages des Anglais : ' « Et se li Englès ardent nos maisons, que puet *calloir* ? Nous en avons refait une à bon marchié, nous n'i mettons au refaire que trois jours, mais que nous aions quatre ou sis estaques et de le ramée pour le loiier » ' (XI 214). Jean Chandos, furieux de la prise de Saint Savin, est à Chauvigny, en train de se chauffer, quand on lui annonce une marche des Français sur Poitiers : ' « Ne m'en *chaut* », respondi messires Jehans Chandos, « je n'ai meshui nulle volenté de chevaucier » ' (VII 199). On voit que dans ces trois exemples, l'idée d'« importance » exprimée par le verbe *chaloir* est niée ou mise en doute et qu'elle est deux fois atténuée par l'emploi de l'auxiliaire ' pouvoir '. Aucun exemple de *chaloir* en phrase positive n'a été relevé.

III. A. 1. 3. *Monter* a été relevé avec le sens d'« importer », surtout dans des phrases interrogatives : Étienne Marcel, la nuit où il devait livrer Paris aux Anglo-Navarrais est surpris par Jean Maillart : ' « Estievene, Estievene, que faites vous ci à ceste heure ? » Li prevos respondi : « Jehan, à vous qu'en *monte* dou savoir ? » ' (V 116). Wautre Tieullier, qui mène la révolte contre Richard II, s'adresse insolemment au maire de Londres qui avait blâmé son attitude en présence du roi : ' « Et, de ce que je di et fach, à toi qu'en *monte* ? » (X 120). Une fois, *monter* apparaît dans une phrase positive, mais il s'agit de la reprise d'une formule interrogative précédente : Deux écuyers de Jean de Hollande, frère du roi d'Angleterre, se disputent avec un chevalier de Bohême venu visiter sa compatriote, la reine Anne, femme de Richard II. Deux archers s'interposent : ' « Vous avés grant tort, qui vous aherdés à ce chevalier. Ja savés vous que il est à madame la roïne et de son païs ? si fait mieux à deporter que uns autres. » — « Voires ! dist li uns de ces escuiers à l'archier qui avoit dit ceste parolle, et tu, herlos, en voes tu parler ? A toi qu'en *monte*, se je li blasme ses follies ? » — « A moi qu'en *monte* ? dist li archiers ; il en *monte* assés, car il est compains à mon maistre. Si ne serai ja en lieu où il rechoive blasme ne villonnie » (XI 260-261).

III. A. 2. Verbes ayant pour sujet grammatical le sujet sentant

III. A. 2. 1. *Faire compte de* : Cette locution verbale a été relevée dix-neuf fois, dont trois seulement dans des phrases positives : Un archer de Richard de Stafford vient de tuer un écuyer de Jean de Hollande ; ' li archier s'en revinrent viers leur maistre, et li comptèrent l'aventure. Messire Richars *en fist bien compte* et dist que il avoient mal esploitié ' (XI 261). A Gand, la famille des Mahieu et celle de Jean Lion se détestent ; ' Ces haïnnes couvertes estoient enssi de lonc tamps nouries entre ces deus, quoique il parlaissent, buissent et mengassent à le fois ensamble ; et *trop plus grant compte en faissoient* li Mahieu que Jehan Lion ne fesist ' (IX 161). A l'attaque de Menin, deux chevaliers du comte de Flandres furent pris ; ' encores i ot des autres grant fuisson de pris ; petit s'en retournèrent à Lille, qui ne fuissent mort ou pris... Si ramenèrent devant Ippre leurs prisonniers li Englès et li Gascon, et *en fissent moult grant compte*. Depuis n'i sejournèrent il point longuement, que il furent mis à finance ' (XI 119). Partout ailleurs, la phrase est négative. On *ne fait compte* ou *nul compte* des menaces d'un ennemi (XII 251), de la mort d'une personne qu'on n'aime pas (X 2), de certaines pertes, à la guerre (X 235) etc... Exceptionnellement, *faire* peut être remplacé par *tenir* sans modification apparente du sens : Le prince de Galles fut ' durement coureciés ' de l'attitude de l'évêque de Limoges lors de la reprise de la ville par le duc de Berry, ' et en *tint mains* de bien et *de compte* des gens d'Eglise où il ajoustoit en devant grant foy ' (VII 243).

III. A. 2. 2. Il existe aussi un verbe *aconter* (graphie pour *acompter*) qui s'emploie dans la tournure ' quelqu'un n'*aconte* (rien) à quelque chose ', c'est-à-dire « n'y attache aucune importance ». Les exemples relevés sont tous négatifs, et même, il ne s'agit pas de négations simples, mais de négations, en quelque manière, renforcées : ' Li plus oultrageux et qui *le mains acontoient* à leurs vies... ' (XI 43) ; ' il *n'acontent nient granment* à... ' (I 67, II 171) ; ' il *n'acontoient riens* à... ' (X 235) ; ' il *n'i acontoient c'un petit* ' (VII 107). On peut donc considérer ces emplois de *aconter* comme substituables — compte tenu, peut-être, d'une légère nuance supplémentaire d'insistance dans la négation — aux emplois négatifs de *faire compte.*

III. A. 2. 3. *Prendre à coer*, déjà mentionné à propos du mot *cœur* (v. II. A. 1. 1.) est une locution assez rare et par là-même, vraisemblablement plus expressive que les précédentes : Le prince de Galles ' avoit *pris trop à coer* l'avenue de Limoges ' et, malgré des difficultés sans nombre, mis son point d'honneur à reprendre la ville (VII 248). Pendant le siège de Tournai par Édouard III, ' li jones contes de Haynau qui estoit hardis et entreprendans, avoit si *pris en coer* ceste guerre, comment que de premiers il en fu moult frois, que c'estoit cilz par qui toutes se mettoient sus les envaies et les chevaucies ' (II 46).

III. A. 2. 4. *Amirer* et *amiration* (fr. m. *admirer* et *admiration*) : *Amirer* n'apparaît ordinairement que dans des contextes restrictifs ou négatifs, et a pour complément d'objet un substantif désignant un adversaire. Le sens est apparemment « faire peu de cas de » : Les Anglais ' ne prisent ne *amirent* nulle nation fors la leur ' (VIII 161) ; le comte de Flandres, dans ses malheurs, trouve peu de gens pour le plaindre : ' Aucun autre grant seigneur disoient en France et ailleurs que li contes ne faisoit que ung peu à plaindre, se il avoit ung petit à porter et à souffrir, car il avoit esté si presumptueus que il n'*amiroit* nul seigneur voisin que il eust, ne roi de France ne aultre, se il ne venoit bien à point audit conte ' (X 238-239) ; Philippe d'Arteveld, par son outrecuidance, fait mauvaise impression aux envoyés du roi de France : ' Cilz Phelippes, à ce qu'il monstre, est plains de grant orgoel et presomption et petitement *amire* la majesté roial de France ' (X 279).

Néanmoins, l'exemple suivant montre qu'*amirer* n'est pas toujours exactement synonyme de *faire compte* : Des Français et des Bretons, à pied, s'apprêtent à défendre un pont contre des Anglais. Mais, ' quant messires Jehans Chandos fu venus jusques à yaus, sa banière devant lui, si n'en fist pas trop grant compte, car *petit* les prisoit et *amiroit* ; et tout à cheval les commença à rampronner ' (VII 201). Si *faire compte* formule un jugement d'« importance », *prisier* formule un jugement de « valeur » et *amirer* peut trouver sa place auprès de lui dans les paragraphes consacrés aux notions de « bien » et de « mal ».

Amiration a été relevé une fois dans l'exemple suivant : ' Messires Robers Canolles, qui se tenoit en Bretagne sus son hiretage, lequel il avoit biel et grant, et qui toutdis avoit estet bons et loyaus Englès... quant il entendi que li François faisoient ensi si forte guerre au dit prince, et qu'il li tolloient et voloient tollir son hiretage d'Acquitainne, lequel il li avoit jadis aidiet à conquerre, se li vint à grant *amiration* et desplaisance, et s'avisa en soi meismes que il prenderoit ce qu'il poroit avoir de gens et s'en iroit servir le prince à ses propres frais et despens ' (VII 139). Étant donné ce que nous avons vu de l'emploi que Froissart fait du verbe *amirer*, il faut sans doute entendre qu'il jugea l'affaire importante, qu'il la prit au sérieux. L'hypothèse de l'influence du verbe latin *mirari*, qui ajouterait à la notion d'« importance » une nuance de « surprise », est également probable.

III. A. 2. 5. On peut ajouter à cette liste, quoiqu'elle s'oppose aux précédentes au point de vue syntaxique, n'admettant pas de complément, la locution *avoir le diable au corps*, particulièrement expressive, qui dénote un acharnement insensé : Rétablie sur son trône par Jean de Hainaut, Isabelle de France, reine d'Angleterre, organise avec son fils, le jeune Édouard III, un festin en son honneur. Malheureusement, le bal prévu pour achever la fête ne put avoir lieu, ' car tantost apriès disner, uns grans hustins commença entre les Hainuyers garçons et les arciers d'Engleterre... en l'ocquison dou jeu de dés... Cil archier, qui estoient bien doi mille, *avoient le dyable ou corps* et traioient desperse-ment, pour tous tuer, signeurs et varlés ' (I 45-46).

Une variante de cette expression apparaît à propos d'une jacquerie ' Li villain se reveloient et manechoient ja les gentils hommes et dames et leurs enfants... Et leur *estoit li diables entrés en la teste* pour tout ochire, se Dieux proprement n'i avoit pourveu de remède ' (XI 33).

III. B. Les adjectifs

III. B. 1. Adjectifs qualifiant l'objet jugé important :

III. B. 1. 1. *Grant* (fr. m. *grand*) est extrêmement fréquent dans la langue de Froissart, donc en général, faiblement expressif. Il a déjà été rencontré dans certains emplois particuliers (v. II. A. 2. 3. 6. et II. B. 2. 3. 5., 11., et 12.). En de fréquentes occurrences —si fréquentes qu'il en devient inutile de donner des références précises — il exprime un jugement d'« importance » porté sur la réalité dénotée par le substantif qu'il qualifie. Cette « importance » peut être relative aux dimensions d'un objet, à la longueur d'un espace de temps, au nombre et à la quantité en général (' *grant* fuison ', ' *grant* plenté ', ' *grant* gent ', ' une armée belle et *grande* ', ' *grans* frais ', ' *grandes* offrandes ', ' *grans* dons ', ' *grans* mengiers ', ' *grant* feste ') ; à l'ampleur d'une action (' *grant* guerre ', ' *grant* assaut ', ' *grant* poussis de lances ') ; à la compétence (' *grant* cappitaine ', ' *grant* clerc ', ' *grant* bourdeur et menteur ') ; au rang social (' un *grant* baron '). Il faut noter toutefois qu'en ce sens, l'adjectif le plus usuel est *hault* et que *grant* s'emploie surtout substan-tivé : ' Les *grans* de Gascongne ' (XII 210) ; ' sormonter son plus *grant* ' (XIII 226) ; ' Si s'avancièrent les six des plus *grans* et... ilz li deman-dèrent... ' (XII 156).

Dans d'autres cas, non moins fréquents, *grant* qualifie un substantif qui a par lui-même une valeur affective. Il insiste alors simplement sur l'intensité de cette charge affective, comme dans les couples ' *grant* ami ', ' *grant* joie ', ' *grant* peine ', ' *grant* meschief ' etc... L'adjectif *grant* joue alors auprès de ces substantifs le rôle que jouent auprès des adjectifs divers adverbes à valeur superlative.

III. B. 1. 2. *Espécial* (fr. mod. *spécial*).

Appliqué à une personne, cet adjectif signifie que celle-ci jouit auprès du sujet sentant d'une situation tout à fait privilégiée, qu'il la distingue tout particulièrement : Le roi de Portugal, envoyant un messager en Angleterre, lui dit : ' « Je n'i puis envoiier plus *especial* de vous, ne qui mieux sache mes besongnes » ' (X 88) ; Gautier de Mauni avait fait prisonnier un chevalier normand qui était ' dou sanch dou duch de Normendie, et moult amés de lui, et très *especiaulz* en son conseil ' (IV 6). ' Les plus *especiaulx* de son conseil ' est d'ailleurs un cliché particulièrement fréquent (v. IV 102, VI 197, VII 158, 246, X 206).

Especial, appliqué à des choses, apparaît plus rarement : Le projet de marier le roi d'Angleterre Richard II à la fille de l'empereur, Anne de Bohême, enchante le duc et la duchesse de Brabant. Ils accueillent le messager de la cour d'Angleterre et ' quant il sceurent la cause pour quoi il aloit en Allemaigne, si en furent tout resjoï et dissent que ce estoit une cose bien prise dou roi d'Engletière et de leur nièce. Si cargièrent à messire Simon Burlé, à son departement, lettres *especiaulx* adrechans au roi d'Allemaigne, en remonstrant que il avoient grant affeccion en che mariage ' (IX 209). On peut supposer que cette lettre, à laquelle on attache tant d'importance, doit être tout particulièrement recommandée au messager, et à remettre en mains propres.

La comtesse de Douglas, ' une moult noble, frice et gentil dame ', pendant un séjour d'Édouard III à Édimbourg, lui envoie de ses meilleurs vins, puis vient le voir en personne. ' La plus *especiaulz* cause pour quoi la bonne dame vint là, je le vous dirai. Elle avoit oy dire que li rois d'Engleterre avoit fort maneciet d'ardoir à son departement le plainne ville d'Aindebourch où elle retournoit à le fois, car c'est Paris en Escoce, comment qu'elle ne soit point fremée : si ques la contesse de Douglas, quant elle eut parlé au roy, et li rois l'eut recueilliet et conjoy, ensi que bien le savoit faire, elle li demanda tout en riant que il li volsist faire grasce ' (IV 155-156). C'est naturellement la grâce d'Édimbourg que l'habileté de la comtesse arrive à arracher au roi.

Dans tous les cas, on le voit, *especial* sert à qualifier la réalité qui vous ' touche ', dont on fait ' compte ', qu'on ' prend à cœur '.

III. B. 2. Adjectifs qualifiant le sujet sentant :

III. B. 2. 1. *Aigre.* du Guesclin, pendant le siège de Châteauneuf de Randon, est atteint d'une maladie mortelle ; ' pour che ne se desfist mies li sièges, mais furent ses gens plus *aigre* que devant ' (IX 232). ' Après le destruction de Saint Amand, li contes de Haynau, qui trop durement avoit pris ceste guerre à coer et qui estoit plus *aigres* que nulz des aultres... s'en vint ardoir Orchies et Landas et le Celle, et grant fuison de villages là environ ' (II 69).

On voit qu'ici, l'intérêt porté par le sujet aux actions par lui-même entreprises prend la forme de l'acharnement et de la combativité.

III. B. 2. 2. *Chaud* paraît synonyme de *aigre* dans cet exemple, où Olivier de Clisson donne son opinion sur les Anglais : ' Com plus voient grant effusion de sanch, soit des leurs ou de leurs ennemis, tant sont il plus *chaut* et plus arresté de combattre ' (VIII 162), ou bien dans celui-ci, où il s'agit des Brugeois qui étaient ' si *chaux* et si hastif de eux combatre que il ne vouloient nullement attendre, et disoient que tantost les aroient desconfis ' (X 225). Néanmoins, il s'agit plutôt d'irascibilité à propos du roi Jean ' qui estoit *chaus* et soudains ' (IV 176), et l'a bien montré dans ses rapports avec le roi de Navarre, ou à propos de l'évêque de Nordwich qui ne put supporter d'être contredit par Hugues de Caverley et ' le reprist comme *caux* et boullans que il estoit ' (XI 94).

Une variante expressive de *chaud* est *en chaud sang*, qui peut s'appliquer à des troupes particulièrement combatives. Le roi de Castille, avant la bataille d'Aljubarrota, s'entend donner cet avis : ' si conseillons, sire roi... que nous ordonnons nos batailles et les alons combatre endementres que vos gens sont *en chault sanc* ' (XII 151).

III. B. 2. 3. Boullant (fr. m. *bouillant*) : Cet adjectif se trouve, dans les deux exemples relevés, associé à *chaud*, qu'il s'agisse d'irascibilité, comme dans le cas de l'évêque de Nordwich, ou de combativité, comme dans le passage où du Guesclin refuse la bataille aux Anglais qu'il ' sentoit *cauls* et *boulans* et aventureux ' (IX 83). Il est donc impossible de préciser une nuance de sens particulière à *bouillant*, qui semble être une simple variante expressive de *chaud*.

III. B. 2. 4. *Hastieu* (var. *hastif*, fr. m. *hâtif*) qu'on a déjà rencontré associé à *chaud* (X 225), exprime sans doute que le sujet est pressé d'agir, comme le montre clairement la réponse du duc de Normandie au comte de Hainaut son allié qui voulait savoir s'il avait l'intention d'attaquer : ' Li dus en respondi qu'il n'estoit mies encores bien consilliés de combatre... et que li contes de Haynau estoit trop *hastieus* ' (II 30). Mais il peut signifier beaucoup plus que cela : le mot *hastieu* a été relevé dans trois situations absolument comparables : des personnages injustement soupçonnés préfèrent s'enfuir plutôt que d'affronter la colère d'un souverain qu'ils jugent *hastieu* : Le comte de Kent et la reine d'Angleterre devant le roi Édouard II lorsqu'ils apprennent qu'ils ont été calomniés par Hugues Spenser ; ' dont, quant il avint que la royne et li contes de Kent oïrent ces nouvelles, si se doubtèrent, car il sentoient le roi *hastieu* et de diverse manière, et che messire Hue si bien de lui qu'il faisoit tout ce qu'il voloit, sans avis et sans regart de nulle raison ' (I 14). Le comte de Namur avait été sollicité par ses cousins, les infants de Navarre, pour l'assassinat de Charles d'Espagne. Quoique ayant refusé, il juge plus prudent, le crime accompli, de s'éloigner, à cause du ' péril où il en poroit estre dou roy Jehan, qui estoit soudains et *hastieulz* en son aïr ' (IV 130). Des Anglais résidant à Bruges, soupçonnés d'apporter secrètement aux Gantois l'aide financière de l'Angleterre, sont convoqués par le comte de Flandres ; ' il se doubtèrent grandement, car il sentoient le conte en sa felonnie mout *hastieu* ' (XI 84). Tout compte fait, ils ne se rendent pas à cette convocation et regagnent précipitamment l'Angleterre. Les mots ' aïr ', ' felenie ', ' diverse manière ', qui expriment les idées de « colère » ou de « méchanceté », et ' sans regart de nulle raison ' sont bien significatifs : ce que redoutent tous ces gens, c'est l'impulsivité, l'irascibilité et l'irréflexion qui caractérisent d'ordinaire le personnage *hastieu* et qui peuvent le pousser à des actions irrémédiables.

III. B. 2. 5. *Tenre* (fr. m. *tendre*) : Deux exemples nous permettront d'apercevoir la valeur de ce mot chez Froissart : dans le premier, le Prince de Galles est amené à retarder l'expédition en Espagne qu'il avait projetée parce que, entre autres raisons, ' Madame la Princesse, sa femme, estoit durement encheinte et ossi moult *tenre* et esplorée dou departement son mari ' (VI 230). Il attendra donc la délivrance de sa femme pour partir. Dans le second, le mécontentement commençant à grandir parmi les soldats anglais qui attendaient en vain la solde promise par le roi de Portugal, ' là avoit un chevalier bastart, frère au roi d'Engletière, qui s'appelloit messire Jehans Soustrée, qui estoit plus *tenres* en ses parolles que nuls des autres et dissoit : « Li contes de Cambruge nous a chi amenés, et tous les jours nous aventurons et volons aventurer nos vies pour lui, et si retient nos gages : je conseille que nous fuissiens tout de une aliance et d'un acord, et que nous eslevons de nous meïsmes le pennon Saint Jorge, et soions amit à Dieu et anemit à tout le monde ; autrement, se nous ne nous faissons cremir, n'arons nous riens » ' (X 185-186). Deux exemples isolés aussi différents l'un de l'autre sont insuffisants pour fonder une définition précise du mot. Peut-être s'agit-il de l'intensité de la passion. Plus probablement, d'une faiblesse de caractère qui ne permet pas de résister aux impulsions. L'emploi de l'adverbe *tendrement* (v. III. C. 2. 9.) toujours associé à des verbes signifiants « pleurer » tend à confirmer cette hypothèse.

III. B. 2. 6. *Affectuel* (cf. fr. m. *affectueux*) n'a été relevé qu'une fois, dans l'exemple suivant : ' En ce temps que li siges se tenoit devant Calais, venoient veoir le roy et la royne pluiseur baron et chevalier de Flandres, de Braibant, de Haynau et d'Alemagne. Et ne s'en partoit nulz sans grant pourfit, car li rois et la royne d'Engleterre, d'onneur et de larghèce estoient si plain et si *affectuel* que tout il donnoient, et par celle virtu conquisent il le grasce et le renommée de toute honneur ' (IV 37).

Le sens de ce mot peut s'éclairer si on le rapproche de celui d'*affectuelment* (var. *affectueusement*) et de la locution adverbiale *de grant affection* (v. III. C. 2.) ainsi que du substantif *affection* qui dénote particulièrement le « désir ». Il faut comprendre sans doute que ces deux personnages étaient « passionnés » d'honneur et de largesse, que leurs libéralités n'étaient pas de simples dépenses de prestige, mais paraissaient l'effet d'une générosité venant du cœur, naturelle et véritable.

III. B. 2. 7. *Froid* exprime, au contraire de tous les adjectifs précédents, le manque d'enthousiasme et de réactions affectives en général. Avant la bataille de Poitiers, le cardinal de Périgord s'efforce de concilier les deux parties, mais ' il trouvoit le roy de France et son conseil si *froit* que il ne voloient nullement descendre à acord ' (V 26). Le comte de Flandres ' fu premièrement si *frois* et si durs à esmouvoir la guerre que nullement il ne s'i voloit bouter ' (IX 159). Le fait d'être *froid* par tempérament peut être présenté comme une qualité de l'homme d'action : ainsi, Jean Lion, qui devint l'un des chefs de la révolte de Gand, était ' sage homme, soutil, hardit, cruel et entreprenant et *froit* au besoing assés ' (IX 159).

III. B. 2. 8. *Atempré*, parfois associé à *amesuré* comporte une note laudative qui le distingue de *froid* et l'oppose directement à *hastieu*, toujours péjoratif quand il qualifie une personne. Louis de Sancerre a commis une grave imprudence en traversant la Lis avec ses troupes sans en avoir reçu l'ordre, et dans des conditions stratégiques particulièrement défavorables. Quand le connétable de Clisson l'apprend, ' si dist par grant aïr : « Ha ! Saint Ive ! ha ! Saint Jorge ! ha ! Nostre Dame ! que voi je là ? Je voi en partie toute la fleur de nostre armée qui se sont mis en dur parti. Certes je voroie estre mors quant je voi que il ont fait un si grant outrage ! Ha ! messire Loeïs de Sansoire, je vous quidoie plus *atempré* et mieux *amesuré* que vous ne soiés ! » (XI 16-17). La dame de Sallebrin, vivement courtisée par le roi Édouard III et invitée par lui à de grandes joutes, ' y vint moult à envis, car elle pensoit bien pour quoi c'estoit, et si ne l'osoit descouvrir à son mari, car elle se sentoit bien si avisée et si *attemprée* que pour oster le roy de ceste oppinion ' (III 2).

On voit que le personnage *atempré* est maître de ses passions, garde son sang-froid, et n'agit qu'après mûre réflexion.

III. B. 3. Adjectifs qualifiant les actions du sujet :

III. B. 3. 1. Plusieurs de ceux qui sont employés pour qualifier le sujet lui-même apparaissent ici. Ce sont :

chaud, appliqué à des guerres : Dans les lointaines marches, ' li chevalier et li escuier y avoient plus souvent à faire, et y trouvoient des aventures, que il ne fesissent d'autre part, pour les guerres qui y estoient plus *caudes* ' (VII 167).

hastieu : La reine d'Angleterre et le comte de Kent avaient lieu de penser que, s'ils ne s'éloignaient pas, le roi, ' par *hastieu* conseil et male informacion, leur feroit souffrir dou corps haschière ' (I 14).

Ici, l'adjectif *hastieu* présente les mêmes connotations péjoratives que lorsqu'il s'agit d'une personne ; mais ce n'est pas le cas dans l'exemple suivant : les Anglais ont libéré, moyennant finance, plusieurs compagnons de du Guesclin faits prisonniers en même temps que lui, mais non du Guesclin lui-même, parce qu'ils pensaient que ' se il estoit... delivrés, il feroit de recief plus forte guerre que devant... pour laquelle cose la delivrance à Monsigneur Bertran n'estoit pas si belle ne si *hastieve* ' (VII 58). Ici, seul subsiste le sème de « rapidité ». La même perte de la connotation péjorative et la différence d'intensité affective s'observe dans le cas de l'adverbe *hastéement* (v. III. C. 7.).

atempré : Pendant les négociations entre le duc d'Anjou et le duc de Lancastre, on fit agir deux légats ' qui sage et avisé estoient et bien enlangagié et volentiers oy de toutes les parties par leur *attemprée* promotion ' (VIII 199), c'est-à-dire « à cause de leur action réfléchie et exempte de passion ».

III. B. 3. 2. Par contre, dans les exemples relevés du moins, *aigre, tendre, bouillant, froid,* ne qualifient que des personnes alors que quelques autres adjectifs ne qualifient que des actions ou des sentiments. Ce sont :

aspre qui ne s'applique, semble-t-il qu'à des faits de guerre : une ' bataille forte et *aspre* ' (IV 97), une ' bonne guerre et *aspre* ' (IX 28). Le rapprochement avec les emplois, plus nombreux, de l'adverbe *asprement* (III. C. 2. 3.) permet de conjecturer la valeur subjective de l'adjectif.

ardent, plus rare, lui aussi, que l'adverbe correspondant (III. C. 2. 8.) n'a été relevé qu'en compagnie du mot ' desir ' : ' Or doient donc tout jone gentil homme qui se voelent avancier avoir *ardant* desir d'acquerre le fait et le renommée de proèce ' (I 2).

destroit, adjectif extrêmement polysémique, mais qu'on trouve associé au mot ' commandement ' (X 126), et dont la valeur (« impérieux », « exprès ») sera justifiée par le rapprochement avec l'adverbe *destroitement* (III. C. 2. 4.) beaucoup plus usuel en ce sens que l'adjectif.

III. C. Les adverbes

III. C. 1. Adverbes à valeur simplement superlative :

III. C. 1. 1. Nous n'insisterons pas sur l'emploi des adverbes *moult, trop, très, tant,* extrêmement courants et dont l'usage relève plutôt de la grammaire que de la lexicologie. Nous nous limiterons à l'étude d'adverbes relativement plus rares et qui présentent vraisemblablement, par rapport aux précédents, une nuance d'affectivité supplémentaire.

III. C. 1. 2. *Grandement* (var. *granment*), encore très fréquent, ne se trouve — généralement postposé, plus rarement antéposé — qu'en compagnie de verbes et de participes passés. On a pourtant relevé ' Il vous va trop *grandement* bien ' (XII 188). Il fait à ' moult ' et à ' trop ' une large concurrence et ne s'en distingue guère, semble-t-il que par une légère nuance d'étonnement et d'expressivité.

III. C. 1. 3. *Fort* conserve très souvent ses sens de « puisamment, vigoureusement » ou de « difficilement ». On le voit cependant apparaître çà et là comme simple renforcement d'un verbe ou d'un participe passé, seul ou accompagné de l'adverbe ' trop ' : ' *fort* couroucié sur vous ' (XII 90) ; ' avoir *fort* à souffrir ' (XII 214) ; ' je tendoie *trop fort* à savoir... ' (XII 79) ; ' s'esmerveiller *trop fort* ' (XII 180) ; ' desirer *trop fort* à combattre ' (XII 282) ; ' *trop fort* deporter une terre ' (XII 111).

III. C. 1. 4. *durement*, moins fréquent que ' grandement ', a des emplois syntaxiques plus variés : il peut accompagner un verbe conjugué, un participe passé, un adjectif, et l'adverbe ' trop '. Il n'a aucune valeur péjorative particulièrement nette. On le trouve — quoique rarement — associé à des mots dénués de valeur proprement affective : ' Li princes de Galles approçoit *durement* le bon pays de Berri ' (V 1) ; ' messires Guillaumes de Montagut *durement* fortefia le bastide de Rosebourch ' (I 112) ; ' Le ville fu *durement* plainne de signeurs, de chevaliers et d'escuiers, et de toutes aultres manières de gens ' (I 149) ; ' Ces bailles, qui estoient fortes *durement* ' (I 167) ; Il peut aussi être associé à des mots de valeur méliorative : une armée ' *durement* belle et grande ' (XII 297) ; ' un vaillant roy *durement* ' (I 118) ; ' vaillant homme aux armes *durement* ' (XII 72) ; ' bon chevalier *durement* ' ; (V 4) ; ' appert homme d'armes *durement* ' (XII 49, 201) ; Gautier de Mauni avait fait ' tant de belles baceleries en Escoce qu'il en estoit *durement* alosés ' (I 135) ; ' *durement* bien venut et festiiet ' (I 141) ; ' sage chevalier *durement* ' (I 133) ; ' faire trop *durement* grant feste ' (XII 94). Il peut enfin être associé à des mots exprimant de quelque façon la notion de malheur : ' *durement* courouciez ' (XII 131, 136, 165, 169) ; ' *durement* dolans de pitié ' (I 130) ; ' navré trop *durement* ' (XII 275) ' Trop *durement* plaindi le mort le conte de Haynau ' (I 134) ; ' ardirent et foulèrent *durement* le pays ' (I 162).

III. C. 1. 5. *malement*, dans la grande majorité de ses emplois, ne signifie pas « de manière défectueuse », mais bien « de manière intense et par là-même dangereuse » : ' De Saint Iriet fisent li Breton une grande garnison, et le remparèrent et le fortefiièrent *malement*, qui greva depuis moult grandement au pays ' (VII 249). Cela ne signifie pas que les Bretons fortifièrent mal la ville, mais au contraire qu'ils la fortifièrent très bien, « terriblement » bien, si bien qu'elle devint très dangereuse pour les environs. L'adverbe *malement* est particulièrement fréquent avec des verbes ou des adjectifs exprimant l'idée de « fortification » : ' Cilz chastiaus ne doubtoit nul assaut, car il y avoit une tour quarrée, *malement* grosse et espesse de mur ' (V 220) (v. également I 164, III 84, IV 194, V 21, 136, 185, VII 148, VIII 251, XI 99, 210). On le trouve aussi avec tous les verbes dénotant des faits de guerre : ' herier et guerrier ' (V 74) ; ' traviller ' (IV 198) ; ' ensonnier ' (IX 286) ; ' blecier ' (III 51) ; ' ardoir et gaster ' (VII 169) ; ' s'avancer ' (VII 176) ; avec des notations de circonstances atmosphériques défavorables : ' Li solaus commençoit hault à monter, qui leur estoit uns grans contraires ; car il faisoit *malement* chaut ' (VI 119) ; ' Il faisoit *malement* grant secheur de temps ' (V 153) ; avec des détails qui, en eux-mêmes n'ont rien de particulièrement péjoratif, mais qui, dans un contexte guerrier, peuvent prendre une signification redoutable : ' Il estoient *malement* grant gent ' (V 18) ; ' fors chevaliers, durs et hardis *malement* et bien arestés et avisés dans ses fais ' (V 209) ; ' appert homme d'armes *malement* (III 119, IV 197, VIII 86) ; ' quatre bon chevalier et hardi homme *malement* ' (VIII 11) ; ' hardi homme et outrageus *malement* ' (VII 236) ; ' si tretos que li escarmuce fu commencie, il ne volt pas estre des darrains, mès se arma et monta sus un coursier fort et rade *malement*, et de grant haste, pour plus tost estre et venir à l'escarmuce ' (IV 4).

Dans l'exemple suivant : ' Il doubtoit trop *malement* son frere, le Bastart ' (VI 194), la notion de « crainte » étant exprimée par le verbe ' doubter ', *malement* n'indique plus que l'intensité de ce ' doubte '. De même, au début du récit des troubles de Gand, lorsque Froissart parle des ' naviers asquels la cose ' (de nouveaux impôts) ' touchoit trop malement ' (IX 166), il ne peut s'agir que du degré extrême de l'intérêt qu'elle présentait pour eux et du déplaisir qu'ils en ressentaient. Cette valeur purement intensive de *malement* est encore plus nette dans les exemples suivants : Les Anglais furent particulièrement déçus de voir le sire de Pons ' se tourner françois ' parce que c'était ' uns grans sires *malement* ' (VIII 18, v. aussi VII 209) ; Poitiers vient d'être prise par les Anglais. ' Si fu la ditte cités courue, toute pillie et robée. Et y trouvèrent et conquisent li dit Englès trop fier avoir, car elle estoit *malement* riche et trop plainne de grans biens ' (IV 15). Dans l'exemple suivant, *malement* ne paraît pas avoir une valeur différente de celle de ' durement ' : ' Ensi que li François eurent passé Tournehen, et qu'il tiroient à aler viers Likes, il oïrent nouvelles de chiaus dou pays et furent segnefiiet que li Englès chevauçoient et estoient hors d'Arde. Si en furent trop *malement* joiant, et disent qu'il ne demandoient ne queroient aultre cose, et faisoient trop durement grant enqueste où il en poroient oïr nouvelles ' (VIII 185). Enfin, par pure courtoisie, ' donna li rois d'Engleterre au roy de Cipre une nef qui s'appelloit Katherine, trop belle et trop grande *malement* ' (VI 91). Dans ces derniers cas, on peut donc dire que *malement* n'est qu'un substitut très fort et très expressif de *moult*.

III. C. 2. Adverbes ayant un contenu sémantique propre :

III. C. 2. 1. *Par especial* s'emploie pour distinguer un élément dans un ensemble, l'isoler, et lui donner par là-même une importance particulière : Le roi de Navarre ' guerrie ' le royaume de France, ' et *par especial* le noble cité de Paris ' (IV 120). On excite le comte de Flandres contre les Gantois qui sont allés en Angleterre : ' si en i a des revenus, et *par especial* François Acremen. Cils estoit compains en toutes coses à

Phelippes et tant qu'il vive, vous ne serez sans guerre ' (XI 83). Le château de la Bousée est assiégé ; la garnison prend peur et s'enfuit par une ' croute ' ou « souterrain » : ' et celle croute a une allée dedens terre plus de une demie lieue, et là où elle vuide c'est en ung bois, duquel chemin et ordonnance on ne s'en donne garde, et adont, *par especial*, on ne s'en donna garde ' (XII 192). *En (grant) especialité* peut être tenu pour synonyme de *par especial* dans l'exemple suivant : ' Et pour che que li rois d'Engletière voelt aidier le duch, et le païs tenir en droit *en especialité*, il a envoiiet... son bel oncle le conte de Bouquighem et une quantité de gens d'armes pour aller en Bretaigne et conforter le duc et le païs ' (IX 265). Partout ailleurs cette expression se trouve dans des contextes de délibération où un conseiller ' remoustre ' avec insistance un point important : L'injustice avec laquelle on traite le captal de Buch prisonnier choque tout le monde ; ' si fu *en especialité* remoustré au roy... que il vosist estre plus douls au captal que il n'avoit esté ' (VIII 240). ' *En grant especialité* et deliberation de conseil ', on explique à Charles V qu'il a intérêt à négocier avec Jean de Montfort (VI 177, v. aussi VI 62, VIII 245). Ici, la nuance particulière de l'intensité affective pourrait être qualifiée d'« insistance ».

Especialement, plus rare, semble synonyme de *en grant especialité* « avec insistance » dans l'exemple suivant, qui se situe dans le contexte d'une délibération sur la reddition d'un château assiégé : ' Li sires de Gommegnies respondoit que il avoit oy jurer moult *especialement* le duc de Bourgogne que, se on alloit jusques à l'assallir, jamais à yaus rendre ne la forterèce il ne venroient à temps qu'il ne fuissent tout mort, se de force il estoient pris ' (VIII 246). Ailleurs, il apparaît dans la formule de renforcement ' *généralment et espécialment* ' où, à côté de *généralment*, qui insiste sur l'idée de totalité et de plénitude, *espécialment* exprime peut-être le souci du détail et des dénombrements entiers : Le Prince de Galles explique aux barons d'Aquitaine qu'il a besoin de lever un impôt extraordinaire pendant cinq ans, pour payer ses dettes, accrues par l'expédition d'Espagne ; ' là leur fu remoustré... *especialment et generalment*... sus quel estat on voloit eslever ce fouage ' (VII 67). A la convocation du roi d'Angleterre, se rendent à Gand la plupart des seigneurs de l'Empire ; de plus, ' là furent tous li consaulz de Flandres, *generaument et especialment* ' (I 186).

III. C. 2. 2. *De grant affection* : cette locution adverbiale, relativement rare, traduit l'intensité du sentiment, l'enthousiasme qui accompagne un acte de la volonté : consentement ou demande. On accorde à un mourant une dernière satisfaction (IV 119), on ' prie et supplie ' quelqu'un (IX 182) *de grant affection*. *Affectueusement* (var. *affectuelment*) apparaît dans la lettre où Édouard III commente l'hommage qu'il vient de prêter, en tant que duc de Guyenne, au roi de France Philippe VI ; malgré certaines réserves, il promet de ' tenir et garder *afectuelment* les païs et acors fais entre les rois de France et dus de Giane ' (I 99).

D'autre part, il apparaît assez souvent associé à *prier*. Le captal de Buch apporte son aide au roi de Navarre ' car ossi li dis rois l'en avoit *affectueusement* priiet ' (V 133, v. aussi VI 149, IX 235, X 85).

Il en est de même pour *chièrement* qui accompagne ' supplier ' (VII 55) et plus fréquemment ' prier ' : ' si vous pri *chièrement*... que vous me donnés congiet ' (V 34, v. aussi II 44, VI 98, 152, 156, VII 178, 255).

III. C. 2. 3. *Asprement* paraît réservé à la qualification d'actes de guerre et dénote donc l'agressivité. On le trouve avec ' se combatre ' (VI 167), ' assaillir ' (IX 36, X 226, XII 189), ' poursuivre ' (VII 187), ' rebouter ' (IV 41, V 40), ' traire ' (IX 241), ' pousser ' (X 37), ' guerrier ' (VI 137, IX 234).

III. C. 2. 4. *Aigrement* et *destroitement* (et sa variante, plus rare, *estroitement*) ont des emplois un peu plus larges : D'une part ils se rapprochent des adverbes étudiés au § III. C. 2. en ce qu'ils peuvent accompagner des verbes exprimant la volonté : ' Li prevos des marchans... entra en le cambre dou duch et li requist moult *aigrement* que il volsist emprendre le fais des besongnes dou royaume et mettre y conseil ' (V 96). Le roi Richard II soutient, contre le duc de Lancastre, l'action du comte de Northumberland dont il prend la responsabilité en ces termes : ' *estroitement* et *destroitement* nous li aviens enjoint et commandé que il tenist clos... le marce et le frontière d'Escoce ' (X 134). (v. aussi VI 50, VII 185, X 127). Une demande peut être faite *destroitement* : La comtesse de Montfort, qui avait toujours besoin du renfort des Anglais, ' avoit fait sa complainte au roy moult *destroitement* ' (III 2).

D'autre part, ils sont très souvent associés à des verbes du vocabulaire de l'action et plus particulièrement, de l'action guerrière : on trouve ' *destroitement* assieger ' (III 80), ' assaillir moult *destroitement* et aspreiment ' (XII 189) ; le roi d'Aragon ' fist clore tous les pas d'Arragon et garder bien *destroitement* ' (VI 214) ; ' Là traioient archier d'Engleterre, qui de ce sont coustumier, moult *aigrement* ' (VII 37, v. aussi IX 257) ; ' li dis escuiers... retourna moult *aigrement* sus le chevalier... l'espée ou poing ' (V 50) ; ' Nous les requellerons *aigrement*, as lanches et as espées ' (XI 22) ; ' Li rois de France, qui grant desir avoit d'yaus trouver et combatre, les sievoit moult *aigrement* ' (IV 189). Enfin, on trouve *aigrement* en compagnie d'" assaillir ' (II 123, IX 241, X 142, XI 146), de ' se combatre ' (IV 95), de ' se défendre ' (IX 241, XI 210). Ces deux adverbes sont donc particulièrement propres à exprimer l'intensité du désir et l'agressivité.

III. C. 2. 5. *Chaudement* n'accompagne, semble-t-il, que des verbe de mouvement : ' aller ' (XII 151), ' s'en venir ' (VIII 192, 247), ' se traire ' (V 128), ' courir ' (VII 112), ' chevauchier ' (VII 22, VIII 71, 114), ' esperonner ' (IX 284), ' suivre ' (III 59, IV 116, IX 115, X 226), ' envoyer ' (I 101, VIII 46, 150). Les sèmes de « rapidité » et de « hâte » semblent présents dans tous les cas.

III. C. 2. 6. *Tangrement* a été relevé dans les deux exemples ci-dessous :
' Li Navarois... ferirent des esporons moult *tangrement* après yaus en
escriant : « Saint Jorge ! Navare ! » ' (V 138) et ' Messires Charles de Blois...
poursievoit moult *tangrement* le regent de France, le duch de Normendie,
en priant que il volsist envoiier gens d'armes en Bretagne ' (V 138).
S'il s'agit, dans le premier exemple d'un mouvement bien réel et concret,
' poursuivre ' est employé, dans le second, de façon métaphorique, ce
qui montre, semble-t-il, que le sème de « hâte » ou d'« impatience »
est, dans ce mot, plus fondamental que celui de « rapidité ».

III. C. 2. 7. *Hastéement* (variante *hastement*) se prête à un plus large
éventail d'associations : sans doute figure-t-il souvent à côté de verbes
de mouvement : ' raler ' (II 83), ' monter ' (II 53), ' revenir ' (VI 211),
' chevaucier ' (VIII 61), ' envoyer ' (VIII 178, 242), mais aussi à côté
de ' esclarcir ' une affaire (VI 7), ' ordonner ' une opération militaire
(IX 101), ' avoir confort ' (IX 234), ' être conforté ' (X 23), ' aidier '
(XI 22). De nombreux contextes permettent ou imposent de voir dans
ce mot les sèmes de « hâte » ou d'« impatience ». Néanmoins, ce serait
forcer le texte que de soutenir qu'ils apparaissent dans les exemples
ci-dessous : La reine d'Angleterre et le comte de Kent sont persécutés ;
mais ' espoir, *hastement* s'amenderoit leurs estas, et y pourveroit Diex
de remède et de conseil ' (I 14). Des troupes françaises stationnées en
Flandres apprennent que les Anglais et les Écossais sont sur le point
de rouvrir les hostilités et que ' *hastéement* ensamble il se combateroient '
(XI 167). On peut donc dire que *hastéement* n'exprime qu'accessoirement la hâte et l'impatience, et que son sème fondamental est simplement
celui de rapidité. De plus, l'adverbe, qui ne qualifie que des actions
passagères, ne comporte pas les connotations péjoratives qui marquent
habituellement l'adjectif *hastieu* appliqué à une personne, qui dénote,
lui, une tendance fondamentale et permanente de l'être.

Il peut donc permuter avec des locutions adverbiales comportant le
mot *haste* qui associent l'ensemble de ces sèmes : ' Li rois Edouwars...
estoit venus *en si grant haste* que ses gens et ses chevaus estoient durement travilliet ' (II 131). ' Phelippes de Bourgongne... ne volt pas estre
des darrains mès se arma et monta sus un coursier fort et rade malement,
et *de grant haste*, pour plus tost estre et venir à l'escarmuce ' (IV 4).

III. C. 2. 8. *ardemment* exprime tout particulièrement l'intensité du
désir amoureux : Le roi Édouard III regardait la dame de Sallebrin
' si *ardamment* que elle en devenoit toute honteuse et abaubie ' (II 132).
Une princesse anglaise ' amoit *ardanment* ' le comte de Saint Pol alors
prisonnier en Angleterre (IX 136). Le roi Ferrand de Portugal ' enama
ardamment de forte amour ' Aliénor de Coigne, au risque de mettre le
Portugal à feu et à sang (XII 248).

III. C. 2. 9. *Tenrement* (variante picarde de *tendrement*) n'a été relevé
qu'associé à des verbes signifiant « pleurer » et pourrait se traduire en

français moderne par ' à chaudes larmes '. Cet adverbe est particulièrement fréquent dans l'épisode des bourgeois de Calais : Jean de Vienne,
capitaine de Calais rapporte à la ville les conditions du roi d'Angleterre.
Tout le monde se désole, et ' mesmement messires Jehans de Viane en
avoit tel pité que il en larmioit moult *tenrement* ' (IV 58). Quand Eustache
de Saint Pierre se dévoua, ' cescuns l'ala aourer de pité, et pluiseurs
hommes et femmes se jettoient à ses piés, *tenrement* plorant ' (IV 58). Et
la reine d'Angleterre, en intercédant pour les six bourgeois, ' ploroit si
tenrement de pité que on ne le pooit soustenir ' (IV 62). Après le récit
d'atrocités commises par le prince de Galles, Froissart ajoute : ' Il n'est
si durs cœrs, se il fust adonc à Limoges et il li souvenist de Dieu, qui
ne plorast *tenrement* dou grant meschief qui y estoit, car plus de trois mil
personnes, hommes, femmes et enfans, y furent deviiet et decolet celle
journée ' (VII 250). Quand le roi Robert Bruce, mourant, chargea Guillaume de Douglas de porter son cœur à Jérusalem, ' tout cil qui là estoient
prisent à plorer de pité moult *tenrement* ' (I 79).

III. C. 2. 10. *Froidement* s'oppose à lui seul à tous les adverbes énumérés
ci-dessus. Encore n'a-t-il été relevé que deux fois : Les seigneurs allemands veulent bien aider le roi d'Angleterre, mais à condition de voir
bouger le duc de Brabant ' qui le plus *froidement*, ce leur sambloit, se
apparilloit ' (I 141). Le comte de Nazara, sous la menace des envoyés
de l'Amourat Bakin ' fu tantost conseillié de respondre *froidement*, et
ne descouvri pas à une fois tout son coraige ' (XII 217). Il est évident
que la notion purement négative exprimée par *froidement* ne saurait
comporter la même multiplicité de nuances que la notion positive qui
s'oppose à elle.

III. D. Les substantifs

III. D. 1. On a vu, dans les paragraphes consacrés aux adverbes le
mot *espécialité* figurer dans la locution ' en (grant) *especialité* ' (v. III. C. 1.)
c'est, semble-t-il, son seul emploi dans les Chroniques.
   On a vu aussi le mot *affection* dans la locution ' de grant *affection* '
(v. III C. 2.). Ce mot a des emplois plus autonomes, mais spécialisés
dans le sens de « désir » (et pas seulement de « sentiment », « passion » en
général) et sera étudié au chapitre IV. On a vu enfin le mot *haste*, dans
une troisième locution adverbiale (v. III. C. 7.).

III. D. 2. A l'adjectif *hastieu* correspondent diverses formes de substantif, tâtonnements de la langue pour donner une forme abstraite à la
notion exprimée par l'adjectif : La mort d'Olivier de Clisson et de quelques
autres chevaliers bretons accusés de trahison est ainsi commentée par

le comte Derby au roi Édouard III : ' « Monsigneur, se li rois Phelippes a fait se *hastieveté* et se felonnie de mettre à mort si vaillans chevaliers que cil estoient, n'en voelliés mie pour ce blecier vostre corage ' (III 39). Les Gascons n'aiment pas être traités sans ménagements : ' Le prince de Galles les perdi par son *hasterece* ' (XII 204). Déjà, ' le roy Philippe de France et le roy Jehan, son filz les avoient perdus par *hastiereté* ; aussi fist le prince ; et le roy Charles, de bonne memoire, les raquist par doulceur, par largesce et par humilité ; ainsi veulent estre Gascons menez ' (XII 204). On voit que le substantif dérivé a les mêmes connotations péjoratives d'impulsivité, d'irascibilité que l'adjectif lorsqu'il est appliqué à une personne.

III. D. 3. *Atemprance*, dérivé de l'adjectif *atempré* et qui, bien souvent, est un mot du vocabulaire de l'action et signifie simplement « organisation », ou « remise en ordre », ou « conciliation », semble désigner une attitude intérieure du sujet, dans ce passage où le Chanoine de Robersart s'adresse aux mercenaires anglais furieux de n'avoir, depuis de longs mois, reçu aucune solde du roi de Portugal : ' Biau signeur, que volés vous faire ? aiiés *ordonnance* et *atemprance* en vous. Je vous voi durement esmeus ' (X 186). On remarque qu'ici, *ordonnance* est associé à *atemprance* en un couple apparemment synonymique, et que celui qui parle demande sans doute à ses interlocuteurs du « sang-froid », de la « maîtrise d'eux-mêmes» plutôt qu'un garde-à-vous impeccable ou des rangs bien formés. Les deux mots semblent donc pouvoir être tenus pour antonymes de *hastieveté* (ou *hastiereté* ou *hasterece*) mais le caractère unique de cet exemple impose une certaine prudence dans l'affirmation.

III. E. Conclusion du chapitre III

La composition sémique de ce champ sémantique est simple. Elle met en jeu les notions d'« affectivité » et d'« intensité » « maximale » ou « minimale », auxquelles peuvent s'ajouter ou non une note « péjorative » et divers sèmes contextuels tels que « insistance », « acharnement », « enthousiasme », « agressivité », « impatience », « irascibilité », « amour », « chagrin ».

En effet, les adjectifs et surtout les adverbes ici étudiés, du moins ceux qui présentent une valeur sémantique propre, tendent à se spécialiser assez étroitement : ainsi, on ' remoustre ' *en grant espécialité* ; on ' prie ' ou ' supplie ' *affectueusement, chièrement, de grant affection* ; on ' combat ' *asprement, aigrement* ou *destroitement* ; on ' chevauche ' *chaudement* ; on ' aime ' *ardemment* ; on ' pleure ' *tendrement*. Même ceux qui possèdent le plus large éventail d'associations possibles (par exemple *aigrement, hastéement*) sont loin de pouvoir s'appliquer indifféremment à tous les verbes passés en revue dans les divers exemples cités.

De plus, on voit s'imposer les remarques suivantes :

1) La notion d'« intensité affective » peut être envisagée

a) du point de vue de l'objet auquel on attribue une importance particulière : on a alors affaire d'une part au verbe *toucher*, impersonnel ou ayant cet « objet » pour sujet grammatical, ou aux verbes impersonnels *monter* et *chaloir*, d'autre part aux adjectifs *grant* et *espécial*, et aux adverbes à valeur superlative.

b) du point de vue du sujet, c'est-à-dire de la personne qui formule ce jugement de valeur : on trouve alors les verbes *prendre à cœur, faire compte, acompter*, et, d'autre part, tous les adjectifs ci-dessus énumérés (sauf *especial* et *grant*) et les adverbes ayant un contenu sémantique propre.

2) Les divers verbes employés tendent à se répartir selon des critères syntaxiques : dans la très grande majorité des cas, ce ne sont pas les mêmes qui sont utilisés selon que la phrase est affirmative, négative ou interrogative. En gros, on peut dire : ' X me *touche* (de près, au cœur) ' et ' je *prends à cœur* X ', mais ' de X, à moi, qu'en *monte* ? ' et ' je n'*aconte* nient à X ', ' je ne *fais nul compte* de X ', ' j'*amire* petitement X ', ' ne me *chaut* de X '.

L'« intensité affective » ou — du point de vue de l'objet — la notion d'« importance » tend donc à recevoir une expression spécifique selon qu'elle est affirmée, niée, ou mise en question.

3) Les dissymétries qui existent à l'intérieur de cet ensemble lexical sont frappantes :

— Pauvreté de l'expression de l'affectivité minimale (forme négative de certains verbes, adjectifs *froid* et *atempré*, adverbe *froidement*) en regard de la richesse des moyens d'expression de l'affectivité maximale.

— Pauvreté, en nombre de mots et en nombre d'occurrences, de la catégorie grammaticale des substantifs en regard de toutes les autres. Encore que les personnages de Froissart soient souvent passionnés et animés de sentiments violents, la simple notion de « passion » ou de « sentiment », sans autre précision, ne semble pas avoir, dans la langue des Chroniques, de dénomination spécifique. Cette particularité, ainsi que la diversité et la spécialisation des adjectifs et des adverbes montrent à la fois le caractère vivant et le faible degré d'abstraction de ce vocabulaire.

CHAPITRE IV

LES ÉTATS INSTABLES ET LE CHANGEMENT
DANS LA VIE AFFECTIVE

IV. A. Le besoin

IV. A. 1. *Besongner* apparaît dans les constructions suivantes :

a) personnelle : ' quelque chose *besongne* à quelqu'un ' (c'est-à-dire
« est pour lui l'objet d'un besoin », « lui est nécessaire », « lui manque ») :
Des chevaliers qui viennent de débarquer font demander qu'on leur
envoie des chevaux. Voici la réponse qu'ils obtiennent : ' Hiraus, nostre
cheval nous *besongnent,* ce n'est pas tant que à yaus requeste raisonnable '
(VIII 145).

b) plus fréquemment, impersonnelles : ' (il) *besongne* (à quelqu'un)
quelque chose ' ou ' (il) *besongne* (à quelqu'un) que... ' ou simplement
' il besongne ' : ' Se il *besongne* argent à vos compagnons, je vous en
presterai ' (VIII 77) ; ' Se il vous *besongne* confort... de sis cens lances
de nostre costé, vous les trouverés toutes prestes en vostre service '
(X 125) ; Les Gantois sont des voisins redoutables et ' besongnoit bien
à ceux qui leur estoient prochain... que il fuissent sus leur garde ' (XI 218).
Le maire de Poitiers, ville anglaise, sait qu'il existe un complot pour
livrer la place aux Français. Il fait prévenir les Anglais par un messager
qui s'adresse à Thomas de Percy en ces termes : ' Sire, mon mestre vous
segnefie que vous aiiés avis, car *il besongne,* et vous hastés de retourner
en Poitiers, car il sont en grant discention l'un contre l'autre et se voellent
les cinc pars de la ville tourner françois ' (VIII 61).

Besongner est le mot le plus usuel pour traduire l'idée de « besoin »,
se prête à une grande variété d'associations syntaxiques et lexicales et
sa fréquence est grande.

IV. A. 2. *Besongne*, dans quelques-uns de ses emplois, sert de substantif déverbal au verbe *besongner* employé au sens de « être l'objet d'un besoin » : ' Et avint que li rois eut grant *besongne* d'argent, pour paiier ces gens d'armes ' (X 170). *Avoir besongne* présente la même valeur que *besongner* mais se prête à une autre construction syntaxique, puisque le sujet sentant, complément du verbe *besongner*, est sujet grammatical de la locution *avoir besongne*. Le comte de Montfort, craignant une attaque de Charles de Blois, tient à garder ses troupes sous les armes ; ' si ne laissoit mies volentiers ces chevaliers et escuiers d'Engleterre partir de lui, car il ne savoit quel *besongne* il en aroit ' (VI 146 — v. aussi VII 220, VIII 17).

L'exemple suivant est ambigu : des chevaliers étrangers, combattant pour les Anglais sous les ordres du duc de Lancastre ' avoient leur avoir despendu, leurs chevaus et leurs harnas vendu ' et, en fait de solde, n'ont obtenu du roi que de bonnes paroles et une réponse dilatoire. Rencontrant le Prince de Galles, ils ' li remoustrèrent leur *besongne* et leur povreté en priant humlement qu'il volsist descendre à lor necessité ' (V 196). Il est possible que *besongne*, qui n'est pas, ici, précédé de *avoir*, ait simplement le sens vague et extrêmement fréquent de « affaire », « situation ». Néanmoins, la proximité de ' povreté ' et de ' necessité ' et l'existence du sens de « besoin » dans cette famille de mots permet de penser qu'ici également, il n'est, du moins, pas exclu.

IV. A. 3. *Besoing* (var. *besoin*) apparaît dans l'expression adverbiale *au besoin* : Jean Lion était, on l'a déjà vu, ' sage homme, soutil, hardit, cruel et entreprenant, et froit *au besoin* assés ' (IX 159).

Ailleurs, *besoin* est employé en fonction de sujet grammatical. C'est dire qu'au lieu de compléter, comme *besongne*, l'éventail des possibilités syntaxiques du verbe *besongner*, il fait double emploi avec lui. Comme il est beaucoup plus rare, on peut présumer qu'il donne un caractère expressif à la phrase où il apparaît : Le roi de Navarre, dit un capitaine anglais, ' nous a remoustré le grant *besoin* que il lui touche... Je li euch en couvenant que il seroit servis et aidiés. Il couvient que il le soit ' (IX 103). Un messager anglais vient annoncer la prise du château de Bervich par les Écossais ' et estoit si matin que li sire de Persi estoit encores en sen lit. Tant fist que il parla à lui, car *besoings* le hastoit ' (IX 32). Enfin, les mercenaires qui n'ont pas reçu leur solde se plaignent au roi d'Angleterre que ' peu ou nient leur estoit demoret pour lui servir ne pour raler en leur pays se *besoing* estoit ' (V 195). On pourrait avoir ' nous a remoustré que grandement li *besongnoit* confors ', ' car il *besongnoit* ', et ' se il *besongnoit* '. Le caractère expressif des deux premiers exemples, avec le voisinage des verbes ' toucher ', ' haster ', est évident. Il est donc probable qu'il en est de même pour le troisième, et que ' se besoing estoit ' pourrait être traduit par ' en cas d'urgence '.

IV. A. 4. *Necessité* peut dénoter

— soit l'objet d'un besoin, une chose indispensable, comme dans les deux exemples suivants : les bourgeois de la Rochelle firent ' ouvrer aux *necessités* de le ville et paver aucunes rues qui en devant en avoient grant mestier ' (VIII 83). Le roi d'Arménie, détrôné et exilé, trouve refuge en France. Le jeune Charles VI l'accueille et lui attribue une pension : ' si fu assigné le dit roy d'Ermenie de VIM frans par an et en ot VM prestement pour lui estoffer de chambres, de vaisselle, et de autres menues *necessitez* ' (XII 224).

— soit l'état de « besoin » dans lequel se trouve le sujet privé de choses indispensables : on a vu que les mercenaires privés de leur solde ' remoustrèrent au roy moult bellement leur povreté et *necessité* ' et qu'ils le prièrent humblement ' qu'il volsist descendre à lor *necessité* ' (V 195-196).

De plus, ce mot apparaît dans deux locutions verbales respectivement substituables à *besongner* et *avoir besongne*. Ce sont :

— *être de necessité* : Les Gênois ' tiennent la ville et le chastel de Pere, qui sciet en mer devant la cité de Constantinoble, et le font garder à leurs frez et le rafreschissent trois ou quatre fois l'an de ce qui leur *est de necessité* ' (XII 207). Après la destruction de Limoges par les Anglais et la démission de Morel de Fiennes, ' il *estoit de necessité* que li François euissent un cief et gouvreneur nommé connestable ' (VII 253).

— et *avoir necessité de* : Les Liégeois envoyèrent à leurs voisins de Gand ' sis cens chars chargiés de pourveances *dont il avoient grant necessité* ' (IV 155). ' Ensi se tint li rois d'Engleterre en Haindebourch bien douze jours ; et attendoit là ses pourveances, vivres et artillerie, *dont il avoient grant necessité*, car de bleds, de farines et de chars trouvoient il petit ens ou pays ' (IV 155). On met le siège devant Mortagne, mais les habitants peuvent tenir : ' de vins et de vivres... avoient il assés... mais de autres menues coses, le siège durant, *heurent* il *grant necessité* ' (IX 27).

Enfin, une forme d'adjectif correspond au substantif *necessité* : c'est *necessaire* qui n'a d'ailleurs été relevé qu'une fois : Par la négligence des ducs d'Anjou et de Berry, le château de la Roche sur Yon, quoi qu'il fût ' biaus et bons et moult *necessaires* à estre françois pour les pays d'Ango et de Tourrainne... ne fu secourus ne confortés de nullui ' (VII 162).

IV. A. 5. Le mot *mestier* apparaît avec le sens de « besoin » dans les deux locutions suivantes :

— *faire mestier* ou, plus rarement *estre mestier* : Godefroy de Harcourt conseille à Édouard III d'épargner ses troupes : ' Et trouverés encores... des assaus et des rencontres pluiseurs, par quoi les gens que vous avés et plus encores *vous feront bien mestier* ' (III 146) ; ' Li Navarois avoient grant avantage, et *bien leur faisoit mestier*, car li François estoient grant foison ' (V 146). La plupart du temps, elle est employée de façon imper-

sonnelle dans une proposition hypothétique : ' Et la grosse bataille les
sievroit par derrière pour iaulx conforter, *se mestier faissoit* ' (IX 192) ;
Les gens du Prince de Galles ' chevauçoient rengiés et serrés ensi que
pour tantost combatre *se mestier fust* ' (V 196).

— *avoir mestier*, complémentaire, sur le plan syntaxique, de *faire mestier*
comme ' avoir besongne ' l'est de ' besongner ' : ' Si *avés bien mestier*
que vous aiiés en vostre compagnie grant fuison de bonnes gens d'armes...
car vous trouverés bien à qui combatre ' (VI 217). Des seigneurs pro-
mettent leur aide aux chefs des Grandes Compagnies qui leur répondent :
' « C'est bien dit et nous le retenons ensi, car espoir *en arons nous mestier* » '
(VII 155, v. aussi VII 30, VIII 83, 200, IX 218).

IV. A. 6. *Avoir à faire* ou *avoir affaire de* est substituable à *avoir
besongne* (ou *mestier*, ou *necessité*) : Les Gantois, affamés, rencontrent
un accueil compréhensif à Liège où on leur promet une aide considérable :
' De ces offres et de ces amours que li Liegeois offroient de bonne volenté
as Gantois furent il tout resjoï, et les remerchiièrent grandement, et
dissent bien que de tels gens et de tels amis *avoit* bien la ville de Gand
à faire ' (X 204).

Le duc d'Anjou part pour prendre possession du royaume de Naples,
' et partout où il passoit et venoit, monstroit estat très estoffet et poissance de roi ; et se looient de lui et de son paiement toutes gens d'armes
car bien savoit que *il en aroit afaire* ' (X 173).

IV. A. 7. Plusieurs mots dénotant habituellement des états pénibles
se prêtent à l'expression du « besoin », moyennant l'introduction par
' de ' d'un complément désignant l'objet de ce besoin. C'est le cas de
malaise, mesaise, meschief, et *dangier* : Les Anglais hivernant en Bretagne
' souffrirent et endurèrent moult de povretés et de *malaise*, car, ce qui ne
valloit que trois deniers, on leur vendoit douse, encores n'en pooient il
recouvrer ' (X 29) ; tout naturellement, quelques pages plus loin, *malaise*
apparaît dans la tournure ci-dessus définie : ils eurent ' moult de *malaises
de* vivres pour eux et pour leurs chevaulx car li fourrageur ne trouvoient
rien sus le païs, et ossi en che tamps là les grangnes sont vuides, li fain
sont alet ' (X 40). De même, le roi d'Angleterre est obligé de lever le
siège de Reims au bout de sept semaines parce que ses gens ' ne trouvoient
mès rien que fourer, et perdoient leurs chevaux et estoient *en grant mesaise
de* tous vivres ' (V 223).

On a vu au § I. D. 2. 4. que *dangier* s'applique à des situations de
privation ou même de famine. Il se prête également à la construction
avec ' de '. On le trouve, associé à *meschief*, dans le passage où les Anglais
se hâtent de traverser la Beauce ' pour le *dangier* des aiges *dont* il estoient
à grant *meschief* pour euls et lors chevaulx, car il ne trouvoient que
puis moult parfons, et à ces puis n'avoient nuls seaux ' (IX 276).

Tous ces emplois sont absolument comparables et, vraisemblablement
synonymes.

Dangier présente pourtant la particularité de pouvoir équivaloir à un emploi moderne du mot ' besoin ' dans des contextes négatifs, et sans connotation de « privation » : ' La rivière estoit si basse... qu'il le passoient et rapassoient à leur aise, *sans le dangier dou* pont ' (III 145). Cet exemple permet de comprendre de la même façon le passage où il est dit que les Écossais pouvaient entrer en Angleterre ' *sans nul dangier de* mer ' (XI 176), c'est-à-dire tout simplement « sans avoir besoin de traverser la mer ». Ici, plutôt que de « privation » à proprement parler, c'est de « nécessité » qu'il s'agit : on n'est pas « obligé » de traverser la mer, ni d'emprunter le pont.

IV. A. 8. Conclusion Le « besoin » est un « état » « intérieur » « affectif », « pénible » à cause de l'absence d'un « objet » « bon », « virtuel » et d'une « tension » vers cet objet dont les chances d'actualisation ne sont pas explicitement envisagées.

Dans la langue des Chroniques, le « besoin » est présenté tantôt du point de vue de son objet, tantôt du point de vue du sujet qui l'éprouve. Dans le premier cas, on trouve les locutions *besongner, besoin est, faire* ou *estre mestier, estre de necessité.* Dans le second cas, on trouve :

— le verbe *avoir,* suivi de divers compléments : *avoir besongne, necessité, mestier, à faire* ou *affaire* de telle ou telle chose,

— accessoirement, le verbe *être,* suivi de divers compléments : *être en mesaise,* ou *en meschief* de quelque chose. On voit que ce champ sémantique se compose essentiellement de verbes, ou de locutions verbales à substantif fortement intégré. Les substantifs les plus indépendants sont *besoin, necessité* et *dangier.* Quant aux autres catégories grammaticales, on ne peut citer que l'adjectif *necessaire* et la locution adverbiale *au besoin.* Elles sont très peu représentées en nombre de mots comme en nombre d'occurrences.

IV. B. Le désir

IV. B. 1. Le verbe *desirer* est bien attesté chez Froissart. Il se construit directement lorsque le complément est un substantif, nom de chose, comme dans l'expression courante ' *desirer* les armes ' (V 203, IX 5, XI 170) ou de personne : ' Il fu rechus à grant joie des hommes de le ville qui moult le *desiroient* ' (VIII 54). Il se construit indirectement lorsque le complément est un infinitif. La préposition peut alors être *à* : ' Les vaillans hommes qui se *desiroient à* avanchier ' (XII 1), ' Ces François qui nous *desirent à* trouver ' (VI 64), etc... ou, plus rarement, *de* : ' Messire Hues de Chastillon... *desiroit* grandement *de* soy contrevengier ' (VIII 182).

Au verbe *desirer*, peuvent se substituer les périphrases suivantes :

— *avoir desir pour* ou *de* quelque chose : ' li pluiseur *avoient* grant *desir pour* yaus contrevengier ' (I 371) ; ' Or doient donc tout jone gentil homme, qui se voellent avancier, *avoir* ardant *desir d*'acquerre le fait et le renommée de proèce ' (I 2).

— *être desirant de* : ' il *estoient* tout *desirant* de aler avoech lui ' (I 106) ; ' Messires Gallehaus... estoit *desirans* de trouver ses ennemis ' (V 207).

Enfin, il existe, à côté de *desir*, un autre substantif, *desirier*, qui a été relevé deux fois comme complément du verbe ' accomplir ' : ' Bien avoient accompli leur emprise et leur *desirier* ' (II 53) ; ' je li euch en couvant... que je li acompliroie son darrain *desirier* ' (IX 151).

IV. B. 2. Le verbe *convoitier* (var. *couvoitier*) se présente comme une variante rare et intensive de *desirer* : Pendant le siège de Reims, quelques chevaliers anglais qui ' queroient... les aventures... chevaucièrent si avant devers Chaalons en Champagne, que il vinrent à Carni en Dormois, un moult biel fort ; si le regardèrent et considerèrent moult de près, quant il furent là venu : si le *convoitièrent* durement à assallir, pour savoir se il le poroient prendre ' (V 213).

Plus fréquents sont les dérivés :

— le substantif *convoitise* (var. *couvoitise*) qui agparaît dans des constructions variées : ' Li contes... n'i veoit mies bien cler, car la *convoitise* de la chevance l'aveulissoit ' (IX 164) ; ' Si eurent conseil... de assaillir la ville et en *avoient* par especial li Breton grant *convoitise*, pour le grant pillage que il sentoient à trouver dedens ' (XI 133) ; Un ' varlet ' accepte de faire un message difficile et dit qu'il ' ne le feroit mies tant pour le *convoitise* de gaegner que pour yaus delivrer de ce peril ' (III 64) ; ' Si vault mieux que nous entendons à bien combatre que à la *convoitise* d'avoir prisonniers ' (XII 285).

— L'adjectif *convoiteux* qui dénote un trait de caractère fondamental, la cupidité, et ne se prête pas à l'adjonction de compléments : ' Lombart sont de leur nature *convoiteus* ' (IV 71) ; ' Riens ne demoroit de bon devant ces pillars : il en portoient tout, et par especial Gascon qui sont moult *convoiteus* ' (IV 165). Le prince de Galles est mécontent de l'hommage prêté par le Captal de Buch au roi de France : il ' l'en blasma durement et dist qu'il ne se pooit acquitter loyaument à servir deus signeurs, et qu'il estoit trop *convoiteus*, quant il avoit pris terre en France où il n'estoit ne prisiés ne honnourés ' (VI 182-183).

IV. B. 3. Une autre variante rare et intensive de ' désirer ' est *goulouser* : Les oncles de Charles VI proposent au duc Frédéric de Bavière d'amener sa nièce Isabeau ' en pelerinage à Saint Jehan d'Amiens ', lui promettant que ' li rois sera contre li. Se il le voit, espoir le *golousera* il, car il voit volentiers toutes belles coses et les aime ; et se elle li eschiet en cœr, elle sera roïne de France ' (XI 225).

Mais ce verbe est rare et isolé, aucun dérivé n'ayant été relevé.

IV. B. 4. *Souhaidier* (fr. m. *souhaiter*) se distingue de ' desirer ' par deux nuances sémiques : dans le « désir », l'objet virtuel est considéré comme plus réalisable que dans le « souhait », et la tension affective vers cet objet est plus forte. Aussi, la réalisation d'un simple souhait apparaît elle comme une bonne surprise : ainsi dans le discours du roi Jean à ses troupes avant la bataille de Poitiers : ' « Entre vous, quant vous estes à Paris, à Chartres, à Roem ou à Orliiens, vous maneciés les Englès et vous *soushediés* le bacinet en le tieste devant yaus. Or y estes vous, je les vous moustre ; si leur voelliés remoustrer vos mautalens et contrevengier les anois et les despis qu'il vous ont fais ; car sans faute nous les combaterons » ' (V 20-21). ' Enssi avienent souvent les fortunes en armes et en amours, plus ewireuses et plus mervilleuses qu'on ne les poroit ne oseroit penser ne *souhaidier* ' (V 52). Dans le cas où le désir est objectivement irréalisable, c'est le verbe *souhaidier* qui apparaît : Inquiet du sort de troupes qui se sont aventurées à la légère : ' Li connestables de France, qui estoit de autre part l'aigue au lés devers Lille, avoit en cœr grant angoisse de eux, et se *souhaidoit* et toute sa poissance en la ville de Commines avoec eux ' (XI 19).

D'autre part, au verbe *souhaidier* se rattache la locution adverbiale *à souhet* (fr. m. *à souhait*) qui n'a pas son équivalent dans la famille des verbes précédemment étudiés : Les Anglais poursuivis par les Français trouvent l'occasion bonne de combattre ; à droit *souhet*, il ne vosissent mies mieulz ' (IV 107). Des navigateurs ' avoient vent et temps *à souhet* ' (XII 309).

IV. B. 5. *Tendre à*, veibe assez courant dans les Chroniques, n'est pas substituable à ' desirer ' dans le cas où le complément dénote une personne. On peut dire : ' Il fut recheus à grant joie des hommes de la ville qui moult le *desiroient* ' (VIII 54), mais non, semble-t-il, *' qui moult à luy *tendoient* '. Dans tous les autres cas, la substitution semble possible et rien ne permet de définir clairement une nuance de sens qui opposerait les deux verbes. On peut *tendre à* ' tous haus et nobles fais d'armes ' (VI 216) ; ' à toute perfection d'onneur ' (V 47) ; ' à signouries et à hautes honneurs ' (IX 155) ; ' à le conté de Flandres ' (III 104) ; à un héritage (IV 164) ; ' à estre pappes ' (IX 144) ; ' à faire un giant voiage ' (X 41). ' Li dus de Lancastre ne tire ne *tend* à autre cose que il soit rois ' (XI 272). L'association avec *tirer à* qui, on le verra, relève plutôt du vocabulaire de l'action ne suffit pas à prouver qu'il en soit de même pour *tendre*.

IV. B. 6. *Vouloir* et *volonté* s'appliquent d'ordinaire à des faits psychiques complexes dans lesquels le « désir » intervient, mais qui impliquent

aussi jugement et décision. Néanmoins, ces deux derniers sèmes peuvent
être assez effacés pour que ces deux mots puissent dans certains cas
apparaître comme pratiquement synonymes de ' desirer ' et de ' desir ' :
' Cescuns s'ala logier ensi qu'il peut et reposer qui *volt* ' (II 131) ; ' Et
s'en partirent toutes gens d'armes... qui partir s'en volrent ' (IX 17) ;
dans le prologue des Chroniques, qu'il présente comme un recueil de
hauts faits destiné à servir d'enseignement aux chevaliers de l'avenir,
Froissart écrit : ' Si ne *voel* je mies que nulz bacelers soit excusés de
non li armer et sievir les armes par defaute de mise et de chavance, se
il a corps et membres ables et propisses à ce faire, mès *voel* qu'il les aherde
de bon corage et prende de grant volenté ' (I 3).

La synonymie de ' souhaiter ' et de ' vouloir ' est particulièrement
nette dans le cas où *vouloir* est au conditionnel : Le seigneur de Gommi-
gnies se défend : s'il n'y avait pas d'artillerie à Arde, c'est le roi Édouard III
et son conseil qui en sont responsables : ' Ce n'est mie ma coupe, mais
la leur, et m'en *vorroie* bien escuser par yaux ' (VIII 246). Le comte
de Flandres conclut la longue énumération de ses griefs contre les Gantois
par un souhait impossible[*]: ' Je leur ai esté propisces, courtois et debo-
naires en toutes leurs requestes, et ai souffert à bouter hors de mon
païx mes gentils hommes, quant il se plaindoient d'eus, pour garder
leur loi et leur justice. J'ai ouvert mes prisons par trop de fois pour
eulx rendre leurs bourgois, quant il le me requeroient ; je les ai amés,
portés et honnerés plus que nuls de mon païs : et il m'ont fait tout le
contraire, ocis mon baillu, abatu les maisons de mes gens, banis et esca-
ciés mes officiiers, ars l'ostel ou monde que je amoie le mieux, efforchiet
mes villes et mis à leur entente, ocis mes chevaliers en la ville de Ippre,
fait tant de malefisses contre moi et ma signourie que je sui tous tanés
dou recorder, et *voldroie* que il ne m'en souvenist jamès ! Mès si fera,
voelle ou non. » ' (IX 214).

L'adjectif *volentrieu de* suivi de l'infinitif semble synonyme de *desirant
de* : Les Gantois espèrent réussir à capturer dans une embuscade le
seigneur d'Enghien ' car il le sentoient ... *volentrieu* de lui aventurer
follement ' (X 143).

En ce qui concerne le substantif *volonté* (var. *volenté*), cette valeur
apparaît en particulier dans l'expression ' à (sa) *volonté* ' : ' Chils Ainmeri-
gos avoecques ses compagnons couroient le païs *à leur vollenté* ' (IX 141),
et dans les cas où *volonté* est associé à *plaisance* : ' Quant... il eurent là
sejourné à leur *volenté* et *plaisance*, il prirent congiet ' (IX 154) ; ' Il li
prist *volenté* et *plaisance* d'aler veoir le chastel de Lourdes ' (XII 17).

IV. B. 7. *Affection* : Bien que, dans son emploi adverbial, (v. § III. C. 2.),
ce mot n'exprime que l'intensité du sentiment, dans ses autres emplois,
les contextes, où il s'agit toujours d'un bien qui n'est pas définitivement
acquis, imposent d'y voir l'expression de la notion de « désir » : Le Prince
de Galles partant pour l'Espagne, achète au roi de Navarre le droit de
traverser son pays, parce que ' grant *affection* avoit en ce voiage ' (VI 210) ;

Pendant la rivalité de Charles de Blois et de Jean de Montfort, ' li grigneur partie des barons de Bretagne... avoient tout pourpos et *affection* de aidier monsigneur Charle, et le tenoient tout à duc et à signeur ' (VI 149). Les Français préparent une expédition en Écosse ' et estoit li *afections* et intencions dou conseil de France que à l'esté qui revint, on feroit forte guerre ' (XI 185). A la mort du roi Ferrand, les Portugais pensent à son frère bâtard, maître de l'ordre d'Aviz, et lui font savoir qu'ils avaient ' grant *affection* à lui pour couronner à roy ' (XII 8).

IV. B. 8. *Plaisance* se trouve fréquemment associé à *intention, volonté, désir, affection*, dans des couples apparemment synonymiques. D'autre part, il peut être sujet des verbes *prendre, venir à*, suivis d'un complément de personne, ce qui tendrait à indiquer que la *plaisance* suppose un sujet plutôt passif qu'actif, que c'est une « passion » plutôt qu'un acte de la volonté : ' Si li pris volenté et *plaisance* d'aler ou royaume de Navarre ' (XII 81) ; ' *Plaisance* me prist à ouvrer et à poursuir l'istoire que je avoie commenciée ' (XII 237) ; ' li intencion et *plaisance* très grande de chiaulx de Gaind estoit que li contes de Flandres venroit demorer à Gaind ' (IX 211). ' Il estampoient en le bourbe et en l'ordure li pluiseur jusques en mi le gambe ; mais le grant desir et *plaissance* que il avoient dou conquerir le passage et honneur... leur faissoit assés entr'oublier leur travail et paine ' (XI 20). ' La roïne de Honguerie, mère à la jone dame, qui hoirs estoit de Honguerie... avoit grandement son affection et *plaissance* à Loïs de France, conte de Valois, et tenoit sa fille à très hautement et bien assegnée, et ne desiroit autrui veoir ne avoir que le jone conte à fil et à roi ' (XI 248).

On peut donc considérer que *plaisance* fait partie du champ sémantique du « désir ».

IV. B. 9. *Devotion* (var. *devocion*) : Il est certain que, dans la majorité des cas où la *devotion* tend vers un bien non encore acquis, c'est-à-dire où ce mot dénote un « désir », il s'agit d'un désir pieux : Espérant livrer bataille aux Écossais, ' fist... li rois dire grant fuison de messes, pour acumeniier chiaux qui *devotion* en avoient ' (I 63) ; ' Eut li... rois Phelippes grasce et *devotion* de venir veoir le Saint Père ' (I 114) ; ' Papes Gregoires XIe de ce nom, qui pour le temps tenoit le siège de Rome en la cité d'Avignon..., se avisa et heut *devotion* que il iroit viseter Romme et le Saint Siège que sains Pières et sains Pols avoient edifiiet et augmentet ' (IX 48) ; ' Or eurent ilz affection et *devotion* d'aler en pelerinage au baron Saint Jacques ' (XII 302).

Néanmoins, cette règle n'est pas absolue et *devotion* peut très bien exprimer un désir quelconque, ainsi dans le récit des préliminaires de la bataille de Roosebeke : ' Che ne se pooit passer que bataille n'i eust, car nuls ne traitoit de la paix, et toutes les parties en avoient grant *devocion* ' (XI 45).

IV. B. 10. *Talent*, relativement rare chez Froissart, semble un synonyme exact de *desir* ; il apparaît dans les expressions :

— *avoir talent de* : Au moment où le roi Jean entre, furieux, dans la salle où dînent le duc de Normandie et le roi de Navarre, ceux-ci ' li cuidièrent faire le reverensce, mais il n'en avoit dou recevoir nul *talent* ' (IV 178). Voyant la débandade des Brugeois, les renforts envoyés par le comte de Flandres ' se desroutèrent ossi... et ne tinrent point d'arroi, et n'eurent li pluseurs *talant* de traire vers Bruges ' (X 227).

— *Faire son bon et son talent de* : ' Si s'ordonnèrent pour desloger de Vierson, quant il eurent *fait leur bon et leur talent de* la ville ; et avoient en ce sejour pris le chastiel et occis la plus grant partie de chiaus qui dedens furent trouvet ; puis chevaucièrent par devers Romorentin ' (V 4).

De plus, au substantif *talent* correspond l'adjectif *entalenté de*, synonyme de *desirant, volentrieux de* : ' Jehans Prouniaux... qui estoit pour le tamps des blans capprons li plus grans mestres et cappitains, sans sonner mot ne parler as jurés de la ville... prist la grignour partie des blans capprons et encore assés de poursieuwans *entalentés de* mal faire, et se parti sus un soir de Gaind, et s'en vint bouter en Audenarde ' (IX 220).

IV. B. 11. Un autre synonyme, assez rare, des adjectifs énumérés au paragraphe précédent est *engrant de* : Au fameux bal qui devait se terminer tragiquement, dans les flammes, ce bal où s'étaient déguisés en ' sauvages ' les plus grands seigneurs de la cour de Charles VI, le duc d'Orléans ' fut trop *engrand* de sçavoir qui il estoient ' (K. XV 87).

A la bataille de Cocherel, malgré les avis du captal de Buch, Jean Jeuiel tombe dans le piège tendu par du Guesclin, parce que ' moult *engrans* estoit de combatre ' (VI 123).

IV. B. 12. Une expression, vraisemblablement familière et d'une forte intensité affective, exprimant la notion de « désir », a été relevée une fois, dans les réflexions des seigneurs de la suite de Charles VI, lors de l'accueil équivoque que lui font les Parisiens à son retour de Roosebeke : ' « Velà orgilleuse ribaudaille et plaine de grant beubant ! A quoi faire moustrent il maintenant leur estat ? Il fussent venu servir le roi, ens ou point où il sont, quant il ala en Flandres, mais *il n'en avoient pas la teste enflée* fors que de dire et de priier à Dieu que jamais piés n'en retournast de nous » ' (XI 76).

IV. B. 13. On relève enfin une série de mots qui, en eux-mêmes n'expriment rien d'autre que l'intensité affective ou l'émotion, mais auxquels la présence d'un complément introduit par *de*, dénotant un bien non réalisé, peut conférer le sème contextuel de « désir ». Ce sont :

— être *aigre de* : ' Quant li contes de Saint Pol les veï fuir, il fu un petit trop *aigres* d'yaus poursievir, et feri cheval des esporons, la lance ou

poing, et dist : « Avant, avant ! il ne nous poeent escaper. » ' (VIII 186-187).
Les pauvres chevaliers, apprenant quelles fortunes les compagnons
aventureux avaient faites en Castille ' furent plus diligens et *aigres* de
partir ' (XII 324).

— *ému de* : ' Li rois de France, *esmeus de* contrevengier ces despis, se
parti de Paris ' (IV 188) ; une rixe éclate entre les Parisiens et des soldats
anglo-navarrais qu'Étienne Marcel avait introduits à Paris : ' Chiaus
de Paris, tout *esmeu* estoient *de* yaus occire ' (V 111).

— (en) *frefel de* : Charles VI, sachant que ses oncles désirent le marier,
' à paines pooit... dormir pour *frefel de* veoir celle qui fu puis sa femme,
et demandoit au signeur de la Rivière : « Et quant le verai je ? » ' (XI 229).

IV. B. 14. *Conclusion* :

Le « désir » suppose le « besoin ». Il ajoute à l'ensemble des sèmes
qui définissent ce mot celui d'une « vue prospective », c'est-à-dire d'une
prise en considération des chances de réalisation de l'objet virtuel du
besoin. La tension vers cet objet peut être plus ou moins forte : minimale,
comme dans *souhaiter*, maximale comme dans *convoiter* ou *goulouser*,
mais la plupart du temps, aucun indice ne permet de discerner une
différence d'intensité entre les nombreux synonymes qui composent
ce champ sémantique.

Dans la langue des Chroniques, le « désir » est présenté uniquement
du point de vue du sujet qui le ressent, et non du point de vue de son
objet virtuel.

Il est exprimé surtout au moyen de verbes, ou de locutions verbales
où se trouvent intégrés des substantifs tels que *desir, volenté, affection,
plaisance, devotion,* ou des adjectifs ou participes tels que *aigre, desirant,
engrant, esmeu, entalenté, volentrieux de,* suivis de l'infinitif. Les mots
qui jouissent de la plus grande autonomie syntaxique semblent être
convoitise et *convoiteux,* ainsi que *desirier.* On relève enfin, quoique
rarement, deux locutions adverbiales : *à souhait* et *à volonté.*

Un certain nombre de ces mots, d'ailleurs, qui appartiennent pour
l'essentiel de leurs emplois à d'autres champs sémantiques, doivent
leur sens de « désir » à la présence, dans le contexte, d'un complément
dénotant un objet virtuel.

Il faut enfin souligner la richesse de cet ensemble lexical auquel ne
manquent pas les mots rares et expressifs.

IV. C. L'attente et l'espoir

IV. C. 1. *Attendre,* verbe polysémique qu'on retrouvera à propos de
l'« attention » et de l'« action », s'emploie, dans la majeure partie de

ses occurences, comme en français moderne, avec pour complément
un substantif dénotant un objet virtuel : on attend quelqu'un (II 33,
III 30, V 200, VIII 205, IX 109), ' la venue ' de quelqu'un (I 152), des
coups (V 78), l'aventure (VI 118), de ' beaux héritages ' (XI 186).

Il existe de plus un verbe *ratendre* qui s'emploie particulièrement
quand on est sûr du passage de quelqu'un et qu'on lui tend une embuscade : Un chevalier anglais ' eut un dur rencontre ; car il trouva un
boucier sur le pavement..., qui bien l'avoit veu passer : si le *ratendi* et
tenoit une hace trenchans à longe puignie et pesant durement. Ensi que
li chevaliers s'en aloit tout le pas et qui de ce ne se donnoit garde, cils
maleois bouciers li vient sur costé et li desclike un cop entre le col et
les espaules si très dur qu'il le reverse tout en dens sus le col de son cheval '
(VII 247). Un certain nombre de seigneurs anglais ' venoient devers
monsigneur Robert Canolles et monsigneur Alain sus un pas où il les
esperoient à trouver ; mès on leur ascourça leur chemin, car droitement
en un lieu que on appelle ou pays le Pont Volain, furent il rencontré et
ratendu des François, et courut sus et envay soudainnement ' (VIII 3-4).

IV. C. 2. *Esperer* paraît être, sur le plan syntaxique, en distribution
complémentaire avec *attendre*, celui-ci n'admettant pour complément
qu'un substantif, celui-là qu'un infinitif introduit par *à* — rarement
par *de* — ou une proposition introduite par *que* : ' Elle *esperoit à* recouvrer
son hiretaige de Castille et estre royne avant son retour ' (XII 297). Le
cardinal de Poitiers ' s'en vint à Valenchiennes et à Cambrai et là se
tint un moult lonc tamps en *esperant de* ouir toudis bonnes nouvelles '
(IX 148). ' J'ay là laissiet le roy... dont je *espoir que* vous orés temprement nouvelles ' (IV 144).

Dans les exemples que nous venons de citer, l'objet de ce verbe est
un bien. Il n'en est pas toujours de même : ' Li contes d'Ermignach,
li sires de Labreth et li aultres retournèrent en leur pays et pourveirent
leurs villes et leurs chastiaus grandement, ensi que cil qui *esperoient* à
avoir la guerre ' (VII 241) ; or, rien, dans le contexte, ne laisse penser
que cette perspective leur fût particulièrement agréable. Le début du
traité de Brétigny parle des ' dissensions, debas, descors et estris meus
et *esperés* à mouvoir entre nous et nostre très chier frère le roi de France '
(VI 5). ' Li rois de France savoit bien que li rois de Navare estoit allés
en Engleterre et *esperoit* bien que ains son retour, il feroit couvenances
et alloiances à son adversaire d'Engleterre ' (IX 63) ; on ne peut pourtant pas supposer que Charles V se réjouît à la perspective de voir se
renforcer le camp anglais !

Ces trois cas sont particulièrement nets. En certains autres, sans que
le sens moderne d'« espérer » soit radicalement impossible, celui de
« s'attendre à » est beaucoup plus satisfaisant : ' Li Englès, qui estoient
à leur deffenses, en la ville de Bourbourc et qui veoient le poissance dou
roi de France si grande devant eux, *esperoient* bien à avoir l'assault.
De ce estoient il tout conforté, mais de ce qu'il se trouvoient enclos

en une ville qui n'estoit fremée que de palis, il n'estoient pas bien asseur '
(XI 135). ' Si... se misent en arroi... ensi que pour tantos combatre,
car il n'*esperoient* aultre cose et en avoient grant desir ' (VI 154). ' Et
faisoit li dis rois grossement pourveir et rafreschir les forterèces et les
garnisons de bonnes gens d'armes d'Angho, de Poito, du Mainne, de
Tourainne, et tout sus les marches et frontières par où on *esperoit* que li
Englès devoient passer, pour yaus clore le pas et tollir vivres et pourveances, que il n'en peuissent de nulles recouvrer pour yaus ne pour
leurs chevaus ' (V 2).

Le verbe *esperer* possède deux dérivés : *espoir* et *esperance*. Le premier,
dans la très grande majorité de ses occurrences, est employé avec la
valeur adverbiale de « peut-être » (v. I. E. 1.). Il apparaît pourtant comme
substantif dans l'exemple suivant : Gautier de Mauni, peignant au roi
Édouard III la résolution des gens de Calais, pour essayer de le faire
revenir sur les conditions draconniennes qu'il leur impose, reçoit cette
réponse : ' Messire Gautier, je n'ai mies *espoir* ne volenté endont que
j'en face aultre cose ' (IV 56). On voit qu'ici, *espoir* n'exprime rien
d'autre que la probabilité de réalisation d'un objet virtuel et que la
phrase pourrait se traduire par « Messire Gautier, je ne compte pas et
(d'ailleurs) je ne veux pas agir autrement à leur égard ».

Le moins rare des deux substantifs dérivés de *esperer* est *esperance*.
Dans toutes les occurrences relevées, il s'agit de l'attente d'un bien et
non d'un objet mauvais, ou indifférent ou douteux ; mais le nombre
de ces occurrences est trop faible (VIII 208, IX 11, X 66, XI 211) pour
qu'on puisse sans imprudence opposer *espoir* à *esperance* comme on
opposerait en français moderne *attente* à *espoir*. De plus, dans l'exemple
suivant : ' Il avoit si grant fiance en ses gens et si *bonne esperance* en la
fortune de ceulx de Gaind que vis li estoit que il ne pooit mies perdre '
(X 66), la présence de l'adjectif *bonne* laisse supposer que, quoique
non relevé, le couple *mauvaise espérance* n'est pas absolument impossible.

IV. C. 3. *Conclusion* : Les quatre mots ici étudiés s'opposent au
vocabulaire du « besoin » et du « désir » par les deux traits suivants :

1) Dans une vue prospective des choses, la réalisation de l'objet virtuel
est tenue ici pour possible, probable ou certaine, alors que dans les deux
premiers cas, l'hypothèse d'une réalisation impossible n'est pas exclue.

2) L'usage de ces mots n'implique pas de jugement de valeur sur l'objet
virtuel, alors que l'objet du « besoin » et du « désir » est obligatoirement
tenu pour « bon » par le sujet sentant. Leur valeur affective est donc
liée uniquement au contexte.

Alors que le français moderne oppose nettement l'« espoir » dont l'objet
virtuel est bon, à l'« attente » qui n'implique à son égard aucun jugement
de valeur, dans la langue de Froissart, ces deux notions sont indistinctes.
L'opposition entre les deux verbes est syntaxique et non sémantique.
Ils sont pratiquement synonymes.

Le vocabulaire ici étudié envisage la probabilité de réalisation d'un objet du point de vue du sujet sentant concerné. On a déjà rencontré (v. I. E.) la même notion exprimée du point de vue de l'objet.

Enfin, on ne peut que constater la pauvreté de ce champ sémantique par rapport aux précédents et à ceux qui vont suivre.

IV. D. La peur, l'émotion, la surprise

IV. D. 1. *Doubter, redoubté, doubte, doubtance :*

Le verbe *doubter*, qui est polysémique et que nous retrouverons, avec son sens moderne, au chapitre de la connaissance, peut avoir ou non un emploi pronominal. Cet emploi pronominal semble le plus fréquent, sans qu'il soit possible de discerner entre les deux tournures une nuance quelconque de sens.

Ont été relevés les schémas syntaxiques suivants :

— *se doubter que* : ' Or, se perchut li dis messires Hues comment on murmuroit sur lui et sus son afaire. Si, *se doubta* trop fort *que* mauz ne l'en venist, ensi qu'il fist ; mès che ne fu mies si trestos. Ançois eut il fait moult de coses damagables ou pays, si com vous orés chi après ' (I 13).

— *se doubter de + infinitif* : Les Français ont tendu une embuscade aux Anglais : ' Entrues qu'il estoient en cel estat, li bataille des mareschaus ala approcier ; et le perçurent li François comment elle lor venoit sus èle, en costiant un bois ; si *se doubtèrent de* tout perdre, ensi que il euissent fait, se il fuissent demoret. Si se partirent cescuns qui mieulz mieulz ' (V 6).

— *doubter à + infinitif* : Charles V reçoit le conseil de faire la paix avec Jean de Montfort, de peur que celui-ci ne fasse hommage au roi d'Angleterre : ' Par ensi, poriés vous pei dre vos drois et le hommage de Bretagne qui est une moult grosse et notable cose en vostre royaume et que vous devés bien *doubter à* perdre ' (VI 178).

— *se doubter pour quelque chose* : ' Le conte de Foeis *se doubte* toujours pour la guerre que il a au conte d'Armignach et pour les envies de ses voisins, le roy de France ou le roy d'Engleterre, lesquelz il ne courrouceroit point volontiers ' et en conséquence, il veille à avoir toujours des finances en bon état (XII 46) (ici, le complément introduit par *pour* dénote la cause, et non l'objet virtuel du *doubte*).

— ' *doubter quelque chose* : ' Chil de Rains *doubtèrent* celle manace et pestillence d'ardoir leurs biens as camps ' (IX 254).

— *se doubter de quelqu'un* : Après Poitiers, au moment de la jacquerie, ' se parti li dus de Normendie de Paris sans le sceu de chiaus de Paris, et toute se route, et *se doubta* dou roy de Navare, dou prevost des marchans et de chiaus de sa secte, car il estoient tout d'un acord ' (V 102).

— *doubter quelqu'un* : Philippe d'Arteveld, avant Roosebeke, plein de confiance en lui-même, ' esperoit bien à estre sires de tout le monde. Autre imaginacion n'avoit il, ne riens il ne *doubtoit* le roi de France ne sa poissance, car, se il l'euist *doubté*, il n'euist pas fait ce qu'il fist, sicom vous l'orés recorder ensieuant ' (XI 39).

— *estre doubté* (en parlant d'une personne) : Édouard III était ' li plus *doubtés* et honnourés princes des Chrestiens ' (II 133).

On a relevé aussi, dans les Chroniques, plusieurs exemples du participe passé *redoubté*, à l'exclusion de toute forme conjuguée du verbe **redoubter*. Il peut qualifier un substantif quelconque : ' Entre pluiseurs assaulx qui i furent, il en i ot un très mervilleux, grant et *redoubté* car il dura un jour tout entier priès jusques à la nuit, et là furent faites de ceux de dehors et de ceulx de dedens pluiseurs grans appertises d'armes ' (XI 120). Il peut aussi, comme *doubté* dont il semble être un synonyme exact et plus usuel, qualifier une personne, dans des formules comme ' hault prince et *redoubté* monseigneur Gaston, conte de Foeis ' (XII 2), ' mon très *redoubté* seigneur le conte de Blois ' (XII 2).

Les substantifs dérivés correspondant à *doubter* sont *doubte* et *doubtance*. Le premier, de loin le plus fréquent, présente la même polysémie que *doubter*. Le second semble synonyme de *doubte* dans la mesure où celui-ci correspond aux emplois ci-dessus étudiés de *doubter* au sens de « avoir peur ».

Ils entrent dans des schémas syntaxiques stéréotypés tels que :

— *avoir doubte* ou *doubtance de* : le sire de Couci est en butte à la rébellion des mercenaires qu'il a engagés pour envahir l'Autriche. Ils ' se logièrent, et le signeur de Couci en mi yaus, et par tel manière que, se il s'en vosist adont estre partis, il ne peuist, tant estoit il priès gettiés. De la quel cose il *avoit* grand *doubte* ' (VIII 221). Jean Mouton, envoyé des Londoniens révoltés, s'adresse ainsi à Richard II : ' Très redoubtés sires, li communs de vostre roiaulme m'envoie devers vous pour traitiier, et vous prient que vous voelliés venir parler à eulx sus la montaigne de la Blaquehède, car il ne desirent nullui à avoir que vous ; et n'*aiés* nulle *doubtance* de vostre personne, car il ne vous feront ja mal, et vous tiennent et tenront tousjours à roi ' (X 103-104).

— *être en doubte(s)* ou *en doubtance (de)* : Le comte de Flandres ' estoit en souspechon et *en doubte* toudis de chiaulx de Gaind ' (IX 225). Une des raisons des succès des Navarrais était qu'ils ' chevauçoient bien souvent sus une nuit trente liewes, et venoient sus un pays qui n'*estoit en nulle doubte*, et ensi eschelloient il et embloient les chastiaus et les forterèces parmi le royaume de France ' (V 121). Les Anglais et les Gascons ' couroient priès que tous les jours en devant la Rocelle et en devant Saint Jehan l'Angelier, et tenoient ces deux villes *en tels*

doubtes que nuls n'ossoit issir fors en larcin ' (IX 122-123). La reine
d'Angleterre, épouse malheureuse d'Édouard II, à son arrivée sur le
continent, termine ainsi son discours à son frère, le roi de France : ' Il
nous fu dist en grant amisté par chiaus qui savoient aucunes coses dou
conseil ce dit chevalier ' (Hugues Spenser) ' que nous estions en grant
peril de nos vies. Si nous sommes parti *en grant doubtance* et venu par
deçà vous veoir, que je desiroie moult ' (I 17).

— *Pour le doubte* ou *pour la doubtance de* : La ville d'Évreux vient
d'être prise et une trêve signée par les commissaires du roi de France,
' et quant il s'en partirent, il le pourveirent, *pour le doubte des* rebellions,
de boines gens d'armes ' (IX 65). ' Or retournons as Englès qui estoient
logiet assés priès de Sens en Bourgongne, en laquelle cité, *pour la doutance*
de eulx, avoit grant garnisson de gens d'armes ' (IX 270).

— *faire doubte que* : Après avoir subi un rude assaut, les défenseurs
de Quimperlé réfléchissent. ' Si regardèrent que trop mieulx leur valoit
à yaus rendre et paiier raençons, que attendre l'aventure d'estre pris,
car bien cognissoient que longuement ne se pooient tenir en cel estat.
Si *faisoient doubte* que, se il estoient pris de force, trop grant meschiés
ne lor avenist, car par especial il se sentoient fort hay dou duch, pour
tant que il li avoient esté trop contraire ' (VIII 208).

— *donner doubte à* : ' Le roi de Portingal... grandement desiroit à avoir
l'aide et le confort du roi d'Engleterre, pour *donner doubte* et cremeur
aux Catheloings ' (XII 296).

Mais *doubte* et *doubtance* se prêtent aussi à des emplois beaucoup plus
souples et autonomes : Charles V comprend qu'il n'a plus pour longtemps
à vivre ; ' quant ceste pistoulle comenchia à sechier et non à couller, les
doubtes de le mort le commenchièrent à aprochier ' (IX 282). Les Anglais
' doubtoient grandement le fait des Escos et des François ensemble...
Ces *doubtes* ne laissièrent onques cel an partir ne vuidier chevalier ne
escuier hors de Engleterre ' (XI 212). Avant de suivre le conseil de
Robert d'Artois et de défier le roi de France, Édouard III envoie demander
l'avis de Jean de Hainaut auquel ses messagers ' exprimèrent toutes les
raisons et les *doubtances* que li rois meismes avoit mises avant par devant
son conseil ' (I 121). A la bataille d'Aljubarrota, ' on ne prendoit homme
à rançon... car ilz ne voloient point prendre la *doubtance* ne l'emblavement
chargier de nul prisonnier ' (XII 164).

Les mots ci-dessus étudiés sont extrêmement courants. Tous les
exemples cités montrent qu'ils traduisent l'attente pénible d'un événement virtuel présumé mauvais, mais que le danger n'est jamais présent
ni tout à fait imminent. La « peur » prend ici la forme de l'inquiétude
ou de la méfiance plutôt que de la frayeur.

IV. D. 2. *Ressoigner* s'oppose à *doubter* par quelques différences
d'environnement syntaxique et par le fait qu'il ne possède pas de dérivés
nominaux. Il exprime en général, comme *doubter*, l'attente pénible d'un

danger à plus ou moins longue échéance, mais n'exclut pas l'émotion devant un danger imminent.

On trouve parfois *ressongnier à* + infinitif : Le comte de Flandres a levé sur les bateliers des impôts ' dont li marcheant et li naviieur anchien se plaindoient grandement. Et *resongnoient* ja à venir à Gaind chil de Valenchiennes, de Douai, de Lille, de Bietune et de Tournai ' (IX 171). Les Jacques trouvent, contre toute attente le marché de Meaux, où étaient enfermées trois cents nobles dames, défendu par les troupes de deux seigneurs de passage, le captal de Buch et le comte de Foix. Alors, ' se commencièrent li premier à reculer, et li gentil homme à yaus poursievir, et à lancier sus yaus de leurs lances et de leurs espées et yaus abatre. Adonc cil qui estoient devant, et qui sentoient les horions ou qui les *ressongnoient* à avoir, reculoient de hideur tout à une fois et cheoient l'un sus l'autre ' (V 105). Ici, l'espace de temps compris entre le moment où l'on commence à *ressongnier* et celui de la réalisation possible de l'objet virtuel est particulièrement court, mais cependant non négligeable.

Ressongnier peut aussi être employé absolument, sans aucun complément : Les Normands, voyant les Anglais manœuvrer, avant la bataille navale de l'Écluse, se méprennent sur leurs intentions et se disent : ' « Il *ressongnent* et reculent car il ne sont pas gens pour combatre à nous » ' (II 36). A Poitiers, au plus fort de la bataille, ' cil cheval qui trait estoient et qui les fers de ces longes saiettes sentoient, *ressongnoient* et ne voloient avant aler ' (V 36). A la bataille de Najera, le prince de Galles s'oppose au comte don Tello, frère d'Henri de Trastamare. ' Dont il avint ensi que, quant li princes et ses gens approcièrent sus le bataille dou conte dan Tille, li dis contes dan Tilles *ressongna* et se parti sans arroi ne riens combatre, on ne scet qu'il li falli, et bien deux mil hommes à cheval de se route ' (VII 37).

Mais la tournure la plus fréquente est *ressongnier* suivi d'un complément d'objet direct dénotant

— une chose : on peut *ressongnier* les coups (XI 22), le trait des arcs ou des arbalètes (II 17), la guerre (IX 158), la bataille (V 29), les ' fortunes perilleuses ' (IX 83), les ' grans pertes et damages ' (IX 260), le soleil (VI 119), l'hiver (IX 203), la mort (IV 39, IX 200, VIII 58), le péril (VIII 58, VI 126), la peine (VI 126, IX 48).

— une personne, en particulier un ennemi : Godefroi de Harcourt ' donnoit les cops si grans ' que ceux qui étaient aux prises avec lui ' le *ressongnoient* ' (V 78). Les Français en garnison à Montcontour ' couroient... devant Poitiers et y faisoient grans contraires et moult les *ressongnoient* chil du païs ' (VIII 18). Cette personne peut aussi être un supérieur redoutable : Pierre, roi de Castille ' estoit si crueulz et si plains d'erreur et de austerité que tout si homme le cremoient et *ressongnoient* et le haoient, se moustrer li osaissent ' (VI 186). C'est pourquoi, au passif, *ressongnié* apparaît, suivi d'un complément d'agent :

Jean Chandos ' fu à son temps fors chevaliers et hardis durement et *ressongniés* de ses ennemis ' (VI 164), ou sans complément, comme *doubté, redoubté*, et (v. IV. D. 3.), *cremu* : Geoffroi Tête Noire ' tenoit le païs autour de lui en pais, ne nuls n'osoit chevauchier en sa terre, tant estoit il *ressoingnés* ' (XI 144). ' Et pour che tamps estoit messires Jehans de Jeumont grans baillus de Flandres, et avoit esté bien deus ans en devant, liquels estoit mout cremus et *resongniés* par toute Flandres pour les grans prouèces et appertises que il faisoit ' (XI 202).

Enfin, on relève l'expression *faire à ressongnier* qui a pour sujet grammatical l'objet d'une crainte justifiée : Les assiégés de Quimperlé ' regardèrent qu'il ne se pooient tenir, que dedens cinc ou sis jours de force il ne fuissent pris, et encores ne sçavoient il se on les minoit ou non^r: c'estoit une cose qui bien faisoit à *ressoingnier* pour yaus ' (VIII 209). L'expédition du duc d'Anjou en Italie était une grande affaire, ' et tels coses, à entreprendre un tel fait au commenchement font bien à glosser et à *ressongnier* ' (X 175).

IV. D. 3. *Cremir* (fr. m. *craindre*) et *cremeur* :

Cremir dénote couramment le sentiment que l'on peut éprouver à l'égard d'un personnage puissant et capable de vous faire éprouver sans ménagements les effets de sa puissance : Le roi de Castille, on l'a vu, au paragraphe précédent, ' estoit si crueulz... que tout si homme le *cremoient* et ressongnoient ' (VI 186) ; Geoffroy Tête Noire était ' uns mauvais et crueux homs... et se faisoit *cremir* si fort de ses gens que nus ne l'osoit courouchier ' (XI 144).

Être *cremu* est, pour un puissant de ce monde, une qualité importante mais ambiguë. Dans les deux exemples précédents, les connotations du mot sont nettement péjoratives. De même, la *cremeur* est opposée à l'*amour* dans le passage où Froissart analyse les sentiments des gens d'Évreux qui ' toutdis estoient... demouret Navarois et plus avoient obei au roy Jehan par *cremeur* que par amour ' (V 89). Mais il n'est pas rare non plus que *cremu* soit associé à ees mots mélioratifs tels que *amé*, (X 82, IX 158, XI 287), *honnouré* (X 82), *renommé* (IX 170) ; on peut être *cremu* non seulement pour des actes de cruauté, mais aussi pour ses ' prouesses ' et ' apertises ' (XI 202).

Dans l'un des exemples relevés, l'objet de la *cremeur* est Dieu : avant le combat contre Bruges, des frères prêcheurs enflamment par leurs sermons les cœurs des Gantois ' et se acumeniièrent les troi pars des gens de l'oost et se missent tout en grant devotion et monstrèrent tout grant *cremeur* avoir à Dieu ' (X 222). On peut aussi *cremir* un peuple tout entier : ' Onques li païs de Flandres ne fu si *cremus*, si amés, ne si honnourés que le tams que Jacques d'Artevelle en ot le gouvrenement ' (X 82). ' Escoche est la terre ou monde que li Englès *criement* et doubtent le plus ' (XI 176).

Il arrive aussi que, dans une tournure inverse, le personnage (ou le peuple) redoutable fasse montre de sa puissance pour *donner cremeur* à quelqu'un : Le duc de Montfort ne s'est, dit-il, allié aux Anglais que ' pour *donner cremeur* au roi de France et à son conseil, affin que il ne fuissent mené fors as anciiens usages ' (X 18). Les Romains, ' pour *donner cremeur* as cardinaux et à celle fin que il descendissent plus tost à leur volenté, rompirent par leur mauvaiseté le conclave où li cardinaux estoient ' (IX 51). Au retour de Roosebeke, ' fu ordonné que li rois et si oncle et li signeur principaulment enteroient en Paris et aucunes gens d'armes ; mais les plus grosses routes se tenroient au dehors de Paris tout à l'environ, pour *donner cremeur* as Parisiiens ' (XI 78).

Enfin, on relève l'expression *estre en cremeur*, suivie ou non d'un complément dénotant soit le personnage redoutable, soit l'objet menacé, soit l'événement menaçant : Aymeri de Pavie, dont la trahison vient d'être dévoilée, mais à qui Édouard III offre une possibilité de racheter sa faute, ' se leva atant de devant le roy, qui en genoulz et en grant *cremeur avoit esté* ' (IV 72). Les Anglais ' *estoient* toutdis en doubte et en *cremeur* pour les Escos ' (IV 142). Pendant les troubles de Gand, Jean Lion était ' en... grant *cremeur* de sa vie ' (IX 175). Les défenseurs d'Ypres, déjà harcelés par les Anglais redoutent de plus une trahison : ' et avec ce estoient il en paine et *cremeur* pour ceux de la ville que il n'i euist aucuns mauvais traitiés envers ceux de Gand, par quoi il escheïssent en dangier et par traïson de ceux de la ville d'Ippre ' (XI 112).

On voit que les mots ici étudiés dénotent un sentiment d'attente pénible dont l'objet peut être soit un personnage, actuel, sans doute, mais considéré comme la source de difficultés virtuelles, soit un événement virtuel, tenu pour mauvais et dont la réalisation, possible, probable ou nécessaire, exige un certain délai.

IV. D. 4. *Angousse* (fr. m. *angoisse*), dans la plupart de ses emplois (mais non dans tous, comme on le verra au chapitre de la douleur) dénote l'attente douloureuse d'un malheur que l'on prévoit à plus ou moins longue échéance : Enfermés dans Bristol, ' Li rois et messires Hues li Despensiers... se veoient assegiet à tèle *angousse*, et à tel meschief et ne savoient nul confort qui leur peuist là endroit de nulle part venir ' (I 31). Au cours d'une bataille navale entre Anglais et Espagnols, la nef du prince de Galles fut endommagée : ' Li yawe entroit à grant randon dedens ; ne pour cause que on entendesist à l'espuisier, point ne demoroit que elle n'apesandesist toutdis. Pour laquelle doubte les gens dou prince estoient en grant *angousse* ' (IV 95). Le rapprochement de *doubte* et d'*angousse* dans cet exemple semble montrer que les deux mots ne sont pas exactement synonymes, le premier insistant vraisemblablement sur la prévision du malheur, le second sur le malaise affectif qui en résulte.

D'ailleurs, assez souvent, *angousse* est renforcé par le mot *coer* : à Crécy, ' li rois de France avoit grant *angousse* au *coer*, quant il veoit

ses gens ensi desconfire et fondre l'un sus l'autre d'une puignie de gens
que li Englès estoient ' (III 179). A l'approche des Anglais, ' cil de
Nerbonne, de Besiers et de Montpellier n'estoient mies bien à segur...
Et par especial cil de Montpellier, qui est ville poissans, rice et marcheande,
estoient à grant *angousse* de *coer*, car il n'estoient point fremet ' (IV 169).

A côté de *angousse*, il existe un adjectif dérivé, *angousseus*, une fois
relevé : Philippe VI exerce une forte pression sur le comte de Namur
pour qu'il expulse Robert d'Artois auquel il avait donné asile : ' Quant
messires Robers d'Artois se vei en ce parti, si fu moult *angousseus* de
coer ' (I 101).

IV. D. 5. *Transe* dénote un état d'anxiété profonde et douloureuse
qui marque l'attente du dénouement d'une situation grave : c'est l'état
des Gantois pendant que leurs troupes sont parties combattre le comte
de Flandres, qui explique, par réaction l'intensité de leur joie à l'annonce
de la victoire : ' Vous poués bien croire et savoir que, à ces nouvelles
à Gand, ce fu uns peuples resjouis, qui en *transses* grandes et tribulations
avoient esté, et fisent par les eglises plusieurs processions et afflictions,
en louant Dieu, qui tellement les avoit gardés et tellement reconfortés
que envoié ha à leurs gens victoire ' (X 234). C'est l'état des Brugeois,
qui redoutent de voir leur ville mise au pillage : ' Li Breton et cil de
l'avant garde monstroient bien par leur ordenance, que il avoient grant
desir d'aler vers Bruges et de partir as biens de Bruges '... Dans ces
conditions, ' cil de Bruges... vivoient en grant *transes* et ne savoient
lequel faire, ou vuidier leur ville, ou atendre l'aventure ' (XI 62-63).
C'est encore celui des Parisiens, inquiets des mesures prises par le roi
et ses oncles, lorsque Charles VI rentra de Flandres : ' Si furent li fuellet
des portes mis hors des gons, et là couchiet de travers desoulx le toit
des portes, et les caïnnes de toutes les rues de Paris ostées et portées
au palais. Adont furent li Parisiien en grant doubte, et quidièrent bien
estre courut ; et n'osoit nuls homs issir hors de son hostel ne ouvrir
huis ne fenestre que il euist, et furent en cel estat trois jours en grans
transses et en peril, voirement, de rechepvoir plus grant damage que il ne
fesissent ' (XI 79).

IV. D. 6. *Quisençon*, qui n'a été relevé qu'une fois, dénote, comme
doubte, *cremeur*, *angousse*, *transe*, une attente anxieuse : La comtesse
de Montfort, assiégée dans Hennebont, fait une sortie audacieuse et
gagne le château de Brait ; mais ' cil qui estoient dedens Haimbon...
furent toute le nuit en grant *quisençon* de çou que la dame ne nulz de
ses compagnons ne revenoit ' (II 145).

IV. D. 7. *Esbahir* apparaît parfois à la voix active, avec un complément désignant une personne : A la mort d'Urbain V, ' tout li Rommain
s'assemblèrent tout ou bourcq Saint Pière et devant le conclave ; et
monstroient par semblant que ils vosissent tout tuer et brisier, s'il

n'aloit à leur volenté. Et disoient as cardinalz, en escriant par dehors
le conclave : « Avisés vous, avisez vous, seigneur, et nous bailliés ung
pape rommain qui nous demeure ; ou autrement nous vous ferons les testes
plus rouges que vostre capel ne soient ». Telz parolez et telz manacez
esbahissoient bien les cardinaux, car il avoient plus chier à morir confès
que martir ' (IX 52-53). A la veille de Roosebeke, les Gantois sont pleins
de mépris pour le jeune Charles VI : ' « Mais par où quide cils roitiaus
entrer en Flandres ? Il est encore trop jones d'un an quant il nous quide
esbahir par ses assemblées » ' (X 286). Au siège d'Auberoche, ' n'assalloient li François d'autre cose, fors de ces engiens, qui nuit et jour jettoient
pières de fais ou chastiel. Che les *esbahissoit* plus qu'autre cose, car
dedens six jours il desrompirent le plus grant partie des combles des
tours ' (III 63). Dans ces exemples, ce verbe est donc synonyme de
donner doubte ou *donner cremeur*.

On trouve aussi, assez rarement, la tournure *ne pas* (*mies, noient*)
estre esbahi de suivi de l'infinitif, c'est-à-dire « ne pas avoir peur de »
ou « ne pas être intimidé, ou gêné pour » : ' Li sires de Couci *ne fu mies
esbahis de* remoustrer son afaire, car il estoit richement enlangagiés et
avoit escusance veritable ' (VIII 222, v. aussi VIII 162, IX 131, XI 82).

Le plus souvent, on trouve les tournures suivantes :

— *s'esbahir* ou *estre esbahi de* + syntagme nominal : ' Comme gens de
grant emprise, il ne *s'esbahirent de riens* ' (VI 125) ' Li princes... n'en
fist pour celle saison plus avant, car il ne se sentoit mies bien haitiés,
et tous les jours aggrevoit : *dont si frère et ses gens estoient* tout *esbahi* '
(VII 252).

— *s'esbahir, esbahir, estre esbahi* sans complément : A Sauveterre, les
assiégés subissent deux jours de suite l'assaut des troupes du duc d'Anjou.
' Et quant cil de le ville veirent que c'estoit acertes, si *s'esbahirent* et
conseillièrent entre iaus ' (IX 18), et finirent par se rendre. Les capitaines
qui gardaient la ville de Limoges ' reconfortoient grandement les gens
de le ville quant *esbahir* les veoient et disoient : « Signeur, ne vous effraés
de riens : nous sommes fort et gens assés pour tenir contre les gens et
le poissance dou prince » ' (VII 245). Le roi d'Angleterre ' mist grans
gens d'armes sur mer... car on li dist que li rois de France faisoit un
trop grant appareil de naves et de vaissiaus pour venir en Engleterre.
Si ne se savoit de quel part gaitier et vous di que li Englès *furent* adonc
bien *esbahi* ' (VII 113).

— Enfin, le participe passé peut non seulement être employé comme
adjectif, mais encore substantivé : ' Il ne voloit pas monstrer coraige
d'omme *esbahy*, et aussi il estoit hardi assez pour attendre toutes aventures ' (XII 174). ' Pour... oster les *esbahis* de leur effroi, on fist criier
de par le roi, de quarfour en quarfour, que nuls sour le hart ne fourfesist
as Parisiiens ' (XI 80).

Les nombreuses valeurs que prend, en contexte, le verbe *esbahir* peuvent se ramener à ce dénominateur commun : « réaction intérieure du sujet sentant devant une situation nouvelle et inattendue ».

Cette réaction peut être simplement de la surprise ; exceptionnellement une bonne surprise provoquant l'admiration : ' Et vous di que chis sires de Lagurant y fist de la main merveilles d'armes et tant que ses gens et pluiseurs autres estrangiers estoient *esbahi* de ce qu'il faisoit ' (IX 22). En général, c'est une surprise désagréable : La dame de Sallebrin, par son ferme refus des avances du roi, laissa celui-ci ' durement *esbahi* ' (II 134) ; cette surprise désagréable peut prendre la forme de la frayeur : Pendant la jacquerie, trois cents dames nobles réfugiées au marché de Meaux se trouvèrent en grand péril ; quand elles ' veirent si grant quantitet de gens acourir, si furent moult *esbahies* et effraées ' (V 105).

Esbahi peut être associé non seulement, comme ici, à *effraé*, mais encore à *eshidé* : ' Quant li conte de Flandres et les gens d'armes... veïrent le povre arroi de ceulx de Bruges... si furent *esbahis* et *eshidé* de eulx meïsmes, et se commencèrent ossi à desrouter et à saulver ' (X 227); ou à *souspris* : ' Quant nous serons priès, nous feririons chevaus des esporons et escrierons nos cris hautement ; nous y enterons droit sus l'eure dou souper : vous les verés si *souspris* et si *esbahis* de nous, qu'il se desconfiront d'eulz meismes ' (III 69), ou encore à *fremir* : A l'arrivée des Anglais, les gens de Caen, sortis pour les combattre, sont pris de panique ; ' adonc peuist on veir gens *fremir* et *esbahir* et celle bataille ensi rengie desconfire à peu de fait, car cescuns se pena de rentrer en le ville à sauveté ' (III 143).

Il s'agit dans tous ces cas d'une émotion à caractère ponctuel causée par une circonstance grosse d'un danger virtuel, certes, mais imminent. Elle peut néanmoins avoir des prolongements durables : L'homme *esbahi* est plongé dans un état de trouble qui le prive de ses réactions normales de défense, qui lui ôte contenance, courage, confiance en lui-même : ' Vous devés savoir que, quant les nouvelles vinrent à Gand de la desconfiture et de la grant perte de leurs gens et de la mort Phelippe d'Artevelle, il furent si desconfit que, se li François, le jour de la bataille, ou l'endemain, ou le samedi toute jour encores, jusques à tant que Pietres dou Bos retourna en Gand, fuissent venu devant Gand, on les euist laissiet sans contredit en la ville, et eussent fait leur volenté, ne il n'i avoit en eux confort, conseil ne deffence, tant estoient il fort *esbahi* ' (XI 60).

Le verbe *esbahir* se trouve associé à *desconforter* ou à *desconfire* : Le prince de Galles encourageait Pierre le Cruel, roi détrôné de Castille, et ' li prioit que il ne se volsist mies trop *esbahir* ne *desconforter*; car se il avoit perdu, il estoit bien en la poissance de Dieu de lui rendre toute sa perte et plus avant ' (VI 200) (v. aussi I 17, II 115). ' Flamenc se commencièrent à *esbahir* et *desconfire* quant il veïrent que ces gens d'armes les assalloient et requeroient si vaillaument ' (XI 23).

L'expression ' se commencier à *esbahir* ', assez fréquente, montre bien que la notion exprimée par ce verbe peut être envisagée sous l'angle

duratif. Il s'agit souvent de l'inquiétude causée par un brusque changement de situation dont on suppute les conséquences fâcheuses. Il existe
donc une tension entre la cause, actuelle, qui, après avoir frappé le sujet
d'une émotion soudaine, provoque cet état d'attente, et l'objet de cette
attente, virtuel, et dont l'actualisation peut être plus ou moins éloignée.
En ce cas, sans que sa valeur « ponctuelle » soit exclue, *s'esbahir* a aussi
une valeur « prospective » et « durative » qui en fait un synonyme de
se doubter : ' Quant les compaignons de la garnison de Mauvoisin se
trouvèrent en ce parti, si *se commencièrent à esbahir* car ilz ne povoient
longuement durer et des vinz avoient ils assez mais la douce eaue leur
failloit ' (XII 43). Le roi de Castille, apprenant l'approche des troupes
anglaises et portugaises ' *se commença à esbahir* et fut moult pensif. Si
leur dist : « Je sui tout esmerveillié du duc de Bourbon que il ne vient » '
(K. XII 303). L'ensemble des sèmes « duratif », « prospectif », « ayant
un objet virtuel » se trouve de toute évidence dans l'exemple suivant :
' Adont furent deux chevalier de Portingal ordonnez et eurent commandement, de par le roy, de cerchier tous les hommes qui là estoient, et de
eulx amonnester, et enquerre aussi se nul *s'esbahissoit* en attendant la
bataille ' (XII 149).

On peut présumer toutefois, du fait que *s'esbahir* peut exprimer une
émotion, une frayeur causée par une circonstance actuelle grosse d'un
danger imminent, que, lorsqu'il dénote une attente, la peur à échéance
d'un objet virtuel, il est un synonyme particulièrement expressif de
cremir ou de *doubter*.

Les mots qui vont être maintenant étudiés peuvent être classés par
rapport aux deux emplois principaux d'*esbahir*, d'abord ceux où la
notion de « peur » est le plus sensible, ensuite, ceux où la notion d'« émotion » pure et simple prédomine.

IV. D. 8. *Effraer* (fr. m. *effrayer*) est dans tous ses emplois synonyme de
esbahir, mais les emplois d'*esbahir* au sens de « frapper d'une vive émotion », à l'exclusion de toute notion de « peur », n'ont pas d'équivalent
dans les exemples relevés de *effraer*. Sont attestés :

— *effraer* transitif suivi d'un complément de personne : Les capitaines
des Grandes Compagnies refusent d'aller faire la guerre en Hongrie
' car il fu là dit entre yaus d'aucuns compagnons qui congnissoient le
pays de Hongrie que il y avoit telz destrois que, se il y estoient embatu,
jamais n'en isteroient, et les y feroit on morir de male mort. Ceste cose
les *effrea* si que il n'i eurent talent d'aler ' (VI 184-185). Du Guesclin
menace les gens de Hennebont de leur faire trancher la tête s'ils se
défendent. ' Ceste parole *effrea* si les Bretons... que il n'i eut onques
puissedi homme qui se osast amoustrer ne apparoir pour mettre à deffense ' (VIII 130).

— *s'effraer* ou *estre effraé de (pour)* quelque chose : ' Tenés vous tout
aise, buvés et mangiés, et ne vous *effraés* de cose que vous despendés '

(IX 168). Le marquis de Blanquebourc assiège la reine mère de Hongrie pour la faire renoncer à son projet de marier sa fille à un prince français, et pour l'épouser lui-même. ' Li marquis li proumetoit, se par force il le prendoit, que il le feroit enmurer en une tour et là tenir au pain et à l'aigue, et vesquesist tant que elle peuist. De ce point estoit la roïne toute *effraée*, car elle ne se sentoit pas en trop fort lieu ' (XI 250).

— *estre effraé* sans complément : ' Riens ne se tenoit devant yaus, car li pays estoit durement *effraés* ' (VI 71).

Comme *esbahi*, *effraé* peut dénoter une frayeur soudaine et violente et l'état de trouble qui en résulte : ' Si trouvèrent mort le portier et sa femme dallés lui toute *effraée* ' (IX 142). Le danger redouté peut être imminent : ' Cil de la cité estoient jà moult *effraé*, car on crioit partout « Trahi ! trahi ! à l'arme ! à l'arme ! » ' (V 154). Il peut aussi être à plus ou moins longue échéance, de sorte qu'*effraer* peut être synonyme de *doubter* et associé avec lui : ' Li gentil homme... se commenchièrent à doubter quant il sentirent tel peuple reveler ; et, se il furent en doubte, il i ot bien raison, car pour mains s'*effrée* on bien ' (X 99).

Enfin, l'homme *effraé*, comme l'homme *esbahy*, devient incapable de se défendre : ' Tous li pays estoit si *effraés*, pour la grande desconfiture qui avoit esté à Poitiers... que nulz ne mettoit ordenance ne arroi en soy pour aler au devant ' (V 66). Toutefois, *effraé* apparaît plus souvent qu'*esbahi* dans des phrases négatives dépeignant au contraire une attitude courageuse : ' Quant messires Bertrans veï que combatre le convenoit, si ne fu nient *effraés*, mais ordonna ses gens et mist en bon convenant ' (IX 100, v. aussi V 29, VIII 86).

IV. D. 9. *Effroi* est polysémique : il a parfois le sens de « bruit », « cris » et sera étudié au chapitre des sensations. Ses autres emplois correspondent à ceux de *effraer*, et aux emplois équivalents de *esbahir*, qui, dans la langue des Chroniques, ne possède pas de substantif dérivé :

— frayeur soudaine : ' Adonc sallirent hors cil qui repus estoient ens ès celiers et ens ès cambres, et commencièrent à escrier : « Navare ! » Cil de la cité d'Amiens, qui furent en grant *effroy*, se resvillièrent soudainnement et escriièrent : « Trahi ! trahi ! » ' (V 127-128).

— peur d'un danger à plus longue échéance : Le duc d'Anjou entre en Italie pour prendre possession de l'héritage de Jeanne de Naples sans qu'à cette nouvelle le pape Urbain VI manifeste d'émotion : ' Point ne s'*effreoit* de la venue dou duc, et, quant l'en on parloit... il respondoit en dissant : « Crux Cristi protege nos ». C'estoit tous li *effrois* que il en avoit ' (X 172).

— état de trouble résultant d'une frayeur: Après le mauvais accueil réservé au jeune roi par les Parisiens, après Roosebeke, les oncles de Charles VI font régner la terreur à Paris : ' Encores avoecques tout che, li rois et ses consaulx en fissent prendre et mettre en prison desquels qu'il vorent. Si en i ot biaucop noiiés et, pour apaisier le demorant et oster les esbahis de leur *effroi*, on fist criier de par le roi, de quarfour en quarfour, que nuls sour le hart ne fourfesist as Parisiiens, ne ne presist ne pillast riens ens es hostels ne parmi la ville. Chils bans et cils cris apaisa grandement ceulx qui estoient en *doubte*' (XI 80). On remarque ici encore l'association, et vraisemblablement la synonymie de *effroi* et de *doubte*.

IV. D. 10. *Espoenter* (fr. m. *épouvanter*) consiste à provoquer une vive frayeur, par la menace d'un danger grave et imminent, comme dans cet exemple où Pierre d'Auchin, chevalier de Bigorre, ayant eu la chance de faire prisonnier le châtelain d'Ortingas pendant qu'il soupait en ville, se sert de sa prise pour se faire rendre le château : ' A l'endemain au matin à heure de tierce, Pierre d'Auchin le fist amener devant le chastel, où sa femme et ses enfans estoient, et *l'espoenta* là de lui faire trenchier la teste, et fist traictier devers sa femme que, se on li voloit rendre le chastel, il renderoit quitte et delivré son mari, et les lairoit paisiblement partir et tout le leur sans nul dommage ' (XII 24).

IV. D. 11. *hide, hideur, hideux, enhider, eshider* : Le substantif *hide* n'a été relevé qu'une fois : les Écossais, chargés du butin qu'ils ont pris à Durham s'en vont vers Carduel sans attaquer le château de la Comtesse de Sallebrin. Guillaume de Montaigu, capitaine de ce château, se jette sur l'arrière-garde des Écossais et leur prend cent vingt chevaux chargés de butin. Dès que les Écossais l'apprennent, ils font demi-tour pour assaillir le château : ' Qui donc veist les Eskos retourner à cours de chevaux parmi les camps, par montagnes et par vallées, et monsigneur Guillaume de Douglas tout devant, il en peuist avoir grant *hide* ' (II 126). Le substantif usuel est le dérivé *hideur*. Il est toujours employé à propos de gens qui se trouvent en butte à l'agressivité de leurs ennemis, qu'il s'agisse d'eux-mêmes ou de ceux qui les observent : Réfugié dans le clocher d'une église à laquelle on a mis le feu, ' Jehans de Launoit qui veoit... que li feus le quoitoit de si près que il convenoit que il fust ars, entra en *hideurs* et avoit plus chier à estre ocis que ars.' (X 70). Jean de Hainaut est attaqué par les archers d'Angleterre : ' Chil maleoit arcier et aultre commun d'Engleterre estoient cueilliet et alloiet plus de six mil ensamble et maneçoient les Haynuiers que d'iaulx venir tous ardoir et occire en leurs hosteulz, de nuit ou de jour ; et ne trouveroient personne qui les osast... souscourre. Dont se il estoient en grant mesaise de coer et en grant *hideur*, quant il ooient ces nouvelles, ce ne fait point à demander ' (I 48). Richard II est assiégé par les émeutiers dans la Tour de Londres ; ' ce estoit grans *hideurs* pour le roi, car chils mescheans peuples huoit si hault que il sembloit que tout li diable d'infer fuissent entre iaulx ' (X 109). Les Anglais sont en train de prendre la ville de Caen et d'en massacrer les défenseurs. ' Dont il avint que li connestables de France et li contes de Tankarville, qui estoit monté en celle porte au piet dou pont à sauveté, regardoient au lonch et amont le rue, et veoient si grant pestilence et tribulation que grans *hideurs* estoit à considerer et imaginer. Si se doubtèrent d'eulz meismes que il n'escheissent en ce parti et entre mains d'arciers, qui point ne les cognuissent ' (III 143).

L'adjectif *hideux* a été relevé une fois, associé à *hideur* : Les troupes d'Henri de Trastamare, vaincu à Najera sont poursuivies par les Anglais et les Gascons ' jusques à la grosse rivière et à l'entrée dou pont de la cité de Nazres. Là eut grant *hideur* et grant effusion de sanc et moult de gens occis et noiiés ; car li plus saloient en l'aigue, qui estoit rade, noire et *hideuse*, et s'avoient plus chier li aucun à noiier que ce qu'il fuissent occis d'espée ' (VII 45).

Deux verbes correspondent à *hide* et *hideur* ; ce sont *enhider* relevé une seule fois au participe passé : ' Là eut grant encauch et maint homme reversé et jetté par terre. Et cheoient à mons l'un sus l'autre tant estoient il fort *enhidé* ' (III 143), et *eshider*, usuel, qui apparaît à la voix active, à la voix pronominale, ou, plus souvent, à la voix passive : à la suite d'une maladie qui était peut-être un empoisonnement, le roi Charles V conserva au bras une petite ' pistoulle ' par laquelle le ' venin ' ne cessait de couler. Un illustre médecin lui dit : ' « Si tretos que ceste petite pistoulle laira le couler et seccera, vous morrés sans point de remède, mais vous arés quinse jours ou plus de loisir, pour vous aviser et penser à l'âme ». Bien avoit li rois de France retenu toutes ces parolles et porta ceste pistoulle vint et trois ans, laquelle cose par pluiseurs fois l'avoit moult *eshidé* ' (IX 281). Au moment de la prise d'Audenarde, ' si en i ot celle nuit grant fuison de mors et de perdus et de noiiés en l'Escauld, qui *s'eshidoient* et qui sauver se voloient ' (XI 140). Les défenseurs de Damme, ville assiégée, mettent les femmes et les enfants à l'abri dans un ' moustier ' en leur disant : ' « Nous vous mettons chi pour la cause de che que demain nous devons avoir un trop grant assaut ; si nous volons pas que vous vos *eshidés* dou trait et des canons. » ' (XI 245). Pendant la révolte des Londoniens, ' encores entrèrent cil glouton en la cambre le princesse et despecièrent tout son lit, dont *elle fu* si *eshidée* qu'elle s'en pasma... et là se tint tout le jour et toute la nuit enssi que une femme demi morte, tant que elle fu reconfortée dou roi son fil ' (X 111-112).

Peu avant la conclusion du traité de Brétigny, l'armée anglaise stationnant devant Chartres, ' uns orages, uns tempès et uns effoudres si grant et si horribles descendi dou ciel en l'ost le roy d'Engleterre, que il sambla bien proprement à tous ceulx qui là estoient que li siècles deuist finer, car il cheoient de l'air pières si grosses que elles tuoient hommes et chevaus, et en furent li plus hardi tout *eshidé*. Et adonc regarda li rois d'Engleterre devers l'Eglise Nostre Dame de Chartres, et se voa et rendi devotement à Nostre Dame, et prommist, si com il dist et confessa depuis, que il s'accorderoit à le pais ' (VI 5). On le voit, c'est ici d'une terreur sacrée qu'il s'agit. La même connotation apparaît dans le récit d'un accident — miraculeux châtiment divin — dont

fut victime un écuyer anglais, membre d'une petite troupe qui avait
mis au pillage le village de Ronay. ' Et le desroboient li pillart, et y
entrèrent si à point que li prestres chantoit la grant messe. Cils escuiers
entra en l'eglise et vint à l'autel et prist le calisse où li prestres devoit
consacrer Nostre Signeur et jetta le vin en voies. Et pour tant que li
prestres en parla, cilz le feri de son gant, à traver se main, si fort que li
sans en vola sus l'autel. Che fait, il issirent de le ville. Yaus venut as
camps, cilz pillars, qui fait avoit cel outrage et qui portoit en son sain
le calisse, le platine et le corporal, entrues que il chevauçoit, soudainnement il li avint ce que je vous diray. Et ce fu bien vengance et verghe
de Dieu et exemples pour tous aultres pilleurs. Li chevaus de celui et
il commencièrent à tourniier si diversement et à demener tel tempeste
que nulz ne les osoit approcier. Et cheirent là en un mont et estranglèrent
l'un l'autre, et se convertirent tout en pourre. Tout ce veirent li compagnon qui là estoient, dont il furent durement *eshidé*. Et voèrent et prom-
misent Dieu et à Nostre Dame que jamès eglise ne violeroient ne desreube-
roient : je ne sçai se il l'ont depuis tenu ' (V 176). C'est encore un phéno-
mène mystérieux, dépassant les forces humaines, qui eut lieu la nuit
précédant la bataille de Roosebeke. Il faut, là encore, citer la page entière :
' Phelippes d'Artevelle avoit à amie une damoiselle de Gand, laquelle
en che voiage estoit venue avoecques lui. Et entrues que Phelippes
dormoit sus une queute pointe, dalés le feu de carbon, en son pavillon,
ceste femme, environ heure de mienuit, issi hors dou pavillon, pour
veoir le chiel et le tamps et quelle heure il estoit, car elle ne pooit dormir.
Si regarda au lés devers Rosebecque, et voit en pluiseurs lieux en l'air
dou chiel fumières et estincelles de feu voller ; et che estoit des feux que
li François faissoient desouls haies et desoulx buissons, ensi comme
il estoient logiet. Celle femme escoute et entent, che li fu vis, grant
friente et grant noisse entre leur ost et l'ost des François, et criier Mon-
joie et plusieurs autres cris ; et li sambloit que ce estoit sus le Mont d'Or
entre eux et Rosebecque. De celle cose elle fu toute *eshidée* et se retraist
ens ou pavillon Phelippe, et l'esvilla soudainnement et li dist : « Sire,
levés vous tost et vous armés, car je ai oï trop grant noise sus le Mont
d'Or, et croi que che sont li François qui vous viègnent asallir. » Phelippes,
à ces parolles, se leva mout tos et afubla une gonne, et prist une hache, et
issi hors de son pavillon, pour veoir et mettre en voir che que la damoiselle dissoit. En telle manière comme l'avoit oï, Phelippes l'oï, et lui
sambloit que il i euist un grant tournoiement. Tantos il se retraïst en
son pavillon, et fist faire friente et sonner sa trompète de resvellement.
Sitos que li sons de le trompète Phelippe s'espandi ens ès logeïs, on le
recongneut ; tout se levèrent et armèrent. Chil dou gait, qui estoient au
devant de l'ost, envoiioient de leurs compaignons devers Phelippe, pour
savoir quel cose il leur falloit, quant il s'armoient ; il trouvèrent, chil
qui envoiiet i furent, et raportèrent que Phelippes les avoit mout blas-
tengiet de ce que il avoient oï noisse et friente devers les ennemis et si
s'estoient tenu tout quoi : « Ha ! ce dissent il, alés ; si dites à Phelippe

que voirement avons nous bien oï noise sus le Mont d'Or, et avons envoiiet
à savoir que ce pooit estre, mais chil qui i sont alé ont raporté que ce
n'est riens et que nulle cose il n'ont veu ; et pour che que nous ne veïsmes
de certain nul apparant d'esmouvement, ne voliens pas resvillier l'ost,
que nous n'en fuissiens blasmés ». Ces parolles de par ceulx dou gait
furent rapportées à Phelippe. Il se apaisa sur ce, mais en corage il s'esmer-
villa grandement que che pooit estre. Or dient li aucun que che estoient
li diable d'infier, qui là jeuoient et tournioient où la bataille devoit estre,
pour la grant proie que il atendoient ' (XI 41-42). Il y a encore quelque
chose de surnaturel dans l'aventure qui arriva aux défenseurs du château
de l'Œuf, à Naples, victimes d'un enchantement : ' Il nous sambloit...
que la mers estoit si haute que elle nous pooit acouvrir. Si fumes à celle
heure si *eshidé* que nous nous rendesimes ' (IX 153).

La *hideur* est donc une véritable épouvante devant le risque d'une
mort affreuse, ou un phénomène mystérieux interprété comme une
manifestation d'une puissance surnaturelle.

Ce n'est pourtant pas nécessairement une émotion purement ponctuelle ;
cela peut être un état de quelque durée, comme le prouve l'expression
' se commencier à *eshider* ' : Le comte de Flandres, après la déconfiture
des gens de Bruges, est en danger de tomber aux mains des Gantois.
' Quant le conte entendi ces nouvelles, si lui furent très dures, et bien
i ot raison, et se commença grandement à *eshider* et à imaginer le peril
où il se veoit, et creut conseil de non aler plus avant et de lui saulver,
se il pooit. Et fu tantost de lui meïsmes conseilliés : il fist estaindre tous
les falos qui là estoient, et dist à ceulx qui dalés lui estoient : « Je voi bien
qu'il n'i a point de recouvrer. Je donne congiet à tout homme, et chascuns se saulve qui puet ou scet. » ' (X 229-230). La *hideur* elle-même peut
donc être « prospective », et n'exclut pas quelque réflexion.

IV. D. 12. *Paour* (fr. m. *peur*) est, chez Froissart, un mot relativement
rare. Dans quatre exemples sur cinq, il apparaît dans des contextes d'une
extrême intensité affective : Les Flamands, commandés par Robert
d'Artois, attaquent Saint Omer gardé par des Français. L'opération
tourne à leur déconfiture et ceux qui peuvent s'échapper rentrent à
leur camp. ' Or avint celle meisme nuit à toute leur host generalment
une merveilleuse aventure ; on n'oy onques, je croy, à parler ne recorder
de si sauvage. Car, environ heure de mienuit que cil Flamench gisoient
en leurs tentes et dormoient, uns si grans effrois et telz *paours* et hideurs
les prist generalment en dormant, que tout se levèrent en si grant haste
et en tel painne qu'il ne cuidièrent jamais à temps estre deslogiet ; et
abatirent tantost tentes, trés, et pavillons, et toursèrent tout sus leurs
chars, en si grant haste que li uns n'attendoit point l'autre, et s'en
fuioient tout, sans voie tenir et sans conroy ' (II 78-79). La *paour* est ici
associée aux mots les plus forts dénotant une terreur panique, collective,
totalement irrationnelle. Le roi de Navarre, emprisonné par Jean le Bon,
vit dans une insécurité perpétuelle : ' Si fu li rois de Navare... mis ou

chastiel dou Louvre, où on li fist moult de malaises et de *paours*, car tous les jours et toutes les nuis, cinq ou six fois, on li donnoit à entendre que on le feroit morir, une heure que on li trenceroit la teste, l'autre que on le jetteroit en un sac en Sainne ' (IV 182). Il s'agit évidemment, ici, d'émotions à caractère ponctuel. Mais en deux autres cas, *paour* est associé à *angousse*, essentiellement duratif : Les troupes de Jean de Hainaut sont attaquées par les archers anglais ; ' onques gens ne furent ne ne demorèrent en si grant peril ne en tel *angousse* ne *paour* de mort qu'il fisent le terme que il sejournèrent à Evruich ' (I 47). Les Grandes Compagnies ont pris et pillé Pont Saint Esprit et courent tous les jours jusqu'aux portes d'Avignon, ' de quoi li papes et li cardinal estoient en grant *angousse* et en grant *paour* ' (VI 72). Ailleurs, il est employé dans le même passage que *doubtance*, duratif lui aussi, de façon évidemment synonymique : Les Français mettent les gens de Hennebont au défi de retrouver la comtesse de Montfort ; ' quant cil de la ville... oïrent telz parolles, il furent esbahi et eurent grant *paour* que grant meschiés ne fust avenus à leur dame. Si n'en savoient que croire, par tant que elle point ne revenoit, ne n'en ooient nulles nouvelles. Si demorèrent en tel *paour* pour l'espasse de cinq jours. Et la contesse, qui bien pensoit que ses gens estoient à grant mesaise pour lui et en grant *doubtance*, se pourçaça tant que elle eut bien cinq cens compagnons armés et bien montés ' (II 146), et qu'elle parvint à faire dans la ville une rentrée triomphale. *Paour* pourrait donc être un mot relativement neutre, n'exprimant un sentiment intense qu'en association avec des mots plus fortement affectifs que lui, et pouvant dénoter aussi bien une émotion violente et soudaine — comme *hideur* ou *effroi*, que l'attente anxieuse d'un malheur — comme *doubtance* ou *angousse*.

IV. D. 13. *(h)or(r)ible* (fr. m. *horrible*) et *(h)or(r)ibleté* : On se souvient que l'orage qui avait *eshidé* Édouard III avant la conclusion du traité de Brétigny méritait le qualificatif de *horrible* (VI 5). Le même adjectif a été relevé à propos d'assauts particulièrement effrayants (IX 21, 198). Une *horribleté* est une action propre à faire naître *effroi*, *hideur* et *paour* : ' Y eut, sus le caucie et devant la porte, si grant *horribleté* de gens abatre, navrer et occire, que merveilles seroit à penser ' (V 53).

   Néanmoins, dans divers exemples, apparaît une connotation morale, de sorte que nous retrouverons ce mot à propos des notions de « bien » et de « mal ».

IV. D. 14. *Merveille* et sa famille : *s'esmerveiller, merveilleus, merveilleusement* :

Ces mots peuvent être rapprochés de *esbahir* dans la mesure où celui-ci exprime la surprise et l'émotion, sans nuance particulière de peur. Ils dénotent à la fois le choc affectif ressenti devant un objet inattendu et le travail de l'esprit, qui compare cet objet à d'autres et cherche à le comprendre. Ces deux éléments semblent constitutifs du noyau sémique même de cet ensemble de mots et justifient leur présence aussi bien dans un chapitre consacré à la vie affective que dans un chapitre consacré à la vie intellectuelle. Mais, selon les contextes, l'un ou l'autre peut prendre une importance plus ou moins considérable. Voici un échantillonnage de cas où l'élément affectif semble important, dans les diverses tournures syntaxiques où ces mots apparaissent. Leur grande fréquence ne permet d'ailleurs pas de penser qu'ils soient très expressifs.

Ces tournures sont les suivantes :

— emplois autonomes du mot *merveille*, comme sujet ou comme complément : ' Puis L ans, ilz sont avenus plus de fais d'armes et de *merveilles* ou monde que ilz n'estoient III^c ans en devant ' (XII 3) ; ' Vous ne dictes pas grant *merveille* et nous savons moult bien qu'il est ainsi ' (XII 254) ; ' Jadis li rois Artus i sejournoit plus volentiers que ailleurs ' (à ' Karlion en Galles '), ' pour les biaus bois qui sont environ et pour che que les grans *merveilles* d'armes i avenoient ' (XI 271).

— emplois de *merveille* dans diverses locutions verbales qui dénotent l'« étonnement » :

du point de vue du sujet sentant : *avoir (grant) merveille*, qui peut permuter avec *s'esmerveiller* : Les Écossais, assiégés, ont disparu pendant la nuit. Le lendemain matin, les Anglais n'en croient pas leurs yeux ; ' Si *en eurent* li signeur *grant merveille* ' (I 67). Pierre de Béarn vient de tuer un ours : ' Tous *s'esmerveilloient* de la grandeur de la beste ' (XII 91).

du point de vue de l'objet : *merveilles est* + l'infinitif : Les Écossais, pour effrayer les Anglais ' fisent tantost tant de feus que *merveilles* estoit à regarder ' (I 65), ou *venir à merveille à quelqu'un* : L'antipape Clément conquiert à sa cause une grande partie de l'Europe ; ' encores vivoit Charles de Boèsme, rois d'Allemaigne et emperères de Romme... et estoit bien enfourmés de toutes ces choses qui *li venoient à grant mervelles* ' (IX 146).

— emploi de *merveille* dans la locution adverbiale *à merveilles* qui peut signifier « avec étonnement » : Au cours d'un songe, le jeune Charles VI voit un cerf ailé ' qui portoit douse rains... et s'enclinoit devant le roi; et li rois... regardoit ce cerf *à mervelles* et en avoit grant joie ' (X 257). Elle peut signifier aussi « de façon étonnante » : ' un chastellain de Castille... estoit monté sur ung legier cheval et bien courant *à merveilles* ' (XII 145). En ce sens, *à merveilles* est synonyme de *si* + adjectif + *que merveilles* : A l'entrée de Charles VI à Reims le jour du sacre, ' par devant li, il i avoit plus de trente trompètes qui sonnoient *si cler que merveilles* ' (X 10), ou encore de l'adverbe *merveilleusement* : ' Dou dit monsigneur Seghin ne sçai je plus avant, fors tant que j'ay oy compter qu'il morut assés *mervilleusement*. Diex li pardoinst tous ses meffais ' (VI 76).

Dans l'épisode d'Édouard III et de la dame de Sallebrin, le mot *merveille* revient plusieurs fois : ' Sitos que la dame de Salebrin sceut le roy venant, elle fist ouvrir toutes les portes, et vint hors si richement vestie et atournée que cescuns *s'en esmervilloit* ' (II 131). ' Cescuns le regardoit *à merveilles* et li rois meismes ne se pooit tenir de lui regarder. Et bien lui estoit à vis que onques n'avoit veu si noble, si friche, ne nulle si belle de li ' (II 132). Pendant le dîner, le roi est si distrait, si absorbé, que ' toutes ses gens *avoient grant merveille* ' de son attitude (II 134).

Il faut noter que *merveille*, cité jusqu'ici dans des contextes mélioratifs ou neutres, peut très bien apparaître dans des contextes péjoratifs. Édouard II ' gouvrena moult diversement son royaume et fist pluiseurs diverses justices et pluiseurs *merveilles* par le conseil et enhort de monsigneur Huon, c'on dist le Despensier ' (I 12). L'une de ces *merveilles* est racontée un peu plus loin : Le Despensier lui a fait croire que certains seigneurs complotaient contre lui. ' Tant fist, par son enhort et par son soubtil pourcach, que li rois fist à un jour prendre tous ces signeurs à un parlement là où il estoient assemblé, et en fist decoler sans delay et sans cognissance de raison jusques à vingt et deus des plus grans barons d'Engleterre, et tout premiers le conte Thumas de Lancastre, qvi estoit ses oncles, preudons et sains homs, et fist puis moult de biaus miracles ou lieu où il fu decolés ' (I 13).

Esmerveillé peut être associé

— à *esbahi* : ' Ilz trouvèrent leurs ennemis durs et frois et aussi frez à la bataille que dont que point en devant ne se fussent combatus en la journée, dont ilz en furent plus *esmerveilliez* et *esbahys* ' (XII 164).

— à *couroucié* : Les Parisiens s'étant soulevés pour protester contre la levée de certains impôts, ' li rois se tenoit à Miaulx, et si oncle dallés lui, Ango, Berri et Bourgongne, qui estoient tout *courouchiet* et *esmervilliet* de ceste rebellion ' (X 153).

Enfin, l'adjectif *merveilleux*, qui envisage l'« étonnement » du point de vue de son objet, peut s'appliquer à tout ce qui sort de l'ordinaire : des êtres concrets : un passage, dans des montagnes (V 5), un ours (XII 91), un cerf (XII 93), des êtres humains, et leurs dispositions intérieures (IX 50, X 206, XII 249), des actions (VI 192, IX 73, XI 105, 120), des événements (IX 23, 134, XI 119, K. XII 340). *Merveilleux* apparaît souvent dans des contextes nettement péjoratifs : La rancune du comte de Flandres n'a, aux yeux de Froissart, rien d'étonnant : Ils l'ont ' tant de fois courouchié ', ils ont ' tant de *mervilleuses* oppinions tenu contre lui que che le soustient en son aïr ' (X 206). Pierre le Cruel était fort impopulaire ' pour les grandes et *mervilleuses* justices qu'il avoit faites et le occision et destruction des nobles de son royaume qu'il avoit mis à fin et occis de sa main ' (VI 192). Les habitants de Saint Fagon, mécontents d'être pillés par les Français qu'ils logent, en massacrent cinq cents. C'est ce que Froissart appelle ' une trop laide et *merveilleuse* aventure ' (K. XII 340).

Cet adjectif peut, enfin, permuter avec la locution *à esmerveillier* qualifiant le mot *cose* (fr. m. *chose*) : Les crises de somnambulisme ' sont bien *coses à esmerveillier* ' (XII 91). De même, des prétentions comme celle du roi Ferrand de Portugal, qui veut légitimer une bâtarde, ' ce sont bien *coses à esmerveillier* ' (XII 233).

IV. D. 15. *Nouveau, nouvelleté* (fr. m. *nouveauté*) : Si on envisage l'« étonnement » ou « surprise » non plus du point de vue du sujet sentant, mais (comme dans le cas de *merveilleux, venir à merveilles*) du point de vue de l'objet qui en est cause, cet objet peut être qualifié de *nouveau* : Le comte de Flandres, mal conseillé, forme le projet de lever un impôt sur ceux qui utilisent l'Escaut et la Lis pour des transports fluviaux, ' laquelle cose sambla à tous trop dure et trop *nouvelle* ' (IX 163). Avant Roosebeke, le jeune Charles VI, répétant les instructions de son conseil, prie le connétable de Clisson de renoncer à ses fonctions pour la journée du lendemain. ' De ces paroles qui furent toutes *nouvelles* au connestable, fu il grandement esmervilliés ' (XI 46).

Ces deux exemples permettent d'interpréter le suivant, qui constitue le début du livre III des Chroniques : ' Je me suy longuement tenu à parler des besoignes des lointaines marches, mais les prochaines touchans ma nacion m'ont esté si fresches et si *nouvelles* et si enclinans à ma plaisance, que pour ce les ay je arrierées ' (XII 1). Or, presque tout le livre II avait été consacré aux troubles de Flandres, couvrant les années 1375 à 1385. Le livre III part de l'année 1388, mais fait, par le moyen de récits intercalés, de nombreuses incursions dans un passé plus éloigné (jusqu'en 1363, quand cela paraît nécessaire à l'explication du passé récent). On peut donc considérer qu'en gros, les deux livres recouvrent la même période, et que le livre III relate, de plus, des faits plus « nouveaux » au sens moderne et simplement chronologique du mot. Il faut donc penser que si les affaires des Flandres paraissent à Froissart plus *nouvelles* que celles d'Espagne et de Portugal dont elles sont strictement contemporaines, c'est qu'elles sont à ses yeux, plus « surprenantes » et donc plus intéressantes.

Le mot de *nouvelleté*, lui aussi, peut avoir une connotation de « surprise ». Le duc de Lancastre, contre toute attente, se voit refuser l'entrée de la ville de Bervich et interpelle ainsi le capitaine : ' « Comment, Mahieu Rademan, i a en Northombrelant autre souverain de moi mis et establi, depuis que je passai et que je vous laiiai mes pourveances ? Dont vient ceste *nouvelleté* ? » ' (X 126). Il peut désigner des événements surprenants et importants, capables de transformer profondément une situation : Le captal de Buch, débarquant en Normandie est accueilli par le roi de Navarre qui se plaint d'être spolié de ses terres par le roi Jean. ' Li captaus li dist : « Monsigneur, se il plaist à Dieu, nous irons au devant et esploiterons telement que vous les rarés, et encores des aultres. On dist que li rois de France est mors en Engleterre : si verra on pluiseurs *nouvelletés* avenir en France, temprement, parmi ce que nous y renderons

painne » ' (VI 105). ' Ceulx de Gand, eulx estans en Bruges, i fisent
moult de *nouvelletés*, et avisèrent que il abatroient au lés devers eulx
deux portes et les murs, et feroient emplir les fossés, affin que ceulx
de Bruges ne fussent jamais rebelles envers eulx, et, quant il s'en parti-
roient, il enmenroient cinc cens hommes bourgois de Bruges des plus
notables avoecq eux en la ville de Gand, pour quoi il fussent tenu en
plus grant cremeur et subjection ' (X 239).

Néanmoins, il ne s'agit ici que de quelques emplois de ces mots parmi
beaucoup d'autres qui supposent seulement l'idée d'« encore jamais
vu », mais non, clairement du moins, celle de « surprise ». Celle-ci constitue
donc un sème contextuel, qui n'apparaît qu'occasionnellement.

IV. D. 16. *Abaubi* (cf. fr. m. *ébaubi*) n'apparaît que sous cette forme
de participe passé, à l'exclusion de toute forme conjuguée d'un verbe
*abaubir. On peut donc tenir ce mot pour adjectif. Les quelques exemples
suivants permettront d'en cerner l'emploi : Lors de la visite d'Édouard III
à la dame de Sallebrin, celle-ci, intensément regardée par le roi, en devient
' toute honteuse et *abaubie* ' (II 132). A la fin de l'épisode, c'est le tour
du roi, repoussé avec une fermeté sans doute inhabituelle, de s'en aller
' trestout confus et *abaubis* ' (II 135). Jean de Montfort et sa femme,
après s'être fait reconnaître comme duc et duchesse de Bretagne par les
Nantais, invitent à une grande fête la noblesse de toute la province.
Mais ' nulz n'i venoit pour mandement qui fais leur fust, fors uns seulz
chevaliers... Li dis contes de Montfort et la contesse sa femme en furent
durement courouciet et *abaubit* ' (II 89). Louis d'Espagne à obtenu de
Charles de Blois qu'il lui livre deux chevaliers responsables de la mort
de son neveu. Ensuite seulement, il révèle ses intentions : ' « Ha ! signeur
chevalier, vous m'avés bleciet del corps et ostet de vie mon chier neveu
que je tant amoie. Si convient que vostre vie vous soit ossi ostée. De
chou ne vous poet nuls garandir. Si vous poés confesser, s'il vous plest,
et priier merci à Nostre Signeur, car vos daarains jours est venus. »
Li doi chevalier furent durement *abaubit* de ces paroles ce fu bien raisons,
et disent qu'il ne pooient croire que vaillans hommes ne gens d'armes
deuissent faire ne consentir tèle cruauté que de mettre à mort chevaliers
pris en fais d'armes, pour guerres de signeurs ' (II 173).

Ce mot exprime donc essentiellement une surprise désagréable. C'est
un substitut très expressif d'*esmerveillié* en contexte péjoratif. Il n'est
pas impossible que dans le dernier exemple une nuance de crainte s'y
ajoute, mais ce dernier sème serait en tous cas purement contextuel.

IV. D. 17. *Abus, abusé, abusion* :

Les deux premiers de ces mots sont employés comme adjectifs et
semblent parfaitement synonymes. Le dernier est substantif. Les trois
expriment l'idée d'une « déception », c'est-à-dire de la surprise désa-

gréable qu'on éprouve en constatant que les espoirs qu'on avait conçus ne se réalisent pas. C'est le cas, par exemple de Pierre du Bois, un des chefs de la rébellion de Gand, qui s'attendait à tout sauf à la voir prendre fin. ' Quant Piètres dou Bos veï comment tout li doien des mestiers de Gand et toutes leurs gens se traioient devers Rogier Evrewin etJakeme d'Ardembourc, si fu tous *abus* et se doubta grandement de sa vie, car bien veoit que chil qui le soloient servir et encliner le fuioient ' (XI 293)... ' Quant Piètres dou Bos veï que c'estoit tout acertes que la pais estoit faite et confremée... si fu tout *abus* et ot pluiseurs imaginations à savoir se il demoreroit à Gand avoecques les autres ' (XI 310). Le comte d'Armagnac espérait que le prince de Galles demanderait au comte de Foix de le tenir quitte de la rançon qu'il lui devait, mais il refuse d'exercer sur lui la moindre pression. ' Quant le conte d'Armignac oy ce, si fu tous *abusés* car il avoit failli à ses ententes ' (XII 16). Les Français, voulant passer la Lis à Commines, trouvent le pont détruit, la rivière plantée de pieux qui empêchent de passer en bateau, et ne connaissent pas de gué. ' Entrues que li connestables et li mareschal de France et de Bourgongne estoient au pas de Commines en celle *abusion*... soustilloient autre chevalier et escuier... à eux aventurer vaillaument et à passer celle rivière dou Lis ' (XI 10).

IV. D. 18. *sousprendre* (cf. fr. m. *surprendre*) :

Ce verbe apparaît généralement dans un contexte d'action, lorsqu'il s'agit non seulement de créer une situation nouvelle génératrice d'émotion, mais du fait que, sous le coup de cette émotion, le sujet sentant devient incapable d'agir efficacement : Gautier de Mauni ' avoit prommis et voé en Engleterre, present dames et signeurs, que ce seroit li premiers qui enteroit en France et y feroit guerre, et prenderoit chastiel ou forte ville, et y feroit aucune apertise d'armes : si estoit sen entente que de chevaucier jusques à Mortagne et de *sousprendre* le ville qui se tient dou royaume ' (I 154-155). Les Anglais se sont logés ' en un village que on appelle Puirenon, ensi que cil qui cuidoient estre tout asseguré. Et si que leur varlet entendoient à establer leurs chevaus et appareillier le souper, evous ces François venus, qui savoient bien lor couvine, tout avisé de ce qu'il devoient faire ; et entrèrent en ce village de Puirenon, les lances abaissies et escriant leurs cris : « Nostre Dame ! Sanssoire au mareschal ! » et puis commencièrent à abatre et decoper gens par ces rues et dedens leurs hosteulz. Li cris et la noise se commença tantost à eslever, et gens entrer en très grant effroy, car il estoient soudainnement *souspris* ' (VII 172). ' Bien savoit li rois de France aucuns des secrés des Englès et sus quel estat il estoient, et quel cose il proposoient à faire. Si se consilloit et fourmoit sur ce, et faisoit pourveir ses cités, villes et chastiaus moult grossement en Pikardie, et tenoit par tout en garnison grant fuison de gens d'armes, par quoi li pays ne fust *souspris* d'aucune mal aventure ' (VIII 34). Les Anglais se logent dans la forêt de Marche-noir, où se trouve une abbaye cistercienne : ' Li monne qui pour le tamps estoient en l'abbeïe furent *souspris* des Englès, car il ne quidoient mies que il deuwissent faire che chemin. Si leur tourna à contraire, quoique li contes de Bouquighem fesist faire un bant sus la teste que nuls ne fourfesist à l'abbeïe ' (IX 277).

Il faut donc sans doute voir une métaphore usée, d'origine guerrière dans les paroles du roi d'Angleterre, lorsqu'il dit à la dame de Sallebrin : ' « Li doulz maintiens, li parfais sens, la grant noblèce et la fine biauté que jou ay veu et trouvet en vous m'ont si *souspris* et entrepris qu'il covient que je soie vos amans ' (II 133).

IV. D. 19. Expressions métaphoriques dénotant une surprise et une émotion violentes :

IV. D. 19. 1. *se sangmeller, être sancmeuçonné* : On a vu, aux §§ II. A. 1. 6. et II. A. 1. 7., que le *sang* peut dénoter le caractère ou l'humeur du moment, et on verra qu'il peut être associé à *muer* (IV. D. 19. 2.) et à *fremir* (IV. D. 32.). Il apparaît de plus dans deux composés qui expriment l'un et l'autre une émotion violente : Quand Charles VI fut apostrophé dans la forêt du Mans ' son esperit se fremy et *se sangmella* tout ' (K. XV 37). ' Quant li rois d'Engleterre entendi que cil de Gand avoient occis Jakemon d'Artevelle, son grant ami et son chier compère, si en fu si *sancmeuçonnés* et esmeus que merveilles seroit à dire ' (III 103).

IV. D. 19. 2. Le verbe *muer* apparaît dans deux expressions traduisant une émotion violente :

— associé au mot *sang* en une formule empruntée à l'épopée : au début de la bataille de Crécy, ' quant li rois Phelippes vint jusques sus la place où li Englès estoient priès de là arresté et ordonné, et il les vei, se *li mua li sans*, car trop les haioit ' (III 175). Le comte de Foix, averti que son fils est chargé de l'empoisonner, aperçoit les pendants de la ' boursette ' de poison qu'il tient dans son habit : ' *Le sang li mua* et dist : « Gaston, vien avant, je vueil parler à toy à l'oreille » ' (XII 84).

— associé au mot *couleur* : on rapporte à Charles de Blois que Jean Chandos ' dist que li contes de Montfort demorra dus de Bretagne et vous moustera aujourd'ui que vous n'i avés nul droit. De ceste parolle *mua couleur* messires Charles de Blois ' (VI 161-162). Le duc de Lancastre qui espérait marier sa fille à Guillaume, héritier du Hainaut, voit d'un mauvais œil son projet d'alliance avec la Bourgogne. Il fait demander au duc Aubert ' se ce estoit se entente de perseverer avant en che mariage as enffans le duc de Bourgongne. De ceste parolle li dus Aubers *mua un petit couleur*, et dist : « Oïl, sire, par ma foi ! pour quoi le demandés vous ? » ' (XI 193).

IV. D. 19. 3. *Estonner* traduit généralement l'impression que ressent le sujet sous l'effet d'un coup violent, en particulier d'un coup sur la tête : ' Il furent tout doi si dur rencontré de deux pières jettées d'amont qu'il en eurent leurs bachinés effondrés et les tiestes toutes *estonnées* ' (II 67). A la bataille de Cocherel, ' si s'entrelaçoient li un dedens l'autre et s'esprouvoient au bien combatre de telz armeures qu'il portoient, et par especial de ces haces donnoient il si grans horions que tout *s'eston-noient* ' (VI 128). ' Messires Oudars se destourna contre le cop et ne falli pas au chevalier consievir, mès le feri telement de sen espée, en passant sus son bacinet, que il *l'estonna* tout et l'abati jus à terre de son cheval ' (V 49).

Estonner peut dénoter aussi l'ébranlement produit par le choc de deux objets qui se heurtent violemment. Dans une bataille navale anglo-espagnole livrée en vue de Winchelsea en 1350, la nef du roi d'Angleterre heurte une nef espagnole : ' La nef dou roy estoit forte et bien loiie, aultrement elle euist esté rompue ; car elle et la nef espagnole, qui estoit grande et grosse, s'encontrèrent de tel ravine que ce sambla uns tempestes qui là fust cheus... De cel encontre fu la nef dou dit roy si *estonnée* que elle fu crokie, et faisoit aigue tant que li chevalier dou roy s'en perçurent ' (IV 93).

Tous ces exemples montrent combien forte doit être la valeur expressive du verbe *estonner* lorsqu'on le trouve employé métaphoriquement dans une variante de l'épisode d'Édouard III et de la dame de Sallebrin. Au départ du roi, la dame lui fait rapporter par une suivante un anneau dont il lui avait fait présent : ' La dammoisele qui estoit enfourmée de sa damme, s'en vint au roy et s'engenouilla... Se li dist : « Monsigneur, vechy vostre aniel que madamme vous renvoie, et vous prie humblement que vous ne le voelliés tenir à villonnie, ne point ne voet qu'il demeure par deviers elle. Vous li avés fait tant en autres mannierrez que elle est tenue, ce dist à tousjours d'estre vostre serve ». Li rois qui oy la dammoisele et veoit son aniel qu'elle tenoit, et ooit la vollenté et l'escuzanche de la comtesse, fu tous *estonnés* ' (II 342). L'émotion, la surprise prennent ici figure de traumatisme.

IV. D. 19. 4. *Tresperchié* (fr. m. *transpercé*) : Les Gantois apprennent, dans des circonstances particulièrement critiques, que leurs troupes ont remporté la victoire sur les Brugeois et le comte de Flandre : ' Plus leur venoit li jours avant, plus leur venoit bonnes nouvelles, et estoient si *tresperchié* de joie que il ne sçavoient auquel entendre ' (X 234). Cette métaphore, qui n'a été relevée qu'ici, exprime une émotion violente et soudaine.

IV. D. 20. *Tourbler* (fr. m. *troubler*) : ' Il est meshuy trop tard... je ne vueil point *tourbler* le roy ' (K. XV 17). Cet exemple est exceptionnel à plusieurs titres : d'abord le verbe est à l'actif ; ensuite, le sujet du trouble éventuel est un individu unique ; enfin, le trouble dont il s'agit est une émotion de faible intensité.

En effet, ce verbe n'apparaît qu'exceptionnellement à la voix passive ou sous la forme pronominale, et presque toujours au passif ou simplement au participe passé. De plus, *être troublé* est, dans la grande majorité des exemples relevés, un état collectif : c'est ' li plus del royaume ' (I 84), ' tout cil dou pays ' (I 88), les seigneurs gascons (VII 70), le commun (X 155), la ville (X 130), le pays (II 4), ' li royaume de France ' (V 71), ' li François ' (XI 237) qui sont *troublés*. Si un individu est mentionné, il est immédiatement placé dans un ensemble : Le roi Jean interrompt le dîner offert par le duc de Normandie au roi de Navarre et au comte d'Harcourt pour arrêter ceux-ci malgré les protestations et les supplications du duc son fils : ' Si furent pris... et bouté en prison. De quoi li dus de Normendie... fu durement *tourblés*, et ossi furent les bonnes gens de Roem, car il amoient grandement le conte de Harcourt, pour tant qu'il leur estoit propisces et grans consillières à leurs besoings ' (IV 180).

Dans l'ensemble, il s'agit d'émotions plus fortes qu'un simple dérangement. Dans l'exemple suivant, le choc est relativement modéré : aussitôt après le mariage de Charles VI et d'Isabeau de Bavière, on annonce que les Flamands ont pris la ville du Damme ; ' ces nouvelles s'espardirent partout. Li François, che fu raisons, en furent *troublé*, mais par samblant il n'en fissent compte... car en celle propre heure autres nouvelles vinrent de Poito, qui fissent entroubliier celles de la prise dou Dam, car... avoient en Poito, en Saintonge et en Limosin li François raquis sis forterèces englesces ' (XI 237). Ailleurs, la cause en est un grand événement politique : extinction de la lignée des capétiens directs : ' La royne Jehenne acouça d'une fille, de quoi li plus del royaume en furent durement *tourblé* et courouciet ' (I 84) ; exécution capitale injuste : celle du comte de Kent, après laquelle ' tout cil dou pays... en furent durement *tourblet* et courouciet ' (I 88) ; début d'une guerre : Les Flamands s'étant alliés au roi d'Angleterre, le roi de France leur fait la guerre ; quelques actes de pillage sont commis : ' Si en fu durement li pays esmeus et *tourblés* ' (II 4) ; capture du roi Jean par les Anglais à Poitiers : ' De la prise dou roy Jehan de France, li royaume de France fu durement *tourblés* et courouciés ' (V 71).

Dans cette série d'exemples, le contexte permet de supposer qu'il s'agit d'une simple émotion, d'un désarroi collectif. Ailleurs, la présence d'un complément de personne introduit par *contre*, *sur*, ou *devers*, suffit pour faire apparaître un sème contextuel d'hostilité. Enfin, dans d'autres cas, la notion, intérieure, d'« émotion » s'efface au profit de celle, tout extérieure, d'« agitation politique ». Ce mot peut donc être tenu pour polysémique et reparaîtra dans d'autres chapitres, ainsi que le substantif déverbal *tourble* (fr. m. *trouble*) auquel le contexte, dans aucun des exemples relevés, ne permet d'attribuer le simple sens d'« émotion », mais celui de « dissenssions », d'« agitation politique », de « questions difficiles à trancher ».

IV. D. 21. *esmouvoir*, ou « mettre en mouvement », peut s'employer au sens de « exciter les passions », « soulever », « agiter », surtout en parlant d'une foule : Les chefs de la rébellion des Anglais contre Richard II accusent le duc de Lancastre de trahison : ' Ces maleoites gens, pour mieux tourbler le royaume et *esmouvoir* le peuple, avoient mis avant et semet ces paroles ' (X 129). Comme pour *tourbler*, on trouve assez fréquemment ' *esmouvoir* (un peuple) *sur* quelqu'un ', c'est-à-dire « exciter sa haine ou sa colère à son égard ». En conséquence, le participe passé *esmeu* ou le verbe pronominal *s'esmouvoir* sont souvent employés pour dénoter un état de trouble, d'agitation qui peut être dû

— soit à la colère, ou à la haine : ' Li dus, qui vei adont ses gens durement *esmeus* et courouciés sur lui, respondi si sagement et si bellement, que cette assamblée se departi par paix ' (VIII 107).

— soit à l'inquiétude (*esmouvoir* peut alors être associé à *effraer*) : ' Lors se commencha li païs tous à *esmouvoir* et à effraer, quant il entendirent que li Englès estoient à Gravelines ' (XI 96).

— soit encore à une vive contrariété comme dans les exemples suivants où *esmeu* se trouve associé à *courroucié* : ' Li rois s'en vint à Mantes pour aprendre dou couvenant des Englès et des Navarois ' si entendi qu'il se tenoient entours Roem et ardoient et destruisoient le plat pays. Adonc li rois, *esmeus* et courouciés, se desparti de Mantes et chevauça tant qu'il vint à Roem ' (IV 188). ' Les nouvelles en vinrent au roy de France, qui se tenoit à siège devant Bretuel, comment li princes efforciement chevauçoit en son royaume, si en fu durement *esmeus* et courouciés ' (IV 197).

IV. D. 22. *Esmai* dénote un état de trouble profond causé par un malheur extraordinaire : ' Si estoit li pays de Haynau en grant tribulacion et en grant *esmay* ; car une partie de leur pays estoit ars et essilliés ; et si sentoient encores le duch de Normendie sus les frontières ' (II 23). ' En che jour que ces mescheans gens de la comté de Kemt venoient à Londres, retournoit de Cantorbie la mère dou roy d'Engletière, la princesse de Galles, et venoit de pelerinage. Si en fu en trop grant aventure de estre perdue par eux, car ces mescans gens saloient sur son char en venant et li faissoient moult de desrois, de quoi la bonne dame fu en grant *esmai* de li meismes que par aucune cose il ne li fesissent violence ou à ses damoiselles. Toutesfois Dieux l'en garda ' (X 99).

Au contraire, la locution négative *sans esmay* est employée pour dénoter le calme : des chevaliers qui vont être attaqués à l'improviste ' chevauçoient... sans nul *esmay* et... cuidoient estre tout asseguré ' (VII 172).

IV. D. 23. *Fremir*, ou *se fremir* dénote un trouble, une agitation qui peuvent être perceptibles de l'extérieur : Les Écossais viennent d'assaillir un château mais sans succès. Leur roi leur commande de renoncer à cet assaut et de s'occuper de leur campement : ' Qui donc veist gens *fremir* et appeller li uns l'autre et querre pièce de terre pour mieulz logier les assallans, retraire les navrés, rapoītei ou rapoiier, les mors ratrainer et rassambler, veoir y peuist grant triboulement ' (II 126-127).

Ce trouble peut être causé par une émotion quelconque, comme la colère : A Crécy, la bataille prenant une mauvaise tournure, on conseille à Philippe VI de se mettre à l'abri, mais ' li rois qui tous *fremissoit* d'aïr et de mautalent, ne respondi point ' (III 180). Mais la plupart du temps, son origine est la peur. On trouve donc *fremir* associé à *esbahir* et à *effraé* : Les Français ayant été vaincus par les Grandes Compagnies, près de Lyon, ' trop furent cil des marces où ces Compagnes se tenoient esbahi... Et n'i eut si hardi, ne tant euist bon chastiel et fort, qui ne *fremesist* ; car li sage supposèrent et imaginèrent tantost que grans meschiés en nesteroit et mouteplieroit, se Diex proprement n'i metoit remède ' (VI 69-70). On *fremit*, ou on *se fremit* devant un envahisseur, dont la tâche est, par là-même, grandement facilitée : ' Li pays estoit si effraés de la venue dou duch d'Ango, pour le grant nombre de gens qu'il menoit, qu'il *fremissoient* tout devant lui, et n'avoient les villes et li chastiel nulles volentés que d'yaus tenir ' (VII 227). Les Anglais ' prisent leur ietour vers Saint Quentin, et entrèrent en ce biau et ce plain pays de Vermendois. *Se fremissoient* toutes gens *devant* yaus, et rançonnoient villes et pays à non ardoir et à vivres, et cheminoient si petites journées que trois ou quatre liewes le jour ' (VIII 152). On peut trouver aussi sans différence apparente de sens, *fremir contre* : ' Si se misent tous ces gens d'armes au chemin... et commença li pays à *fremir* contre yaus ' (VII 244).

Enfin, le verbe *fremir* est parfois associé au mot *sang*, comme dans ce passage où le connétable de France s'inquiète du sort des troupes qui ont imprudemment franchi la Lys : ' Adont li commencha *li sans* tous à *fremir* de grant hideur que il ot, car il sentoit grant fuisson de Flamens par delà l'aige tous esragiés ' (XI 17), ou au mot *esprit*, comme on l'a vu au § II. A. 1. 3., à propos de la première crise de folie de Charles VI : ' son *esperit* se *fremy* et se sangmella tout ' (K. XV 37).

IV. D. 24. *Blecier son corage* :

Blecier (fr. m. *blesser*) a dans la langue des Chroniques, des emplois étendus : Le sens propre de « frapper d'un coup qui donne une lésion à l'organisme » est bien attesté. On trouve de plus ' être *blecié* d'une maladie ' (IX 281), ' du mal des dents ' (IX 281) ; Le royaume est ' *blecié* ' par des impôts excessifs (X 11) ; dans un procès, la partie plaignante est ' *bleciée* ' (XI 305). On peut également ' *blecier* ' des ' franchises ' (IX 170), des ' alliances ' (VI 99). Tous ces exemples permettent de voir que *blecier* signifie, de la façon la plus générale, « altérer », « porter le trouble dans un état d'équilibre ». Ces remarques permettent d'interpréter l'exemple suivant : Olivier de Clisson, accusé de haute trahison,

vient d'être mis à mort par le roi de France. Le roi d'Angleterre, ' durement courroucié ' est ainsi conseillé par le comte de Derby : ' « Monsigneur,
se li rois Phelippes a fait se hastieveté et se felonnie de mettre à mort
si vaillans chevaliers que cil estoient, n'en voelliés mies pour ce *blecier*
vostre corage, car, au voir considerer, vostre prisonnier n'a que faire de
comparer cel oultrage... » Li rois d'Engleterre senti et conçut que ses
cousins disoit verité ; si se apaisa et rafrena son mautalent ' (III 39).
Le contexte montre qu'ici, *blecier son corage* ne peut signifier autre
chose que « perdre son calme », « altérer sa sérénité ».

IV. D. 25. Expressions métaphoriques dénotant des états de surexcitation :

Ces métaphores sont toutes fondées sur l'image du feu qui chauffe
et brûle, et doivent être rapprochées de *chaud* (III B. 2. 2. et III. B. 3. 1.),
boullant (III. B. 2. 3.), *froid* (III. B. 2. 7.), *chaudement* (III. C. 2. 5.),
ardemment (III. C. 2. 8.), *se refroidier* (IV. E. 1.).

IV. D. 25. 1. *s'escauffer, estre escauffé* (fr. m. *échauffer*) : Outre son
sens propre et physique de « donner chaud », ce verbe traduit divers
états d'excitation :

— la colère et la soif de vengeance : Les Français viennent de brûler
la ville d'Haspre, en Hainaut. Le comte Guillaume de Hainaut ' se
retray... en l'abbeye de Fontenelles... où ma dame sa mère demoroit,
qui fu toute ensonniie de lui rapaisier, tant il estoit *escauffés* et aïrés...
mès li contes n'i voloit entendre, mès disoit : « Il me faut regarder comment hasteement je me puisse vengier de ce despit que on m'a fait et
otretant ou plus ardoir en France » ' (I 196).
— l'ardeur belliqueuse : Eustache d'Auberchicourt, dans un combat
difficile, parvient à détourner, d'un revers de main, un glaive qu'on
lui lance. Il est cependant atteint au visage et perd trois dents, mais
' jà estoit si *escauffés* que de navrure que il euist, il ne faisoit compte '
(V 170). Dans le feu de l'action, il n'est pas toujours facile de distinguer
tous les détails des armoiries des combattants, ce qui peut engendrer
de fâcheuses méprises : ' Li Haynuier, qui jà estoient tout *escauffé*,
perchurent le banière de Moriaumés qui estoit toute droite ; si cuidièrent
que ce fust li leurs où il se devoient radrecier ; car moult petit de différence y avoit de l'un à l'autre, car les armes de Moriaumés sont vairiet
contre vairiet, à deux kievrons de geules ; et sus le kievron messires
Robers portoit une petite croisète d'or : si ne l'avisèrent mies bien,
pour tant en furent il deceu ; et se vinrent bouter desous le banière
monsigneur Robert. Là y eut dur hustin. Et furent li Haynuier fière-
ment rebouté et tout desconfi ' (II 60). Pendant que Jean Chandos défiait
les Bretons et les Français de la façon la plus méprisante, un Breton
frappa d'un coup de glaive un écuyer anglais. ' Messires Jehans Chandos

qui oy effroi derrière lui, se retourna sus costé et vei son escuier jesir à terre et que on feroit sus lui, si *s'escauffa* en parlant plus que devant, et dist à ses compagnons et à ses gens : « Comment lairés vous chi ensi cest homme tuer ? A piet ! » (VII 202).

IV. D. 25. 2. *esprendre* est le plus souvent employé avec son sens propre d'« allumer », en parlant du feu. Il a été relevé une fois au sens figuré pour traduire l'état dans lequel le sujet est mis par un violent courroux : ' il avoit le cœr si dur et si *espris* de grant courous que il ne peut parler ' (IV 61).

IV. D. 25. 3. *Enflammé*, au participe passé, désigne, une fois, la chaleur éprouvée par une personne qui s'est, physiquement, beaucoup agitée (VI 170). Mais dans la plupart des cas, ce mot apparaît dans la locution *enflammé d'aïr* et désigne donc l'état de trouble engendré par la colère : ' Li dis rois estoit *enflamés* de si grant aïr qu'il ne voloit à riens entendre ' (IV 179). Le prince de Galles, ayant repris Limoges ' là eut grant pité ; car hommes, femmes et enfans se jettoient en genoulz devant le prince et crioient : « Merci, gentilz sires, merci ! » Mais il estoit si *enflammés d'aïr* que point n'i entendoit, ne nuls ne nulle n'estoit oïs, mès tout mis à l'espée ' (VII 250) (v. aussi VI 170, IX 122, X 107, X 135).

Néanmoins, l'usage de ce verbe n'est pas entièrement figé, et l'association avec *aïr* peut ne pas apparaître, par exemple dans le passage suivant, où c'est bien, cependant, de colère qu'il s'agit : ' On avoit semet parolles parmi le ville que le grant tresor de Flandres, que Jakemes d'Artevelle avoit assamblé par l'espasse de neuf ans... ce grant tresor où il avoit denierz sans nombre, il l'avoit envoiiet secretement en Engleterre. Ce fu une cose qui moult engrigni et *enflama* chiaus de Gand ' (III 100), ou encore lorsque, comme on le verra au paragraphe suivant, associé avec *attiser*, il traduit la naissance du zèle et de l'admiration.

IV. D. 25. 4. *attiser* n'a été relevé que deux fois, dans les deux emplois suivants :

— *attiser à* + infinitif, c'est-à-dire « travailler en tant que cause agissante à obtenir un certain résultat ». Nous reverrons cet emploi au chapitre de l'action.

— *attiser et enflammer le cœur*, « faire naître une émotion ou un sentiment » : ' La memore des bons et li recors des preus *atisent* et *enflamment* par raison les *coers* des jones bacelers ' (I 3).

IV. D. 26. *Ire, ireur, ireusement* :

Ire a été relevé une fois en contexte religieux, à propos d'une épidémie : ' priier à Nostre Signeur qu'il vosist refraindre son *ire* et cesser ses verges '

(IV 100) et une fois en contexte profane : ' Le sire de Clary avoit encore l'*ire* au cœur et la mélancolie en la tête ' de paroles ' qu'il tenoit à impétueuses, orgueilleuses, trop grandes et trop hautes contre l'honneur de la chevalerie de France ' (L. IV ch. V).

Plus courant est le substantif *ireur* : Les défenseurs de Hennebont tenu par la comtesse de Montfort insultent les troupes qui les assiègent, sous les ordres de Charles de Blois : ' « Alés ! alés requerre et raporter vos compagnons qui se reposent au camp de Camperli ! » De quoi, pour ces parolles, messires Loeis d'Espagne et li Genevois avoient grant *ireur* et grant *despit* ' (II 171). Un ambassadeur du roi de France, en route vers l'Écosse, séjourne fastueusement au port de l'Écluse, sans aller saluer le comte de Flandre. Celui-ci le convoque et charge son bailli de le lui amener. ' Adonc se mist en genoulx li chevaliers devant le conte, et dist : « Monsigneur, veci vostre prisonnier ». De ceste parole fu li contes durement courouchiés, et dist par grant *irour* : « Comment, ribaus, dis tu que tu ies mon prisonnier, pour ce que je t'ai mandé à venir parler à moi ? Les gens Monsigneur pueent bien venir devant moi et parler à moi, et tu ne t'es pas bien acquités, quant tu as tant sejourné à l'Escluse et tu me sentoies si priès de toi, et tu ne venoies parler à moi. Mais tu ne daignoies ! » ' (IX 129). Le duc de Lancastre a organisé une expédition en Écosse, mais le comte d'Asquesuffort l'a desservi dans l'esprit du roi Richard II, le présentant comme prétendant à la couronne. Le matin du départ, ' vint li dus de Lancastre devers son nepveu le roi, qui riens ne savoit de ce tourble. Quant li rois le veï, qui estoit en sa merancolie et *irour* par l'informacion dessus dite, si li dist tout à certes : « Oncles, oncles de Lancastre, vous ne venrés pas encores à vostre entente. Penssés vous que pour vos parolles nous nous voellons perdre, ne nostres gens ossi ? Vous estes trop outrageux de nous consillier follement, et plus ne crerai ne vous ne vostres consaulx, car je voi plus de damage et de peril que de pourfit, d'onneur ne d'avanchement pour nous ne pour nos gens. Et, se vous volés faire le voiage que vous nous mettés avant, si le faites, car point ne le ferons ; anchois retournerons en Engletière. Et tout cil qui nous aiment si nous sieuent ! » ' (XI 273).

On voit par les deux exemples ci-dessus la véhémence d'un discours fait *par irour*. Il est donc normal que l'adverbe *ireusement* s'applique souvent à l'action de parler : ' Li prevos des marchans... blasma et villonna moult *ireusement* chiaus de Paris » (V 111). Le roi Édouard III ' avoit parlé *ireusement* au seigneur de Grastoch ' coupable d'avoir laissé prendre le château de Bervich ' et de ce l'avoit il grandement blasmé ' (IV 148). Le matin de la bataille de Poitiers, le cardinal de Périgord échoue dans une dernière tentative de conciliation. Il ' les cuida par son preecement acorder, mès il ne peut ; et li fu dit *ireusement* des François que il retournast à Poitiers ou là où il li plaisoit ' (V 39).

Mais on trouve également cet adverbe dans d'autres contextes : Quand on lui amène les six bourgeois de Calais, ' li rois regarda sus yaus très *ireusement*, car il avoit le coer si dur et si esprit de grant courous que il ne peut parler ' (IV 61). Au moment où le peuple de Lisbonne envahit le palais du feu roi Ferrand, où se trouve encore Aliénor de Coigne ' on rompi les portes, on entra dedens de force et vint on en la chambre de la damme, qui fut moult effraée, quant elle vey tant de peuple venir *yreusement* sur lui ' (XII 257).

L'*ireur* est donc une réaction violente, en paroles ou autrement, devant un personnage qui vous irrite.

IV. D. 27. *aïr* : Ce mot dénote une réaction violente, plus ou moins durable, devant une situation nouvelle et désagréable. Cette réaction peut durer un temps assez considérable, comme le montrent ces reproches de la duchesse de Brabant, au moment même où elle accepte de s'entremettre en faveur des Gantois brouillés avec le comte de Flandres : ' « Vous l'avés par tant de fois courouchiés et avés tant de mervilleuses oppinions tenu contre lui que che le soustient en son *aïr* ' (X 206). Elle peut rester purement intérieure : c'est le cas du roi Jean, lorsqu'il reçoit le défi de Philippe de Navarre : ' Quant li rois Jehans vei ces lettres, et les eut oy lire, il fu plus pensieus que devant ; mais par samblant il n'en fist nul compte. Toutefois li rois de Navare demora en prison. Et ne fist mies li dis rois tout ce que il avoit empris ; car on li ala au devant, aucun de son conseil, qui un petit li brisièrent son *aïr* ' (IV 182). Elle peut aussi se traduire par

— des paroles : ' Li connestables de France dist par grant *aïr* : « Ha ! Saint Ive ! Ha ! Saint Jorge ! Ha ! Nostre Dame ! que voi je là ? Je voi en partie toute la fleur de nostre armée qui se sont mis en dur parti. Certes je vorroie estre mors, quant je voi que il ont fait un si grant outrage » (XI 16).

— par une certaine oblitération de l'intelligence, comme le montre par antiphrase l'exemple suivant : ' Li rois de France, qui estoit *de grant conception hors de son aïr*, regarda que ses consauls le consilloit loyaument ; si se rafrena de son mautalent et laissa bonnes gens ensonniier et couvenir de lui et dou roy de Navare ' (IV 137).

— par l'action : Bernardet de Labreth est tué à l'assaut du château de Romorentin aux côtés du prince de Galles. Celui-ci ' jura adonc si hault que pluiseur l'oïrent, que jamais ne partiroit de là si aroit gaegniet le dit chastiel et chiaulz de dedens ossi et mis en se volenté. Dont renforça li assaus de toutes pars par grant *aïr*, pour leur besongne avancier ' (V 10).

— en particulier par une action soudaine et irréfléchie : Le seigneur d'Albret, courroucé de la désinvolture du prince de Galles à son égard, lui écrit ' en son *aïr* ' une lettre de défi très disproportionnée à sa situation (VI 232). Les émeutiers de Londres n'obtiennent pas satisfaction : ' Quant ces gens veïrent que il n'en aroient autre cose, si furent tout *enflamé d'aïr* et retournèrent en la montaigne où li grans peuples estoit, et recordèrent comment on leur avoit respondu et que li rois estoit rallés en la Tour à Londres. Adont criièrent il tout de une vois : « Alons

tos à Londres ! » Lors se missent au chemin, et s'avalèrent sus Londres
en fondeflant et abatant manoirs d'abés, d'avocas et de gens de court,
et vinrent en es fourbous de Londres qui sont grant et bel. Si i abatirent
pluiseurs biaulx hostels et par especial il abatirent les prisons dou roi
que on dist les Mareschauchies, et furent delivret tout li prisonnier qui
dedens estoient ; et fissent en ces fourbous moult de desrois... et dissoient
que il arderoient tous leurs fourbours et conqueroient Londres par
force, et l'arderoient et destruiroient toute ' (X 107).

— Bien souvent, cette action irréfléchie est un acte de cruauté et peut
aller jusqu'au meurtre et jusqu'au massacre : ' Li princes estoit durement
grans et haus de corage et *crueulz* en son *aïr* ' (VI 233). Le prince de Galles
réconcilie Pierre le Cruel et ses vassaux : ' Et ossi li dis princes fist grant
courtoisie as barons d'Espagne, qui prisonnier estoient ; car se li rois
dans Piètres les eust tenus *en son aïr*, il les euist tous fait morir sans
merci ' (VII 50).

Il faut rappeler enfin la fréquence de la locution *enflammé d'aïr*
(v. § IV. D. 25. 3.) qui traduit bien la violence passionnelle de l'*aïr*.

IV. D. 28. L'adjectif *fels, felon*, est le centre d'une famille polysémique
et riche de vocables divers qu'on retrouvera en d'autres chapitres :
les adjectifs dérivés *felené* et, fém. *felenesse*, l'adverbe *fellement*, les
substantifs *felonnaige* (une seule fois attesté, XII 77) et *felonnie*, et les
verbes *(s')enfellenier* et *(se) felenier*.

Les adjectifs ne dénotent rien d'autre que la méchanceté, la cruauté ;
le substantif *felonnaige*, à ce qui semble, l'infidélité ; *felonnie* la trahison,
la méchanceté, ou la colère ; le verbe *s'enfellenier* un élan de colère ou,
en parlant de circonstances fâcheuses, une aggravation ; le verbe *felenier*
uniquement la colère.

L'adverbe *fellement*, ambigu, pouvant, dans tous les exemples relevés
dénoter soit la méchanceté soit la colère, soit les deux à la fois, peut
expliquer le rapport des sens à l'intérieur de la famille : Après Roosebeke,
Charles VI et ses oncles séjournent quelque temps à Courtrai et voient
dans l'église Notre-Dame les éperons dorés des chevaliers français tués
jadis à la bataille de Courtrai, ' et en faissoient chil de Courtrai tous
les ans pour le trionfe très grant solempnité ; de quoi li rois dist qu'il le
comparroient... et que il feroit mettre la ville à son departement, en feu
et en flame : si leur souvenroit ossi ou tamps à venir, comment li rois
de France i aroit esté ' (XI 62)... ' Quant li rois de France deult partir
de Courtrai, il ne mist mies en oubli... les esperons dorés... Si ordonna
li rois que à son departement Courtrai fust toute arse et destruite. Quant
la congnissance en vint au conte de Flandres, si i quida remediier, et
s'en vint devant le roi et se mist en jenouls, et li pria que il le vosist
respiter. Li rois respondi *fellement* que il n'en feroit riens ' (XI 70).

Dans la majeure partie de ses occurrences, l'adverbe *fellement* accompagne le verbe *regarder*. Lorsqu'on lui amena les six bourgeois de Calais,

Édouard III ' se taisi tous quois et regarda moult *fellement* sur chiaus, car moult haoit les habitans de Calais ' (IV 60). Les Blancs Chaperons accueillent mal le comte de Flandres à son entrée à Gand ' et quant li contes passa parmi iaulx, il s'ouvrirent, mais *fellement* le regardèrent, che li sambla, et ne le daignèrent onques encliner ' (IX 217). Les Londoniens révoltés veulent attirer dans leur parti un chevalier de modeste origine, anobli par Édouard III ; mais ' quant li chevaliers les oï parler, si li vint à grant contraire car jamais n'euist fait ce marchiet ; et respondi, en iaulx regardant moult *fellement* : « Arière, mescans gens, faus et mauvais traïteur que vous estes ! Volés vous que je relenquisse mon naturel signeur pour telle merdaille que vous estes, et que je me deshonneure ? J'aroie plus chier que vous fuissiés tout pendut, enssi que vous serés, car vous n'arés autre fin » ' (X 116) (v. aussi VIII 250, IX 78).

Le substantif *felonnie*, les verbes *(s')enfelennier* ou *se felenier* dénotent ou peuvent dénoter une colère violente et soudaine dont la manifestation peut être purement verbale ' De ce *s'enfelonnia* tellement le duc de Berry sur le comte de Foeis, que il disoit que le conte de Foeis estoit le plus orgueilleux et le plus presumptueus chevalier dou monde ' (XII 68) ; ou le sang qui monte à la tête : le captal de Buch, apprenant que certains seigneurs gascons chevauchent avec l'armée française ' fu durement esmervilliés et *rougia tous de felonnie* ' (VI 111), ou une crise de larmes d'enfant : ' Gaston se courroucha à son frère Jeulbain pour le jeu de la cache et li donna une paumée. L'enfant *se felonnia* et entra tout plourant en la chambre son pere ' (XII 83), mais aussi bien un élan donné à l'action : 'Biaus filz... il vous faut combatre, ne je ne puis nulle grasce impetrer d'acort... devers le roy de France » dit Édouard III au prince de Galles au moment de la bataille de Poitiers. ' Ceste daaraine parole *enfelleni* et encoragea grandement le cœr dou prince et respondi : « C'est bien li intention de nous et des nostres, et Diex voelle aidier le droit » ' (V 30). Provoqué au combat, ' Quant Bernars ot che entendu, si li engroissa li cœrs ou ventre, et *felenia* grandement et dist : « çà, mes armes ! » ' (IX 121). Cela peut être aussi

— un refus brutal : ' De ceste parolle se *felonnia* li evesques, et dist : « Or alés ; si dites à vostre conte que il n'en ara autre cose... car par chi ne par Calais ne passeront il point ' (XI 101).

— une guerre sans merci : Les révoltés de Gand ont brûlé un beau château appartenant au comte de Flandres ' et n'i eut plus rien fait pour la journée. Mais elle fu grande assés et malle, car elle cousta puissedi deus cens mille vies, et fu une des coses principaulment dont li contes de Flandres *s'enfelenia* le plus ' (IX 184).

— un meurtre : ' Quant li contes de Foeis oy ceste response, si ly mua le sens en *felonnie* et en courroux, et dist en tirant hors une dague : « Faulx traitre, as tu dit ce mot de non faire ? » ' (XII 62). ' Dont dist messires Jehans de Hollandes, qui estoit encores en sa *felonnie* : « Stafort, Stafort... tes gens m'ont mort mon escuier que bien amoie ». Et à ces

cops, il lance une espée de Bourdiaux que il tenoit toute nue ' (XI 162).
' Li rois Phelippes a fait sa hastieveté et sa *felonnie* de mettre à mort
si vaillans chevaliers ' (III 39).

Bref, on peut s'attendre à tout d'une personne en état de *felonnie* :
Les Anglais qui transmettent secrètement aux Gantois les fonds de leur
roi refusent de se rendre à la convocation du comte de Flandres parce
qu'ils le ' sentoient en se *felonnie* mout hastieu ' (XI 84).

On peut donc définir la *felonnie* comme une réaction agressive à un
changement de situation brutal et désagréable, un état où le sujet perd
le contrôle de lui-même et peut se laisser aller à des actes de méchanceté
inconsidérés.

IV. D. 29. *Despit* a le sens de « mépris » dans les exemples suivants :
Les gens de Santarem se plaignent des mercenaires bretons engagés
par leur propre roi : ' Les Bretons pillars nous ont tenu... en tel *despit*
que ilz rompoient nos coffres et prendoient tout le nostre davant nous
et violoient nos femmes et nos filles ' (XII 133). Les barons d'Aquitaine
n'aiment pas les Anglais ' qui sont orguilleus et presumptueus ' et ' les
tiennent en grant *despit* et vieuté ' (VII 92).

Cet emploi explique les deux valeurs les plus usuelles du mot dans
divers contextes. Le *dépit* peut être :

— un acte de méchanceté destiné à montrer à un adversaire qu'on le
méprise, qu'on croit ne rien avoir à redouter de lui, en somme une provocation.

— la réaction du sujet à cette provocation. C'est de cette dernière
valeur seule que nous nous occuperons ici. On la voit apparaître dans
les tournures suivantes :

prendre une chose en (grant) despit, c'est donc à la fois « la considérer
comme une provocation » et « réagir violemment à cette provocation » :
Le prince de Galles. assigné à comparaître à Paris, entre dans une violente
colère. On essaie de le calmer : ' « Chiers sire, pour Dieu merci, ne *prendés*
cest appel *en trop grant despit* ne en trop grant courous ' (VII 96). Robert
Canolle refuse de rendre le château de Derval au duc d'Anjou tenant
certains traités pour nuls. Le duc le menace d'exécuter les otages qu'il
détient. Robert Canolle lui répond qu'en ce cas, il exécuterait ses prisonniers. ' Ceste response *prist* li dus d'Ango *en si grant despit* que, sans
point d'attente, il manda les ostages qui issu de Derval estoient... et
les fist mener dou plus priès dou chastiel qu'il peut, et là furent decolé '
(VIII 159). Les Anglais envahissent et incendient une partie de l'Écosse.
' Li baron et li chevalier d'Escoce n'estoient de noient segnefiiet de ceste
avenue, et *prissent* ceste cose *en grant despit*, et disent que il l'amende-
roient à leur pooir ' (XI 165).

avoir (grant) despit de quelque chose : On a vu que les troupes de Charles
de Blois, tournées en dérision par les défenseurs de Hennebont en

' *avoient* grant ireur et *grant despit* ' (II 171). On rapporte à Édouard III que le roi David d'Écosse refuse de prendre aucune décision importante sans l'accord du roi de France. ' De ce rapport *eut* li rois englès *plus grant despit* que devant ; si dist tout hault que ce seroit amendet temprement, et qu'il atourroit si le royaume d'Escoce que jamais ne seroit recouvret ' (III 6).

agir *par despit* : ' Quant il furent dedens, il quidièrent avoir mervelles gaegné, mais ils ne trouvèrent rien fors que povres gens, femmes et enfans, et grant fuisson de bons vins. Dont *par despit* et par envie, Breton et Bourgignon boutèrent le feu en la ville ' (XI 246).

IV. D. 30. *engrossier* a été relevé une fois dans un passage déjà cité : Le sire de Lagurant défie Bernard Courant en combat singulier. Un ' varlet ' transmet ses paroles. ' Quant Bernars ot che entendu, si li *engroissa* li cuers ou ventre, et felenia grandement et dist : « ça ! mes armes ! Ensielés mon coursier : il n'en ira ja refussés » ' (IX 121). Il s'agit dans cet exemple d'une réaction violente   une provocation, donc d'un état d'excitation et de colère.

IV. D. 31. *Couroucier* et *courous* (fr. m. *courroucer, courroux*). Le verbe a été relevé deux fois à l'infinitif dans la même formule négative, en parlant d'Hugues le Dépensier, ou d'Étienne Marcel et de ses partisans : ' Et n'est nulz en Engleterre, tant soit nobles ne de grant afaire qui l'ose *couroucier* ne desdire de cose que il voelle faire ' (I 16) ; ' Vous avés maintenant le gouvrenement de Paris et... nulz ne vous y ose *couroucier* ' (V 110).

Mais la plupart du temps, ce verbe apparaît au passif, c'est-à-dire sous la forme du participe passé. Il traduit toujours une réaction intérieure pénible à une situation nouvelle et désagréable. Assez rarement, cette réaction prend une forme violente : ' li prevos des marchans fu durement *courouciés* et blasma et villonna ireusement chiaus de Paris ' (V 111). C'est également le cas lorsqu'Édouard III, '*couroucié*' (III 145) que les gens de Caen aient tué plus de cinq cents de ses hommes, ordonne le massacre des habitants et l'incendie de la ville. Ailleurs, si la contrariété est réelle, rien ne permet de parler de colère. La réaction peut être

— une action réfléchie : On négocie le retour du duc de Normandie à Paris au moment des troubles fomentés par Étienne Marcel : ' Li dus respondi que il tenoit bien la pais à bonne que il avoit juret ; ne jà par lui, se Dieu plaisoit, ne seroit enfrainte ne brisie, mais jamais en Paris n'enteroit, si aroit eu plainne satisfaction de chiaus qui *courouciet* l'avoient' (V 109). De mauvaises nouvelles arrivent de Terre Sainte. ' De ces nouvelles fu li papes moult *courouciés*... Si preeça, le jour dou Saint Venredi, present les rois dessus nommés, le digne souffrance de Nostre Signeur et enhorta et remoustra grandement le crois à prendre et encargier, pour aler sus les ennemis de Dieu ' (I 115-116).

— de simples récriminations : ' Apriès le desconfiture de Gagant... en furent cil de le partie le roy d'Engleterre tout joiant et cil de le partie dou conte tout *courouciet*. Et disoient bien cil de Flandres que sans raison, hors de leur conseil et volenté, li contes les avoit là mis ' (I 139).

— un refroidissement affectif purement intérieur : Étienne Marcel a trompé les Parisiens en faisant relâcher, après une rixe, des soldats anglo-navarrais jugés coupables. ' Si en furent durement *courroucié* sur lui, ne onques depuis ne l'amèrent ' (V 111).

Dans la plupart des cas, il s'agit d'événements contre lesquels nul ne peut rien et à propos desquels aucune réaction extérieure n'est notée : ' La royne Jehenne acouça d'une fille, de quoi li plus del royaume en furent durement tourblé et *courouciet* ' (I 84). On précise même parfois qu'aucune manifestation de mécontentement ne servirait à quoi que ce soit : ' Il perchut bien qu'il n'en aroit autre cose et que li *courouciers* ne li pooit riens valoir ' (I 142, v. aussi I 144).

On peut donc dire qu'*estre courroucié* s'oppose à *avoir despit*, ou *irour*, ou *grant aïr* par une violence généralement moindre, et un caractère surtout intérieur, l'absence de réactions extérieures étant possible et fréquente.

Le substantif déverbal *courous*, ou *courroux* a été relevé dans des contextes assez violents. On sait que, un capitaine ayant refusé de livrer son château au comte de Foix, ' si ly mua le sens en felonnie et en *courroux* ' (XII 62) et il l'assassina sur le champ. Le narrateur de l'épisode émet ce commentaire : 'On s'avise bien de lui courroucier, mais en ses *courroux* n'a nul pardon ' (XII 62). Jean Lion, pesant les chances que la ville de Gand a de faire la paix avec le comte de Flandres estime qu' 'il n'est mies legiers à rapaisier et si a dallés li qui bien li esmouvera en *courous* : Ghisebrest Mahieu et ses freres : c'est cent contre un que venons à pais ' (IX 183).

IV. D. 32. *Grigneus, engrignier, se grignier, se ragrignier* sont des dérivés de *grigne* qui sera étudié dans les paragraphes consacrés aux sentiments hostiles. Dans tous les cas, il s'agit de réactions pénibles devant une situation nouvelle et désagréable, à tout le moins d'une contrariété qui peut ne se marquer par aucune réaction extérieure particulièrement nette : à l'assaut du château de Puirenon ' li François se *ragrignoient* moult de ce que tant duroient li dit Englès ' (VII 176). Elle peut ne se marquer que par quelques paroles sèches : au début de la guerre franco-anglaise, lors d'incursions françaises en Flandres, Jean de Hainaut fait sonder les intentions des Français et rapporte ceci à son oncle, le comte Guillaume : ' « Sire..., à ce que je puis veoir et considerer, li rois de France et ses consaulz prendent grant plaisance en ce que vous sejournés chi à grant frait, et dient ensi qu'il vous feront despendre et engagier toute vo terre. Et quant bon leur samblera, il vous combateront, non à vostre volenté ne aise, mais à le leur ». De ces responses fu li contes de Haynau tous *grigneus*, et dist que il n'iroit mies ensi ' (II 33-34). Lors de la reddition de Calais, Gautier de Mauni supplie ardemment Édouard III d'épargner la vie des six bourgeois. Mais ' à ce point *se grigna* li rois et dist : « Messire Gautiers, souffrés vous, il ne sera aultrement, mès on face venir le cope teste. Chil de Calais ont fait morir tant de mes hommes, que il couvient chiaus morir ossi » ' (IV 62).

Elle n'exclut cependant pas non plus une colère vive et agissante. On peut bien supposer qu'il y a une progression entre les deux verbes lorsqu'on dit que l'expédition en Angleterre, par Jacques d'Arteveld, du grand trésor de Flandres ' fu une cose qui moult *engrigni* et *enflama* chiaus de Gand ' (III 100). Mais enfin l'affaire se termine tout de même par l'assassinat du responsable, assiégé dans sa maison par des émeutiers déchaînés.

IV. D. 33. Conclusion

Ce champ sémantique est très vaste, mais il n'a pas paru possible de le subdiviser sans arbitraire, tant le chevauchement entre les diverses catégories modernes envisagées par le titre est fréquent, facile, et les cas particuliers difficiles à trancher. Cela ne signifie pas cependant qu'il ne se prête à aucune structuration et que la succession des articles qu'on vient de lire soit fortuite. Les §§ IV. D. 1. à IV. D. 6., *doubter, ressoin-gner, cremir, angousse, transe, quisençon,* considèrent la peur en tant qu'attente, c'est-à-dire « considération prospective d'un événement virtuel qu'on voudrait ne voir jamais se réaliser tant il paraît mauvais ». Ce n'est pas à dire que cet état n'implique pas une tension, mais ce n'est pas la tension *vers* l'événement qui caractérise le désir, l'attente, l'espoir, c'est une tension en sens inverse. Ces mots sont donc duratifs et peuvent présenter des degrés variables d'intensité affective.

Au § IV. D. 7. le mot *esbahir* s'oppose aux précédents en ce que sa valeur durative est réduite et que sa relation à l'événement est double : il peut se situer immédiatement avant un événement imminent. L'attente est alors infiniment courte, la tension inverse d'autant plus violente, l'émotion vive : c'est la « frayeur » qui apparaît.

Il peut se situer d'autre part immédiatement après la réalisation d'un événement inattendu. On a alors affaire à un état de surprise plus ou moins agréable ou désagréable.

Les §§ IV. D. 8 à IV. D. 13. sont consacrés aux mots qui se prêtent à exprimer plus particulièrement la frayeur, les suivants au vocabulaire de la surprise.

Il serait faux, cependant, d'opposer à une attente durative une émotion purement ponctuelle. Outre que la frayeur peut constituer un état, paroxystique et instable autant qu'on le voudra, mais d'une durée pourtant réelle et appréciable, elle peut être le point de départ d'une nouvelle attente d'un autre événement encore virtuel dont le premier, déjà réalisé, pourrait être la cause. C'est pourquoi il n'est aucun des mots exprimant la frayeur (*esbahir, effraer, effroi, hideur, paour*) qui ne puisse être soit ponctuel, soit duratif. C'est cette ambiguïté qui en fait parfois des synonymes expressifs de ceux qui expriment la peur seulement en tant qu'attente et qui interdit d'opposer entre elles deux sous-sections nettes : la peur-attente, durative, et la peur-émotion, ponctuelle.

D'autre part, la simple surprise, la simple émotion devant l'inattendu peut, elle aussi, engendrer un état de trouble, d'instabilité intérieure plus ou moins durable. Les mots figurant dans les §§ 14. à 25. (*merveille, nouveau, sangmeller, sancmeuçonner, muer, estonner, tresperchié, tourbler, fremir, blecier son corage, escauffer, esprendre, enflammer, attiser*), présentent, selon l'usage qui en est fait la même ambiguïté que les précédents par rapport au couple sémique « duratif » — « ponctuel ».

Enfin, l'émotion, la surprise, et en particulier la frayeur peuvent paralyser le sujet qui les subit passivement et devient incapable de réagir. Au contraire, elle peut constituer un aiguillon qui pousse le sujet à des actions parfois inconsidérées. On peut considérer que jusqu'au § 24, on a affaire à des mots impliquant une passivité, et à partir du § 25, à des mots impliquant une activité du sujet. Lorsque l'émotion est désagréable, et l'activité du sujet agressive, on a affaire à la colère qu'expriment souvent, encore que non exclusivement les métaphores empruntées au feu, ainsi que les mots *ireur, aïr, felonnie, despit, engroissier*. Les deux derniers mots étudiés, *couroucier* et *se grignier*, bien que synonymes des précédents dans plusieurs de leurs emplois, se prêtent à exprimer une colère moins violente, plus facile à maîtriser et à ne pas extérioriser trop clairement.

Si on se place au point de vue de la répartition des mots par catégories grammaticales, on constate que les substantifs sont très nombreux, plus nombreux même que les verbes, ce qui prouve que les notions envisagées le sont sous une forme abstraite clairement élaborée. Par contre, les adjectifs sont rares : dans l'ensemble, ce sont les participes passés des verbes, *esbahi, effraé, couroucié*, qui en tiennent lieu. En fait d'adjectifs à proprement parler, on ne relève guère que *angousseus, grigneus, hideus, horrible, merveilleus, nouveau*. Encore sont-ils, exception faite de *merveilleus*, assez ou même très rares. La catégorie des adverbes est encore plus pauvre : on ne relève que *à merveilles, merveilleusement, ireusement, fellement*.

Le substantif *merveille* est bivalent du point de vue du rapport de l'expression du sentiment à son objet ou au sujet sentant, puisqu'il peut désigner soit l'objet surprenant, soit la surprise elle-même. De même, la locution adverbiale ' *à merveilles* ' peut signifier soit « étonnamment », soit « avec étonnement ». Mais dans l'immense majorité des cas, la peur, la surprise, l'émotion, la colère sont envisagées du point de vue du sujet sentant. Des verbes comme *esbahir, effraer, eshider, esmerveiller, sousprendre, estonner, tourbler, esmouvoir, escauffer, esprendre, enflammer*, qui peuvent avoir pour sujet grammatical l'objet du phéno-mène affectif en question, sont rarement employés à la voix active et la plupart du temps, sinon toujours, à la voix passive ou pronominale, ou au participe passé. Quand on veut présenter les choses du point de vue de l'objet, on peut employer des locutions comme *faire à doubter, à ressoigner*, ou *donner doubte, donner cremeur*.

Les seuls adjectifs qualifiant l'objet du sentiment sont *merveilleus, nouvel, hideus* et *horrible*.

Cette très nette dissymétrie est due, évidemment, à la grande intensité affective de la plupart des mots de ce champ sémantique.

IV. E. Le retour au calme

IV. E. 1. *(se) refroidier* (fr. m. *refroidir*), c'est simplement « prendre froid », comme le faisaient les soldats flamands, avant l'attaque, en plein mois de novembre, à Roosebeke : ' Quel cose faisons nous chi, estans sur nos piés et nous *refroidant* ? Que n'alons nous de bon corage... requerre nos ennemis et combatre ' (XI 49). C'est aussi « perdre quelque chose de l'intensité avec laquelle était menée une action » : ' Cheste guerre de Flandres... avoit duret près de set ans, et tant de malefisses en estoient venu et descendu, que che seroit mervelles à recorder. Proprement li Turc, li paiien, et li Sarrasin s'en doloient, car marchandisses par mer en estoient toutes *refroidies* et toutes perdues ' (XI 283).

D'ordinaire cette intensité est de nature affective : *se refroidier de faire quelque chose* signifie « le faire avec moins d'enthousiasme », « perdre l'envie de le faire » : ' Li rois de Navare *se refroidoit* d'yaus aidier ' (V 114). ' Allons devant Courtrai et *ne nous refroidons pas* de faire guerre ; mons-trons que nous sommes gens de fait et d'emprise ' (X 74).

L'action exprimée par le verbe peut naturellement l'être aussi par un substantif : ' Cilz assaulz point ne *se refroidoit* ne cessoit ' (VIII 59). Les prétentions d'Édouard III au trône de France traversent les projets de croisade formés par Philippe VI : ' Si *se refroida* grandement de celle crois emprise et preecie ' (I 123).

De plus, il peut s'agir non seulement de l'intensité affective qui accompagne une action ou un projet, mais simplement de l'intensité d'un sentiment quelconque :

— le sentiment religieux : Au début de la ' charte des renonciations ' par laquelle Édouard III annonce la conclusion du traité de Brétigny, il justifie sa décision par un tableau de tous les malheurs causés par la guerre ; entre autres choses, ' justice en est fallie et la foy crestiienne *refroidie* ' (VI 35).

— la colère : Après le meurtre de Jacques d'Arteveld, les Flamands demandent un sauf conduit pour venir s'excuser auprès d'Édouard III : ' Li rois, qui un petit estoit *refroidiés* de son aïr, leur acorda ' (III 104).

— l'amour : La prise du pouvoir à Paris par Étienne Marcel avait été cause de tant de troubles que ' cil de Paris commençoient jà à *refroidier* de l'amour que il avoient eu à lui ' (V 114).

IV. E. 2. *apaisier et rapaisier* :

apaisier signifie « rétablir la paix, l'ordre, le calme ». Dans certains cas, c'est faire cesser un bruit, des paroles ; le plus souvent, c'est rétablir l'ordre dans la société ; on *apaise* quelqu'un envers un autre avec qui il était brouillé. On apaise une guerre, le peuple quand il est soulevé.

Parfois, on peut admettre que cet apaisement social coïncide avec un apaisement des passions, ou même qu'il ne s'agit que de celui-ci. Cela paraît évident dans l'exemple suivant, qui fait suite au récit de la répression exercée sur les Parisiens au retour de Charles VI : ' pour *apaisier* le demorant et oster les esbahis de leur effroi, on fist criier, de par le roi, de quarfour en quarfour, que nulz sour le hart ne fourfesist as Parisiiens ' (XI 80). A ce moment, le soulèvement est réprimé, les armes confisquées, les impôts rétablis. C'est donc un effet purement psychologique qui reste à produire.

Rapaisier est exactement synonyme d'*apaisier*, mais sa valeur psychologique semble plus fréquente. Bien des cas sont ambigus : des gens se plaignent avec véhémence et on les ' *rapaise* ' avec de bonnes paroles sans qu'on puisse démêler si l'essentiel est de leur fermer la bouche ou de les rassurer (I 188, III 150, XI 216). Néanmoins, plusieurs exemples sont clairs : ' nous avons courouchiet monsigneur de Flandres ' et ' il n'est mies legiers à *rapaisier* ' (IX 183). Le roi de Castille, vaincu par les Portugais ' fu... durement courroucié, ne on ne le povoit *rapaisier* ne reconforter ' (XII 169).

On voit que *rapaisier* signifie ici « réduire l'intensité affective d'un sentiment pénible : frayeur, colère, chagrin ».

IV. E. 3. *asseurer* (fr. m. *assurer*) signifie en quelques occurrences, spécialement quand il est employé à l'actif et qu'il a pour complément d'objet une personne dont on a mentionné les raisons qu'elle a de craindre, « faire cesser la peur », en fr. m. « rassurer », généralement par des promesses, des certitudes concernant l'avenir : Le portier d'un château assiégé vient de recevoir un carreau d'arbalète. Les assaillants entrent, trouvent le portier mort, ' et sa femme dallés lui, toute effraée '... ' Li compaignon *assegurèrent* la femme de sa vie, affin qu'elle leur baillast les clés dou castiel et de la mestre tour ' (IX 142). Les infants de Navarre ont voué une solide haine à Charles d'Espagne à qui Jean le Bon a donné

une partie de leur héritage. Celui-ci craint pour sa vie, ' mais li rois l'en avoit *asseguré* et disoit : « Charle, ne vous doubtés de mon fil de Navare ; il ne vous oseroit couroucier, car se il le faisoit, il n'aroit plus grant ennemi de moy » ' (IV 129). Les mercenaires anglais commandés par le comte de Cambridge, n'ayant pas encore reçu leur solde du roi de Portugal, se disposent à piller son pays. L'un d'eux les en dissuade : ils risquent de provoquer une offensive ennemie qui les trouvera en état de faiblesse. ' Enssi perderons nous en deux manières : nous resjoïrons nos ennemis et *aseurerons* de ce qu'il sont en doubte, et si fauserons nostre loiauté envers monsigneur de Cambruge » ' (X 187).

Le même sens apparaît, quoique le verbe soit au passif et employé dans une phrase négative, dans l'exemple suivant où il s'agit des événements survenus après l'expédition de Charles VI en Flandres : Les Parisiens, voyant que le roi ne vient pas résider à Paris, craignent une expédition militaire punitive ' et pour la doutance de ce peril et de ceste aventure, dont il n'estoient pas bien *asseuré*, il faissoient dedens Paris toutes les nuis par rues et par quarfors grans gais ' (X 212).

IV. E. 4. *Brisier* (fr. m. *briser*) dénote une interruption quelconque et admet un grand nombre de compléments variés. On peut *briser* un objet matériel, un voyage, un mariage, une trêve, un traité. Dans certains cas, le complément dénote une disposition intérieure du sujet sentant. Presque toujours, il s'agit du mot *pourpos* : « Messire Jehans Chandos *brisoit* le *pourpos* dou prince à non guerroyer » (XII 47). ' Monsigneur a *brisiet* nostre *proupos* d'aler à Arras ' (XI 232).

Mais on trouve aussi *corage* : Certain violent orage qui s'abattit sur l'armée anglaise non loin de Chartres fut interprété par Édouard III comme ' un grant miracle qui moult le humilia et *brisa* son *corage* ' (VI 4). *desir* : Le comte don Tello, frère d'Henri de Trastamare, lui propose d'aller en reconnaissance. ' Li rois Henris, qui vei son frere en grant volenté, ne li volt mies oster ne *brisier* son bon *desir*, mès li acorda legièrement ' (VII 20). Le jeune comte de Pennebruch aurait volontiers accompagné Jean Chandos dans une expédition, mais ' ses gens et aucun chevalier de son conseil li *brisièrent* son *desir* ' (VII 168), en lui faisant comprendre que Chandos apparaîtrait comme le véritable chef de l'expédition.

aïr : Le roi Jean avait, à l'égard du roi de Navarre, les projets les plus terribles, mais comme on l'a vu, ' aucun de son conseil... un petit li *brisièrent* son *aïr* ' (IV 182).

IV. E. 5. *affrener* (cf. fr. m. *réfréner*) signifie non pas totalement interrompre, mais modérer, diminuer l'intensité d'un état affectif. Dans trois des exemples relevés, il s'agit de colère : Édouard III, par représailles, veut faire mettre à mort un prisonnier ' et fait l'euist, en son irour et tantost, se n'euist esté ses cousins li contes Derbi qui l'en reprist durement... pour son honneur garder et son *corage affrener* ' (III 38). Toujours par représailles, le même Édouard III est tenté de faire brûler la ville de Caen. ' Mès messires Godefrois de Harcourt ala au devant de ceste ordenance et dist : « Chiers sires, voelliés *affrener* un petit vostre *corage* ' (III 145). Jacques d'Arteveld est assiégé chez lui par des émeutiers particulièrement agressifs : ' Quand d'Artevelle vei que point ne se refroideroient ne *affreneroient*, il recloy la fenestre et s'avisa qu'il widerent par derrière, et s'en iroit en une eglise qui joindoit près de son hostel ' (III 102).

Ailleurs, il s'agit d'une résolution bien arrêtée, agressive et passionnée : La veille de la bataille de Poitiers, alors que le roi de France et ses troupes ' estoient par samblant en grant volenté de requerre leurs ennemis ', le cardinal de Périgord s'entremet et lui demande ' que il se voelle astenir et *afrener* un petit tant que il ait parlé à li ' (V 24). Le duc de Normandie, campé devant Valenciennes, espérait que ses défenseurs seraient sortis pour lui livrer bataille ' Ossi fuissent il très volentiers ', mais leur capitaine s'emploie à les retenir. Il ' les *affrenoit* ce qu'il pooit, et leur moustra adonc tant de belles raisons qu'il s'en souffrirent ' (II 17).

IV. E. 6. *Amolier* Tous les exemples relevés de ce mot, l'ont été dans des situations comparables : un personnage s'entête dans une résolution cruelle. Une donnée nouvelle parvient à le faire changer d'avis : Gautier de Mauni remontre à Édouard III que s'il traite trop mal les gens de Calais, les Anglais à leur tour seront traités de la même façon en pareil cas. ' Cilz exemples *amolia* grandement le corage dou roy d'Engleterre ' (IV 57). Le duc de Bourgogne s'est entremis pour les Gantois. Il les assure qu'ils seront entièrement pardonnés et que le comte viendra habiter Gand. Par surcroît, ils sont las de la guerre et l'hiver approche. ' Ces parolles *amolièrent* mout ceulx de Gaind, et s'acordèrent ' (IX 203). Les conditions mises par le comte de Flandre à sa réconciliation avec les Gantois sont si dures que Philippe d'Arteveld n'envisage même pas de s'y soumettre. Mais il envisage la possibilité suivante : ' Nous nos mettons tout en tel parti que hommes, femmes et enffans alons criier merchi, les hars ou col, nus piés et nus chiefs à monsigneur de Flandres. Il n'a pas le coer si dur ne si oscur que quant il nous vera en cel estat, que il ne se doie *amolier* et humelier et de son povre peuple il ne doie avoir merchi ' (X 217). Les Écossais refusent de laisser repartir les seigneurs français à moins d'être indemnisés des dommages qu'ils prétendent qu'ils leur ont causés. L'amiral leur promet tout ce qu'ils veulent. ' Ches parolles *amoliièrent* bien ceux dou païs ' (XI 278).

IV. E. 7. *sancier* : Le dénominateur commun aux deux exemples relevés est l'idée de mettre fin à un état de trouble tenu pour mauvais, dans l'un des deux cas, où il s'agit de la révolution à Gand, par la pacification : ' ne encores n'estoit point la cose à che jour là où elle devoit estre, ne li grans maus de Flandres *sanchiés* enssi comme il fu depuis '

(X 72). Dans l'autre (emploi pronominal) par la satiété des malfaiteurs : Les troupes anglaises ravagent les environs de Paris d'où l'on voit fumer des incendies. Beaucoup de chevaliers se trouvent à Paris, mais le roi Charles V leur défend d'en sortir, faisant confiance au seigneur de Clisson qui lui disait : ' « Sires, vous n'avés que faire d'emploiier vos gens contre ces foursenés : laissiés les aler et yaus *sancier*. Il ne vous poent tollir vostre hiretage, ne bouter hors par fumières » ' (VII 246).

IV. E. 8. *amoderer* et *adoulcir* : Le verbe *amoderer* a été relevé trois fois, dans la fin des Chroniques. Dans deux de ces exemples, il s'agit de « régler » une affaire ; dans le troisième, il est associé au verbe *adoulcir* qui n'a été relevé que cette seule fois, avec un sens évidemment psychologique : ' De ces nouvelles furent très grandement *amoderés* et *adoulcis* les cuers de plusieurs ' (K. XV 33).

IV. E. 9. *Conclusion* : Les mots ci-dessus étudiés ont tous en commun la notion de « baisse de l'intensité d'un état affectif ». Ils sont donc, en gros, synonymes. Néanmoins, certaines spécialisations peuvent être remarquées. *Se refroidier* s'applique à un éventail assez large de passions ; *apaisier* surtout au chagrin et à la peur ; *asseurer* à la peur seule, *briser, affrener, amolier*, à la colère ou à une résolution opiniâtre, *sancier* à une surexcitation quelconque.

Il faut noter, de plus, que cette section ne comporte que des verbes, ce qui dénote un faible niveau d'abstraction.

IV. F. Conclusion générale du chapitre IV

Les deux sèmes principaux de ce champ sémantique sont :

1) celui d'« affectivité », dénominateur commun des états d'intérêt, de plaisir et de douleur qu'éprouve le sujet sentant, notion simple qui n'est pas susceptible d'une définition non circulaire, et qu'on peut seulement opposer aux autres notions fondamentales qui nous permettent de structurer notre vue des réalités intérieures.

2) celui d'« événement », qui ne peut se définir que comme un changement ponctuel inscrit dans la continuité de la durée.

Il existe entre ces deux sèmes l'opposition fondamentale de l'« intérieur » à l'« extérieur ». Cette opposition est en même temps un lien : pas d'« événement » sans sujet pour le percevoir et l'apprécier intérieurement, pas d'appréciation intérieure sans stimulus extérieur. Elle se retrouve dans l'opposition et la corrélation entre l'état intérieur du sujet et ses manifestations extérieures.

Autour de ces deux sèmes principaux se groupent les sèmes secondaires suivants :

— celui d'« intensité » affective, qui peut présenter tous les degrés possibles. Les mots étudiés dans les sections A, B, C, D, ayant une intensité positive, ceux de la section E une intensité tendant vers zéro.

— ceux de « virtuel » et d'« actuel ». Lorsque l'événement est virtuel, le sujet peut avoir ou ne pas avoir une vue « prospective » de cet événement. Dans la seconde hypothèse, l'événement inattendu constituera une surprise. Dans la première, il est l'objet d'une attente.

Cette vue « prospective » de l'événement peut être accompagnée des notions de probabilité : « impossibilité », « possibilité », « probabilité », qui interviennent, à des degrés divers, dans les notions de « désir », d'« espoir » et de « crainte ». Elle peut aussi être accompagnée d'une « tension vers » cet événement, dans le cas du désir, de l'attente, de l'espoir, ou d'une « tension inverse » dans le cas de la peur. Pour ce qui est du besoin, la « tension » seule apparaît, toute vue « prospective » étant effacée.

— ceux de « bon » ou de « mauvais », selon que l'émotion ou l'attente sont agréables ou pénibles, et qui peuvent, eux aussi, présenter divers degrés.

— accessoirement, ceux de « passivité » et d'« activité », cette dernière pouvant prendre la forme de l'agressivité et de la violence.

Froissart et les personnes qui se trouvaient en communauté linguistique avec lui disposaient donc, de par le vocabulaire qu'ils maniaient, d'un certain nombre de notions simples que nous partageons avec eux : le monde extérieur ne nous est pas indifférent. Nous y réagissons intérieurement par divers sentiments plus ou moins pénibles ou agréables. Il arrive que, dans le monde, interviennent des changements, ou événements. Nous changeons avec eux, nous vivons en fonction d'eux. Dans une certaine mesure, nous pouvons les prévoir, et, à l'avance, au fil du temps, en souffrir ou nous en réjouir, éprouver à leur égard une tension positive ou une répulsion. Il arrive que nos prévisions se révèlent fausses ; nous sommes alors déçus, ou soulagés. Il arrive qu'ils nous prennent tout à fait à l'improviste, et c'est la surprise, l'émotion, la frayeur paralysante, ou la colère, plus ou moins violemment manifestée. Mais des états aussi violents ne durent pas. D'eux-mêmes, ou sous quelque influence extérieure, ils perdent de leur intensité et retournent au calme relatif qui forme la trame de notre existence quotidienne.

BILAN PROVISOIRE

L'étude qu'on vient de lire, partant de la « parole » de Froissart aspirait naturellement à atteindre la « langue » de la communauté linguistique dont il faisait partie. Sans trop d'illusions toutefois. Dans quelle mesure les faits de langue et les faits de style peuvent s'y trouver confondus, seul un travail semblable mené sur d'autres œuvres de la même époque pourrait le montrer. C'est pourquoi nous ne nous attarderons pas trop sur certaines constatations pourtant frappantes, comme la dissymétrie des structures lexicales et la représentation variable des diverses catégories grammaticales à travers les micro-systèmes. Les sujets traités, les choix stylistiques de l'auteur peuvent avoir joué là un rôle difficilement appréciable, et on ne peut pas y voir autre chose que des indications pouvant orienter des recherches futures.

La méthode employée a, de plus, l'inconvénient de faire éclater le mot polysémique en divers éléments, membres de micro-systèmes différents, de sorte que son unité devient peu perceptible et ne pourrait apparaître que dans un index général assez détaillé pour présenter non seulement les références, mais encore une brève définition de toutes les « acceptions » d'un même mot.

Par contre, elle permet, semble-t-il, d'affirmer :

1) qu'il n'est pas impossible de déceler une structuration dans le lexique, et de ramener sans arbitraire, comme le souhaitait Hjelmslev, les catégories non-finies à des micro-systèmes finis.

2) qu'il n'est pas possible d'exclure d'une étude sémantique toute considération syntaxique, deux synonymes se distinguant souvent uniquement par les types de constructions dans lesquels ils peuvent entrer.

3) que la constitution systématique de listes de synonymes permet de voir assez clair dans les problèmes de la polysémie et de l'homonymie : on peut considérer, en effet qu'un mot possède autant de sémèmes qu'il existe de micro-systèmes où il peut entrer ; qu'il est polysémique tant que ses différents sémèmes ont au moins un sème en commun ; qu'il constitue en fait une série d'homonymes lorsque ses différents sémèmes sont totalement disjoints.

4) que la distinction, due à A. J. Greimas, entre « sèmes nucléaires » (apparaissant dans tous les emplois d'un mot) et « sèmes contextuels », sélectionnés, ou imposés par le contexte, est fondée, et qu'un mot est d'autant plus pauvre en sèmes nucléaires et plus riche en sèmes contextuels qu'il est plus largement polysémique.

Qu'il me soit permis de proposer le mot désuet d'« acception » pour désigner l'élément de base de mes constructions lexicales :

1) la portion cohérente des emplois d'un mot polysémique dont les divers sémèmes ont été arrachés les uns aux autres pour qu'ils puissent prendre place dans des micro-systèmes différents.

2) tout élément d'un micro-système, qu'il s'agisse d'un mot à proprement parler ou d'un syntagme lexicalisé.

C'est de ces ensembles d'« acceptions » synonymes ou quasi-synonymes que l'analyse sémique a été tentée.

Au terme de ces analyses tâtonnantes, strictement empiriques, menées au moyen de quelques mots du français moderne, qui, selon les besoins du moment, ont paru les plus commodes, on peut essayer d'inventorier et de classer ces mots, c'est-à-dire les sèmes qui ont été nécessaires.

Lorsqu'on cherche à en faire le tableau, on s'aperçoit :

1) qu'ils se disposent par couples antithétiques tels que « duratif »/« ponctuel », « intérieur »/« extérieur ».

2) que parfois, par exemple dans le cas de « bon »/« mauvais », les deux termes de ces couples représentent les deux pôles d'une réalité psychique susceptible de divers degrés, en l'occurrence, la notion de « valeur ».

3) que certains de ces mots, employés par commodité comme sèmes, peuvent en réalité se réduire à des sèmes plus simples, eux aussi employés. Ainsi :

« événement » = « fait » « extérieur » «ponctuel » «important »
« sentiment » = « fait » « intérieur » « duratif » « affectif »
« danger » = «fait » « mauvais » « probable »
« sujet » = « personne » « intérieure »
« individu » = « personne » « extérieure »
« objet » = « être » ou « fait » « extérieur » au « sujet » « en relation avec »
    le « sujet » etc...

4) que réciproquement, certains sèmes, plus fondamentaux, peuvent en englober d'autres, plus particuliers : ainsi, « virtuel » englobe toutes les combinaisons possibles de chances, le domaine entier des probabilités.

5) que certains sèmes apparaissent, dans les analyses ci-dessus, en dehors de tout couple antithétique. Ce fait relève, selon les cas, de l'une des explications suivantes :

a) le sème en question fait partie d'un couple si simple et si fondamental qu'il a le caractère de l'évidence. Ainsi :

— le mot « fait » (généralement accompagné des mots « intérieur » ou « extérieur »), dénotant une abstraction découpée dans le tissu de la réalité, a été bien souvent employé. Le seul mot qui puisse faire couple avec lui est le substantif « être ». Une personne, prise dans sa globalité synthétique, n'est pas une abstraction, c'est un « être » (de même qu'une chose ou qu'un animal). Un sentiment, un événement, vues abstraites sur la réalité, sont des « faits ». Or, le seul « être » dont il soit question ici est la « personne », objet du chapitre II. Dans tous les autres chapitres, il ne s'agit que de « faits », c'est-à-dire d'abstractions. Ici, donc le sème « personne » suffisait ; le mot « être » ne serait venu sous la plume que si les champs sémantiques étudiés avaient fait opposer la « personne » ou « être » « humain » aux autres « êtres » « animés » ou « non animés ».

— Le mot « synthèse » apparaît dans deux cas : à propos de la « personne » « intérieure » ou « sujet », centre assurant la cohésion de « faits » « intérieurs » multiples, et à propos de la « situation », ensemble de « faits » « extérieurs ». Tous les autres « faits » étudiés pourraient évidemment être qualifiés d'« analytiques ». Cela ne ferait qu'alourdir inutilement la description.

b) le vocabulaire ici étudié ne recouvre pas la totalité du vocabulaire de Froissart : « affectif » s'opposerait à « intellectuel » qui sera le sème fondamental de la troisième partie. « Immortel » s'oppose à « mortel » qui ne pourrait apparaître que dans une étude du vocabulaire biologique.

c) Enfin, le mot concerné peut ne pas entrer dans une opposition à deux termes : c'est justement le cas pour le mot « psychologique », titre de tout l'ouvrage. Le classement a montré qu'il serait trop sommaire de l'opposer à « physique » en admettant qu'il dénote les seules réalités intérieures. Je ne crois pas qu'il existe en français un mot unique qui puisse lui être opposé parce qu'il dénoterai en bloc l'ensemble des réalités ou des notions physiques, biologiques, scientifiques, logiques, idéologiques, sociales, métaphysiques sur lesquelles la conscience humaine a prise, mais qui ne peuvent se confondre avec elle.

Voici donc le tableau qu'on peut ébaucher des sèmes utilisés :

1) Sèmes apparaissant par couples :

a) « virtuel » et « actuel », entre lesquels existe le lien du « devenir », lieu des « vues prospectives » ; le sème « virtuel » englobe « nécessaire » et « fortuit », « possible » et « impossible », « probable » et « improbable » ainsi que le sème isolé de « chance » ; « possible », « probable » et « improbable » sont susceptibles de divers degrés.

b) « duratif » et « ponctuel » (ne concernant que des faits « actuels »).

c) « intérieur » et « extérieur », « intérieur » incluant « profond » et
« superficiel » et le sème isolé de « conscience » ; « extérieur » incluant
« physique », « perceptible », « présent ». Entre ces deux groupes sémiques
existe le lien de la « manifestation », passage de l'« intérieur » au « perceptible ».

d) « important » et « indifférent » ; « bon » et « mauvais ; « agréable » et
« pénible » ; « mélioratif » et « péjoratif » ; « supérieur » et « inférieur »
et leurs divers degrés, ces cinq couples sémiques étant englobés dans
ceux de « valeur » et d'« affectivité » (qui dénotent une même réalité
vue sous l'angle objectif ou sous l'angle subjectif).

e) « actif » et « passif », « actif » incluant les notions de « tension » vers
un but, de participation « volontaire » du sujet aux états qui sont les
siens, d'« affirmation de soi-même », et le sème « causatif » souvent
exprimé par le verbe « faire » employé comme auxiliaire.

f) « exact » et « trompeur », incluant « exagéré ».

2) Sèmes apparaissant isolément :

« intensité », « relation », « direction », « dénombrable », « synthétique »,
« immortel », « valeur », « affectif », « psychologique », « fait », et « personne ».

On arrive ainsi à un total d'une cinquantaine de sèmes (exactement
cinquante-trois mots entre guillemets) qui paraissent suffisants pour
définir les quelque quatre cents acceptions figurant à l'index.

Une première remarque s'impose donc : c'est que la composition sémique
(ou « sémème ») des mots abstraits est beaucoup plus légère que celle
des mots dits « concrets » (qu'on songe au nombre de sèmes simples
nécessaires pour définir respectivement des mots comme *événement* ou
comme *poisson*).

On doit remarquer ensuite que les sèmes utilisés dans nos définitions
semblent avoir un caractère universel et serviraient tout aussi bien à
définir des mots du xxe s. ou d'une langue étrangère quelconque.

Enfin, il est probable qu'une comparaison systématique avec le vocabulaire psychologique d'une grande œuvre romanesque en prose du
français contemporain révélerait un degré d'abstraction et d'analyse
plus poussé (dont seul le latin devait être capable au xive s.) et quelques
concepts nouveaux, comme ceux d'« inconscient » ou de « complexe »,
parfaitement étrangers à Froissart. Il est certain que quelques mots de
son vocabulaire sont le signifiant de constructions sémiques que le
français moderne ne traduit pas par un mot unique, mais qu'il ne pourrait
rendre que par une périphrase. L'histoire du mot *humilité* et de son concur-

rent tardif *modestie* encore ignoré de Froissart pourrait être riche d'enseignement à ce sujet.

Pourtant, dans l'ensemble, le vocabulaire de Froissart est aisément traduisible en français d'aujourd'hui et les notions qu'il dénote absolument familières, pour la plupart, à l'homme du XXe s. Le caractère d'évidence, de décevante simplicité, de vérités premières des conclusions des chapitres et sous-chapitres en est la preuve. La langue française a sans doute, au cours des siècles, affiné et enrichi l'appareil conceptuel qu'elle portait en elle il y a six cents ans, mais elle en a conservé la plupart des éléments. Cette stabilité profonde contraste vivement avec l'incessant remaniement des formes et des systèmes lexicaux.

Au début de mon travail, j'avais été fascinée par une phrase de Victor Hugo : « Toute époque a ses idées propres, il faut aussi qu'elle ait les mots propres à ces idées. Les langues sont comme la mer, elles oscillent sans cesse. A certains temps, elles quittent un rivage du monde de la pensée et en envahissent un autre. Tout ce que leur flot déserte ainsi sèche et s'efface du sol. C'est de cette façon que les idées s'éteignent, que des mots s'en vont » (*Préface de Cromwell*, cité par Ullmann dans *Orientations nouvelles en sémantique* — Journal de Psychologie, 1958, p. 338).

La phrase est belle mais l'hypothèse qu'elle exprime se révèle en fait assez rarement féconde. Cela n'ôte rien, certes, à l'intérêt que présentent, pour l'histoire des mentalités et des représentations que se fait l'homme de lui-même, les cas, relativement peu nombreux, où une construction sémique donnée apparaît ou disparaît avec le signifiant qui lui sert de support. Mais dans un grand nombre de cas, il faut chercher ailleurs les causes des « oscillations » du lexique.

BIBLIOGRAPHIE

Cette thèse ayant été soutenue en juin 1972 et paraissant plus de quatre ans après, la bibliographie a été revue et mise à jour en mars 1975.

I. BIBLIOGRAPHIE DE FROISSART

A. ÉDITIONS ANCIENNES

a) XVIe S.

— *Le premier |-le quart| volume de Froissart des Croniques de France, d'Angleterre, d'Escoce, d'Espaigne, de Bretaigne, de Gascongne, de Flandres et lieux circunvoisins.* Imprimé à Paris, par Michel Le Noir, libraire... l'an mil cinq cens et cinq. 4 tomes en 2 vol. in fol.
— (même titre). Paris, G. Eustace, 1514. 4 tomes en 3 vol. in-fol.
— (même titre). Paris, F. Regnault, 1518. 4 tomes en 3 vol. in-fol.
— (même titre). Paris, J. Petit, 1518. 4 tomes en 3 vol. in-fol.
— (même titre). Paris, A. Vérard, 1518. 3 vol. in-fol.
Ces cinq premières éditions sont en caractères gothiques sur 2 col. avec majuscules ornées.
— *Le premier |-le quart| volume de messire Jehan Froissart, lequel traicte des choses dignes de mémoire advenues tant ès pays de France, Angleterre, Flandres, Espaigne que Escoce et autres lieux circonvoisins.* Paris, G. du Pré, 1530. 4 tomes en 3 vol. in-fol., titres en rouge et noir, avec encadrement sur bois.
— *Le premier |-le quart| volume de l'Histoire et chronique de messire Jehan Froissart,* reveu... par Denis Sauvage. A Lyon, par J. de Tournes, 1559-1561. 4 tomes en 2 vol. in-fol.
— *Recueil diligent et profitable auquel sont contenuz les choses plus notables à remarquer de toute l'histoire de Jean Froissart... abrégé et illustré de plusieurs annotations,* par François de Belle-Forest... Paris, J. Hulpeau, 1572. In-16, 302 p.
— *Histoire et chronique mémorable de messire Jehan Froissart.* Reveu et corrigé sus divers exemplaires... par Denis Sauvage de Fontenailles en Brie, ... — Paris, C. Gautier, 1574. 4 tomes en 2 vol. in-fol.

b) XVIIIe et XIXe S.

— *Chronique de Jehan Froissart,* éditée par Dacier. Paris, Impr. royale, vers 1788. In-fol.
— *Les Chroniques de Sire Jean Froissart qui traitent des merveilleuses emprises, nobles aventures et faits d'armes advenus en son temps en France, Angleterre, Bretaigne,*

Bourgogne, Escosse, Espaigne, Portingal et ès autres parties, nouvellement revues et augmentées d'après les manuscrits avec notes, éclaircissements, tables et glossaire, par J.-A.-C. Buchon. (Suivi du Livre des faits du bon messires Jean Le Maingre, dit Bouciquaut). 1re éd. Paris, 1824-1826. In-8º. (tomes XI-XXIV des Chroniques nationales françaises) — (Réédité en 1835 en 3 vol. gr. in-8º, au Panthéon littéraire ; puis en 1853 et 1867, enfin, par Delagrave, s. d.)

— *Poésies de J. Froissart, extraites de deux manuscrits de la Bibliothèque du Roi et publiées pour la première fois* par A.-J. Buchon (précédées d'un mémoire sur la vie et d'un jugement sur les œuvres de Jean Froissart, par M. de La Curne de Sainte-Palaye). Paris, 1829. In-8º, 513 p.

B. TRADUCTIONS ANCIENNES

a) en anglais

— *Here begynneth the first, second, thirde and fourthe boke of sir John Froissart of the cronycles of Englande, Fraunce, Spaygne, Portyngale, Scotlande, Bretayne, Flaunders and other places adjoynyng, translated out of Frenche into Englysshe* by Johan Bourchier, knyght lorde Berners... Imprented at London by Richard Pinson, 1523-1525. 2 tomes en 1 vol. in-fol. (Réédité en 1812 et 1901-1902).

— *An Epitome of Frossard, or a summarie collection of the most memorable histories contained in his chronicle, chiefly concerning the state of England and France, wherein the famous warres and conquests of king Edward the third, with the honorable atchievements of the Blake Prince and other his sonnes, both in Fraunce, Spaine and Portugall, are compendiously described,* ... compiled in Latine by John Sleydane and translated into English by P. Golding. London, 1608. In-4º, 215 p.

— *Sir John Froissart's Chronicles of England, France, Spain and the adjoining countries, from the latter part of the reign of Edward II to the coronation of Henri IV, newly translated from the French editions, with variations and additions from many celebrated mss.* by Thomas Jones. The 2d edition, to which is prefixed a life of the author, an essay on his works, a criticism of his history and a dissertation on his poetry... From the French of La Curne de Sainte Palaye. London, 1805. 3 vol. in-8º. (Réédité en 1806).

b) en latin

— *Frossardi, ... Historiarum opus omne jamprimum et breviter collectum et latino sermone redditum a J. Steidano.* Parisiis, ex officina S. Colinaei, 1537. In-8º, préface, index et 115 ff. (Réédité en 1562, in-16 et en 1576, in-8º).

— *Tres gallicarum rerum scriptores nobilissimi : Philippus Cominaeus de rebus gestis a Ludovico XI et Carolo VIII Francorum regibus ; Frossardus in brevem historiarum memorabilium epitomen contractus ; Claudius Sesellius de repub. Galliae et regum officiis, a Joanne Sleidano in latinum sermonem conversi, brevique explicatione illustrati...* Francofurti ad Moenum, ex officina A. Wecheli, 1578. In-fol., 320 p. (Réédité en 1584).

— *Frossardus et Cominaeus, duo nobilissimi gallicarum rerum scriptores a J. Sleidano in latinum conversi.* Amsterdami, J. et C. Blaeu, 1640. In-12, 670 p. (Réédité en 1656).

— *Historiarum epitome, in qua de bellis inter Anglos et Gallos gestis praecipue agitur. Rerum britannicarum... scriptores vetustiores ac praecipui...* Heidelbergae, 1688. In-fol.

C. ÉDITIONS USUELLES :

a) Les Chroniques

— *Œuvres de Froissart...* Bruxelles, V. Devaux, 1867-1877. 29 tomes en 28 vol. in-8º, portr., cartes. *Chroniques,* publiées par le baron Kervyn de Lettenhove.

T. I : introduction (2 vol.) ; T. II à XVII : texte ; T. XVIII : pièces justificatives ; T. XIX : glossaire, par Aug. Scheler ; T. XX-XXIII : table analytique des noms historiques ; T. XXIV-XXV : table analytique des noms géographiques. (Édition reproduite à Osnabruck en 1967).

— *Le Premier livre des Chroniques* de Jean Froissart. Texte inédit publié d'après un manuscrit de la Bibliothèque du Vatican, par le Bon Kervyn de Lettenhove. Paris, A. Lévy, 1863. 2 vol. in-8°.

DILLER (G. T.). *La dernière rédaction du premier livre des Chroniques de Froissart. Une étude du Reg. lat. 869*, in *MA*, LXXVI (4e série, XXV) n° 1, 1970, pp. 91-125.

J. FROISSART, *Chroniques : dernière rédaction du 1e livre. Édition du manuscrit de Rome Reg. lat. 869*, par George T. Diller. Genève, Paris, 1972. In-16° 1011 p. (Textes littéraires français).

— Environ 500 p. de l'édition de Kervyn ont été reproduites dans *Historiens et Chroniqueurs du Moyen-Age — Robert de Clari, Villehardouin, Joinville, Froissart, Commynes — Édition établie et annotée par Albert Pauphilet. Textes nouveaux commentés par Edmond Pognon.* Paris, Bibliothèque de la Pléiade, 1952. In-12°, 1537 p.

— *Chroniques* de J. Froissart, publiées pour la Société de l'histoire de France. Paris, 1869-1966. 14 vol. in-8°. T. I à VIII : sommaire et commentaire critique publiés par Siméon Luce, 1869-1888 (premier livre des Chroniques) ; T. VIII à XI : textes et variantes publiés par Gaston Raynaud, 1888-1899 (deuxième livre des Chroniques) ; T. XII à XV : publiés par Albert Mirot, 1931-1975 (troisième livre des Chroniques). (Le quatrième livre reste à paraître).

FROISSART — *Voyage en Béarn* edited by A. H. Diverres. Manchester, 1953. In-16, 159 p. — Notes, index, glossaire, 1 pl. h.t., cartes. (édition d'un fragment du livre III).

b) Poésies

J. FROISSART. *Poésies*, publiées par Aug. Scheler. Bruxelles, V. Devaux, 1870-1872. 3 vol. in 8° (constituent les trois derniers volumes de l'édition complète des *Œuvres* de Froissart, v. I. C. a).

Vol. I. — 1870. *Le paradys d'amour. Li orloge amoureus. L'espinette amoureuse. La prison amoureuse. Le dit dou bleu chevalier.*
Vol. II. — 1871. *Le joli buisson de jonece. Le temple d'onnour. Le joli mois de may. Le dit dou florin. La flour de la Marguerite. Le debat dou cheval et dou levrier. Plaidoirie de la rose et de la violette. Lais, pastourelles, chansons royaux, ballades, virelais et rondelets.*
Vol. III. — 1872. *La cour d'amour. Le trésor amoureux.* Glossaire. Deux notices de M. le Bon Kervyn de Lettenhove sur *la Cour d'amour* et *le Trésor amoureux.*

— *L'espinette amoureuse*, édition avec introduction, notes et glossaire par Anthime Fourrier. Paris, 1963, 2e éd., 1972. In-8°, 208 p.

— *Méliador*, par Jean Froissart, roman comprenant les poésies lyriques de Wenceslas de Bohême, duc de Luxembourg et de Brabant, publié pour la première fois par Auguste Longnon. Paris, 1895-1899. 2 vol. in-8° (Société des anciens textes français). (Édition reproduite par Johnson Reprint Corporation, New-York, London, 1965).

— *La prison amoureuse*, édition avec introduction, notes et glossaire par Anthime Fourrier. Paris, 1974. In-8°, 221 p.

D. ÉTUDES SUR FROISSART

a) sur sa langue

AINSWORTH (P. F.). *Style direct et peinture des personnages chez Froissart*, in *Ro.*, T. 93, fasc. 4, 1972, pp. 498-522.

BEKKERS (F. H. H. A.). *Étude sur l'emploi que Froissart fait de la préposition.* Amsterdam, 1931. In-8º, XXIII-356 p.

BLUME (F.). *Metrik Froissarts I. Silbenzählung, Hiatus, Reim.* Greifswald, 1886. In-8º.

EBERING (G.). *Syntaktische Studien zu Froissart,* in *Z rom Ph,* V, 1881, pp. 323-376.

FOULET (L.). *Étude(s) sur le vocabulaire abstrait de Froissart :*
   Ordonnance, in *Ro.,* LXVII, 1942-1943, pp. 145-216.
   N'avoir garde in *Ro.,* LXVII, 1942-1943, pp. 331-359.
   Imaginer, in *Ro.,* LXVIII, 1944-1945, pp. 257-272.

JAHN. *Ueber das Geschlecht der Substantiva bei Froissart.* Halle, 1882. In-8º, 52 p.

MANN (G.). *Die Sprache Froissarts auf Grund seiner Gedichte,* in *Z rom Ph,* XXIII, 1899, pp. 1-46.

NICHOLS (S. G.) Jr. *Discourse in Froissart's Chroniques,* in *Sp.,* T. 39, 1964, pp. 279-287.

PICOCHE (J.). *Quelques picardismes de Froissart attestés par ses rimes* in *Linguistique picarde,* IV, nº 1, fasc. 10, 1964, pp. 8-18.

PRICE (G.). *Le problème de l'ordre des mots d'après un fragment des Chroniques de Jean Froissart.* Paris, 1956. In-4º, XII-273 ff. (Thèse d'université dactylographiée).

RIESE (J.). *Étude syntaxique sur la langue de Froissart.* Leipzig, 1880. In-8º, IV-31 p.
— *Recherches sur l'usage syntactique de Froissart,* in *Ro.,* X, p. 457.

SCHREIJER (W.). *Étude sur la négation dans les Chroniques de Froissart.* Amsterdam, 1931. (Thèse. Groningue).

WAARD (A. de). *Causalité, conséquence et finalité. Les moyens d'expression de ces relations dans les Chroniques de Villehardouin, Joinville, Froissart et Commynes.* Amsterdam, 1938. (Thèse. Leyde).

b) sur l'homme et sur l'œuvre :

BASTIN (J.). *Froissart, chroniqueur, romancier et poète.* Bruxelles, 1942. In-12º, 94 p.

BERTRANDY (M.). *Étude sur les Chroniques de Froissart, guerre de Guyenne, 1345-1346.* Bordeaux, 1870. In-8º, 405 p.

DARMESTETER (M.). *Froissart.* Paris, 1894. In-12º, 174 p.

DOUMIC (R.). *Les Chroniques de Froissart et les débuts de l'histoire en France.* Paris, 1896. In-12º, XI-318 p.

GEISELHARDT (J.). *Machaut und Froissart, ihre literarischen Beziehungen.* Iena, 1914. In-8º, 57 p.

LACURNE DE SAINTE-PALAYE (J.-B.). *Mémoire sur la vie de Jean Froissart, Mémoire concernant les ouvrages de Froissart. Jugement sur l'histoire de Froissart,* (v. I. A. b), éd. de Buchon des *Poésies* de Froissart.

NUSS (K.). *Ueber die Echtheit der « Cour de May » und des « Tresor amoureux » im III Bd. der « Poesies de Froissart », Ausg. Aug. Scheler.* Weida, 1914. In-8º, 17 p.

SAINTE-BEUVE (A.). *Les grands écrivains français... Moyen-Age : Villehardouin, Joinville, Froissart, Commynes, Charles d'Orléans. Les origines de la langue et de la littérature française ; le roman, la poésie, et le théâtre.* Paris, Garnier, 1932. In-12º, 379 p.

STEPHEN (J. F.). *Froissart's chronicles.* London, New-York, 1892. 3 vol. in-12º.

TROFIMOFF (A.). *Poètes français avant Ronsard.* Paris, 1950, 1 vol. in-8º. (Froissart : pp. 135-145).

II. TRAVAUX BIBLIOGRAPHIQUES

Bibliographie linguistique... publiée par le Comité international permanent de linguistes avec une subvention de l'Organisation des Nations Unies pour

l'éducation, la science et la culture. I, 1939-1947. Bruxelles, 1949. (Paraît
ensuite annuellement depuis 1948).
BEMENT (N. S.). *A selective bibliography of works on the French language of the
sixteenth century*, in *PQ*, XXVI, 1947, pp. 219-234.
BORONINA (M. A.), CHEMIETILLO (V. B.) et GAK (V. G.). *Bibliographie des études
lexicales en U.R.S.S. (1945-1959)*, in *RLR*, XXVI, 1962, pp. 184-223.
BRUMMER (R.). *Grundzüge einer Bibliographie für das Studium der französischen
Philologie*. 3. neubearbeite Aufl. Berlin, 1948. 48 p.
Bulletin analytique de linguistique française. Centre de recherches pour un Trésor
de la langue française. Nancy, I, 1969.
Bulletin signalétique du C.N.R.S., section 524 : sciences du langage. Paris, 1967.
(Trimestriel. — Existait depuis 1944 sous le nom de *Bulletin analytique*).
GIPPER (H.) und SCHWARZ (H.). *Bibliographisches Handbuch zur Sprachinhaltsfors-
chung in alphabetischer Folge nach Verfassern mit Besprechungen und
Inhaltshinweisen*. Köln, 1962-1966. CCVII-773 p.
GOLDEN (Herbert) und SIMCHES (Seymour). *Modern French literature and language.
A bibliography of homage studies*. Cambridge (Mass.), 1953. XII-158 p.
LÉVY (R.). *Répertoire des lexiques du vieux français*. New-York, 1937 (The Modern
Language Association).
Recent European Progress in old French studies, in *RPh*, I, 1947, pp. 59-65.
Annonce des travaux lexicaux sur le vieux français, in *RLR*, XXI, 1957, pp. 138-144
et 329-331.
A bibliography of longer French Word-studies 1935-1965, in *RLR*, T. XXX, 1966,
pp. 390-414.
MARTIN (R.) et MARTIN (E.). *Guide bibliographique de linguistique française*. Paris.
Klincksieck, 1973. 186 p.
MONFRIN (J.). *Travaux relatifs à l'ancien français et à l'ancien provençal parus
en France de 1940 à 1945*, in *MA*, LIV, 1948, pp. 327-357 ; LV, 1949, pp. 127-
156.
QUÉMADA (B.). *Bibliographie des thèses de doctorat d'intérêt lexicologique*, in *Cah Lex*,
II, 1960, pp. 152-174.
Les dictionnaires du français moderne, 1539-1863. Paris, 1968.
   T. I *Étude sur leur histoire, leurs types et leurs méthodes*.
   T. II *Bibliographie générale des répertoires lexicographiques*.
QUÉMADA (B.) et WEXLER (P. J.). *Bibliographie des études lexicologiques*, in *Cah Lex*,
1964, 4, pp. 73-126 ; 5, pp. 111-132.
Zeitschrift für romanische Philologie. Supplement zu Band... Bibliographie. Tübin-
gen 1902-1956/60, devient, avec la bibliographie 1961/62, supplement
zu Band 77-78 :
*Romanische Bibliographie... Supplement zu Band... der Zeitschrift für romanische
Philologie*. — Tübingen 1961-1962 (fait suite à *Zeitschrift für romanische
Philologie. Supplement zu Band... Bibliographie*).

III. REVUES, COLLOQUES, PUBLICATIONS COLLECTIVES CONSACRÉES A LA SÉMANTIQUE ET A LA LEXICOLOGIE

Cahiers de lexicologie. Paris. I, 1959.
*Formation et aspects du vocabulaire politique français, actes du colloque du centre
de lexicologie politique*, E.N.S. de Saint-Cloud 26-28 avril 1968, in *Cah Lex*,
XIII, n° 1, 1968 ; XIV, n° 1, 1969 ; XV, n° 2, 1969.
DEVOTO (G.). [*La conferenza di Semantica di Nizza* — Colloque international de
sémantique de Nice. 1951], *Arch Gl It*, XXXVI, 1951, pp. 82-84.
La banque des mots, revue de terminologie française publiée par le conseil inter-
national de la langue française. Paris. I, 1971. (Semestriel).

Langages. Paris. vol. 1, 1966 : *Recherches sémantiques* (Numéro dirigé par T. Todorov.)
   Vol. 19 : 1970 : *La lexicographie*, (Numéro dirigé par J. Rey-Debove.)
Langue française. Paris. Vol. 2, mai 1969 : *Le lexique* (Numéro dirigé par L. Guilbert.)
Lexicologie et lexicographie françaises et romanes. Paris, 1961. In-8°, 293 p. [*Actes du
   colloque international de Strasbourg, 12-16 novembre 1957.*]
Probleme der Semantik. Hrsg. von W. Theodor Elwert. Wiesbaden, 1968. In-8°,
   VIII-61 p. [Actes du colloque tenu à l'Institut des études romanes de Mayence,
   les 9 et 10 décembre 1966.]
*Essays in historical semantics, testimonial volume in honor of Leo Spitzer on the
   occasion of his sixtieth birthday*. New York, 1948. In-8°, XVIII-316 p.
Semantics and the philosophy of language, a collection of readings edited by Leonard
   Linsky. Urbana, 1952. In-8°.
Semiotica, revue publiée par l'Association internationale de sémiotique. La Haye.
   I, 1969. (Trimestriel.)

IV. ÉTUDES THÉORIQUES DE SÉMANTIQUE ET DE LEXICOLOGIE

APRESJAN (J.). *Analyse distributionnelle des significations et champs sémantiques
   structurés*, trad. d'un art. de 1962, in *Langages*, I, 1966, pp. 44-74.
BACHMANN (A.). *Zur psychologischen Theorie des Sprachlichen Bedeutungswandels*.
   Munich, 1935. In-8°, VI-68 p.
BALDINGER (K.).
Die Gestaltung des wissenschaftlichen Wörterbuchs, *RJahrb*, V, 1952, pp. 65-94.
Die Semasiologie. Versuch eines Überblicks, in *Deutsche Akademie der Wissenschaften
   zu Berlin. Vorträge und Schriften*, Heft 61, 1957.
Sémasiologie et onomasiologie, in *RLR*, 1964, pp. 250-272.
Sémantique et structure conceptuelle (*le concept « se souvenir »*), in *Cah Lex*, VIII,
   n° 1, 1966, p. 3-46.
La synonymie. Problèmes sémantiques et stylistiques, in *Probleme der Semantik*,
   pp. 41-61, v. § III.
Teoría semántica. Hacia una semántica moderna. Madrid, Alcala, 1970, 278 p.
   (Collección Romania. 12.)
BALLY (Ch.). *Traité de stylistique française*, 1° éd. Genève, 1909 ; 3e éd. Paris, 1951.
   2 vol. in-16, 352-272 p.
BENVENISTE (E.). *Problèmes de linguistique générale*. Paris, 1966. In-8°, 356 p.
   (VIe partie : « lexique et culture »).
BLANCHE-BENVENISTE (C.) et CHERVEL (A.). *Recherches sur le syntagme substantif,
   in Cah Lex*, IX, n° 2, 1966, pp. 3-37.
BARTHES (R.). *Le degré zéro de l'écriture, suivi de « éléments de sémiologie »*. Paris,
   1953. In-16°, 181 p.
BRÉAL (M.). *Essai de sémantique (science des significations)*. Paris, 1897. In-8°, 349 p.
BUYSSENS (E.). *Linguistique historique : Homonymie, stylistique, sémantique, change-
   ments phonétique*. Bruxelles, Paris, 1965. 158 p.
CARNAP (R.)
   Der logische Aufbau der Welt. Berlin, 1928.
   The logical structure of the world translated by R. A. George. London, 1967.
   In-8°, XXVI-364 p.
   Introduction to Semantics. Cambridge Mass., 1948. In-8°, XII-263 p.
   La science et la métaphysique devant l'analyse logique du langage. Trad.
   E. Vouillemin. Paris, 1934. In-8°, 45 p.
   Logical foundations of probability. Chicago, 1950. In-8°, XVII-607 p.
   Meaning and necessity, a study in semantics and modal logic. Chicago, 1947.
   Éd. augmentée : 1956. In-8°, VIII-210 p.
   Meaning and synonymy in natural languages, in *PS*, VII, pp. 33-47.

CARNOY A.). *La science du mot. Traité de sémantique.* Louvain, 1927. In-8º, VII-428 p.

CASARES (J.). *Nuevo concepto del diccionario de la lengua y otros problemas de lexicografia y gramatica.* Obras completas. T. V. Madrid, 1941.

CAZACU (T.). *La structuration dynamique des significations,* in *Mélanges linguistiques publiés à l'occasion du VIIIᵉ C.I.L. à Oslo, du 5 au 9 août 1957,* Bucarest, 1957, pp. 113-127.

CHARAUDEAU (P.)
L'analyse lexico-sémantique, recherche des bases théoriques et d'une procédure d'analyse. Paris, 1969. (Thèse de 3ᵉ cycle dactylographiée).
L'analyse lexico-sémantique, recherche d'une procédure d'analyse, in *Cah Lex,* XVIII, nº 1, 1971, pp. 3-28.

COSERIU (E.)
Sincronía, diacronia e historia. El problema del cambio linguistico. Montevideo, 1958.
Pour une sémantique diachronique structurale, in *TLL,* II, nº 1, 1964, pp. 139-186.
Structure lexicale et enseignement du vocabulaire, in *Les théories linguistiques et leurs applications.* Paris, Conseil de l'Europe. 1967, pp. 9-15.
Les structures lexématiques, in *Probleme der Semantik,* pp. 3-16, (v. § III).
Vers une typologie des champs lexicaux. In *Colloque international de linguistique et de traduction.* 2. 1972. 4-7 oct. Montreal.

COYAUD (M.). *Transformations linguistiques et classification lexicale,* in *Cah Lex,* VI, nº 1, 1965, pp. 25-34.

DARMESTETER (A.). *La vie des mots.* Paris, 1886. In-12º, 212 p.

DELBOUILLE (M.) et GRISAY (A.). *Comment concevoir et réaliser un « Dictionnaire onomasiologique de l'ancien français »,* in *Mélanges E. Gamillscheg,* München, 1968, pp. 159-168.

DE MAURO (T.). *Introduzione alla semantica.* Bari, 1965. 238 p.

DUBOIS (C.). *Essais de classification lexicographique : Le nouveau Grand Larousse encyclopédique,* in *Cah. Lex.,* II, 1969, pp. 98-151.

DUBOIS (J.)
Unité sémantique et neutralisation dans le lexique, in *Cah Lex,* II, 1960, pp. 62-66.
L'évolution du lexique dans le français contemporain, in *F Monde,* 1962, Janv.
Distribution, ensemble et marque dans le lexique, in *Cah Lex,* IV, nº 1, 1964, pp. 5-16.
Lexicologie et analyse d'énoncé, in *Cah Lex,* XV, 1969, pp. 115-126.
Esquisse d'un dictionnaire structural, ELA, 1962, pp. 43-48.
Représentation de systèmes paradigmatiques formalisés dans un dictionnaire structural, in *Cah Lex,* V, nº 2, 1964, pp. 3-15.

(Les principes énoncés dans les deux articles ci-dessus trouvent leur application dans :

DUBOIS (J.), LAGANE (R.), NIOBEY (G.), CASALIS (D. et J.), MESCHONNIC (H.). *Dictionnaire du français contemporain.* Paris, 1966. In-8º, 1224 p.)

DUBOIS (J.), IRIGARAY (L.) et MARCIE (P.). *Transformation négative et organisation des classes lexicales,* in *Cah Lex,* VII, nº 1, 1965, pp. 3-32.

DUBOIS (J.), LAGANE (R.), NIOBEY (G.), CASALIS (D.), MESCHONNIC (H.). *Résolution des polysémies dans les textes écrits et structuration de l'énoncé,* in *Actes du premier colloque international de linguistique appliquée,* de Nancy, 1962. Paris, 1966.

DUBOIS (C.) et DUBOIS (J.). *Introduction à la lexicographie ; le dictionnaire.* Paris, 1971. In-8º, 217 p. v. ch. VIII p. 66-83 « homonymie et polysémie ».

DUCHACEK (O.)
Les champs linguistiques, in *Philologica pragensia,* III, 1960, pp. 22-25.
Le mot et le concept, in *SbPFFBU(A),* XI, 1962, pp. 149-163.
L'homonymie et la polysémie, in *Vox Rom,* XXI, 1962, pp. 49-56.

194 SÉMANTIQUE ET LEXICOLOGIE

Sur quelques problèmes de l'antonymie, in *Cah Lex*, VI, n° 1, 1965, pp. 55-66.
Précis de sémantique française. Brno, 1967. In-8°, 263 p.
Différents types de champs linguistiques et l'importance de leur exploration, in *Probleme der Semantik*, pp. 25-36 (v. § III).
La sémantique structurale, in *SbPFFBU(A)*, XVIII, n° 17, 1969, pp. 23-40.
Microstructures lexicales, in *Études romanes de Brno*, IV, n° 143, 1969, pp. 139-157.
Le Champ sémique, in *Études romanes de Brno*, 5, 1971, pp. 13-17.
DUCROT (O.). *Présupposés et sous-entendus*, in *Langue française*, 4, 1969, pp. 30-43.
DUPRONT (A.). *Sémantique historique et histoire*, in *Cah Lex*, XIV, n° 1, 1969, pp. 15-25.
EBELING (C. L.). *Linguistic units*. La Haye, 1960. In-8°, 143 p.
ECO (U.). *La struttura assente ; introduzione alla ricerca semiologica*. Milano, 1968. 431 p.
EMPSON (W.). *Seven types of ambiguity*. 2e éd. London, 1949. In-8°, XVII-259 p.
ERDMANN (K. O.). *Die Bedeutung des Wortes. Aufsätze aus dem Grenzgebiet der Sprachpsychologie und Logik*. Leipzig, 1910.
ESNAULT (G.). *La sémantique*, in *Où en sont les études de Français*, pub. sous la dir. d'A. Dauzat. Paris, 1935.
FLEW (A.). *Essays in conceptual analysis*. London, 1956. In-8°, XII-265 p.
FOUCAULT (M.). *Les mots et les choses*. Paris, 1967. In-8°, 405 p.
GAMILLSCHEG (E.). *Französische Bedeutungslehre*. Tübingen, 1951. In-8°, 232 p.
GAUGER (H.-M.). *Apport au problème de la synonymie*, in *Meta*, 15, n° 3, 1970, pp. 147-160.
GENTILHOMME (Y.). *Le problème des vraies polysémies et la méthode du paramètre contextuel*, in *TA*, I, 1960, pp. 9-13.
GILBERT (P.). *Différenciations lexicales*, in *F Monde*, 69, 1969, pp. 41-47.
GILSON (E.). *Linguistique et philosophie ; essai sur les constantes philosophiques du langage*. Paris, 1969. In-12°, 312 p.
GODEL (R.). *Homonymie et identité*, in *CFS*, VII, 1948, pp. 5-15.
GOUGENHEIM (G.)
Mots et concepts, in *Vie Lang*, n° 80, nov. 1958, pp. 582-584.
Sur le renouvellement du vocabulaire, in *BSLP*, 55, n° 1, 1960, pp. X-XII.
Sur la détermination du sens d'un mot au moyen du contexte, in *TA*, II, 1961, pp. 16-17.
Structure et économie en linguistique, in *Sciences*, XII, 1961, pp. 31-39.
De l'utilité d'un index complet des œuvres de Montaigne, in *Mémorial du 1er congrès des études montaignistes*. Bordeaux, 1964, 18 p.
Trois principes d'organisation du vocabulaire. Actes du 1er colloque international de linguistique appliquée. Nancy 1966, in *AE*, fasc. 31, pp. 227-233.
Changements lexicaux. Réactions en chaîne et rémanences, in *J Psychol norm path*, 1966, pp. 309-316. (repris dans *Études de grammaire et de vocabulaire français*).
Syntaxe et sémantique, in *Mélanges A. Lombard*. Lund, 1969, pp. 87-90.
Études de grammaire et de vocabulaire français. Paris, 1970. In-8°, XVI-432 p.
GREIMAS (A. J.)
Idiotismes, proverbes, dictons, in *Cah Lex*, n° 2, 1960, pp. 41-61.
Les topologiques : essai de définition d'une classe de lexèmes, in *Cah Lex*, IV, n° 1, 1964, pp. 17-28.
La signification et sa manifestation dans le discours, in *Cah Lex*, n° 2, 1964, pp. 17-27.
Sémantique structurale. Paris, 1966. In-8°, 262 p.
Du sens : essais sémiotiques. Paris, 1970. In-8°, 317 p.
GROOS (M.). *Problème des relations entre syntaxe et lexique*, in *FM*, XXXVII, n° 4, 1969, p. 368.
GUILBERT (L.). *Les antonymes*, in *Cah Lex*, IV, n° 1, 1964, pp. 29-36.
GUIRAUD (P.). *La sémantique*. Paris, 1955. In-12°, 125 p.
Les locutions françaises. Paris, 1967. In-12°, 125 p.

HAMMEL (E. A.). *Formal semantic analysis*, in *AA*, special publication, 1965.

HEGER (K.)
  Les bases méthodologiques de l'onomasiologie et du classement par concepts, in *TLL*, III, n° 1, 1965, pp. 7-32.
  Structures immanentes et structures conceptuelles, in *Probleme der Semantik*, pp. 17-24 (v. § III).
  La sémantique et la dichotomie de langue et parole. Nouvelles contributions à la discussion sur les bases théoriques de la sémasiologie et de l'onomasiologie, in *TLL*, VII, n° 1, 1969, pp. 47-111.
  L'analyse sémantique du signe linguistique, in *Langue française*, n° 4, 1969, pp. 44-66.

HEMMING (T. D.). *Lexicology and old French*, in *MLR*, T. 63, 1968, pp. 818-823.

HILTY (G.). *Bedeutung als Semstruktur*, in *Vox Rom*, XXX, 1971, n° 2, pp. 242-263.

HJELMSLEV (L.). *Prolégomènes à une théorie du langage*, traduit du danois par une équipe de linguistes, trad. revue par A. M. Léonard. Paris, 1968. In-8°. (ch. 13, pp. 71-85, « expression et contenu »).

IMBS (P.)
  La place du vocabulaire ancien dans un thesaurus de la langue française, in *Lexicologie et lexicographie...* pp. 133-148 (v. § III).
  Au seuil de la lexicographie, in *Cah Lex*, II, 1960, pp. 3-18.
  Les exigences de la lexicographie moderne du Littré au Trésor de la langue française, in *JS*, 1965, pp. 466-477.
  Note sur la structure lexicale immanente du français, in *FM*, T. 38, n° 4, 1970, pp. 469-484 ; T. 39, n° 1, 1971, pp. 81-100.

IVANOV (V.). *La notion de neutralisation dans la morphologie et le lexique*. Paris, 1957. (Travaux de l'Institut de Linguistique de Paris).

JAKOBSON (R.). *Essais de linguistique générale*. Traduit de l'Anglais et préfacé par N. Ruwet. Paris, 1963. In-8°, 263 p. (v. ch. IV « aspects linguistiques de la traduction » pp. 78-86).

JANKOWSKY (K. R.). *On scope and methods of lexicology*, in *O*, T. 18, n° 1, 1969, pp. 173-185.

KATZ (J. J.). *Semantic Theory*. New-York, 1972. In-8°, 464 p.

KATZ (J. J.) et FODOR (J. A.).
  The structure of a semantic theory, in *L. T.* 39, 1963, pp. 170-210.
  Structure d'une théorie sémantique, in *Cah Lex*, IX, n° 2, 1966, pp. 39-72 ; X, n° 1, 1967, pp. 47-66.

KATZ (J. J.) et POSTAL (P. M.). *An integrated theory of linguistic description*. Cambridge (Mass.), 1954.

KOHLER (E.). *Le sens large du vocabulaire espagnol*, in *Ro*, T. 75, 1954, p. 510 et sq.

KRONASSER (H.). *Handbuch der Semasiologie ; kurze Einführung in die Geschichte, Problematik und Terminologie der Bedeutungslehre*. Heidelberg, 1952. In-8°, 204 p.

LAZICZIUS (J.). *La définition du mot*, in *CFS*, V, 1945, pp. 32-37.

LEISI (E.). *Der Wortinhalt ; seine Struktur im Deutschen und Englischen*. Heidelberg, 1953. In-8°, 119 p.

LEROY (M.). *Sur le concept d'évolution en linguistique*. Bruxelles, 1950. In-8°, 42 p.

LOPATNIKOVA (N. W.) et MOVCHOVITCH (N. A.). *Précis de lexicologie du français moderne*. Moscou, Éditions en langues étrangères, 1958. In-8°, 200 p.

LYONS (J.).
  Introduction to theoretical linguistics. Cambridge, 1968.
  Linguistique générale. Paris, 1970. In-8e, 384 p. (les deux derniers chapitres sont consacrés à la sémantique).

MC GREGOR (L.). *Les principes logiques de la sémantique appliqués aux langues française et anglaise*. Grenoble, 1909. In-8°, 106 p. (Thèse).

MALMBERG (B.). *Les nouvelles tendances de la linguistique*. Traduit du suédois par J. Gengoux. Paris, 1966. In-12°, 343 p. (Ch. VII, pp. 182-206, la sémantique).

MARCELLESI (J.-B. et C.). *Les études de lexique : points de vue et perspectives*, in *Langue française*, 2, mai 1969, pp. 104-120.

MARCUS (S.). *Définitions lexicographiques et définitions logiques*, in *Langages*, nᵒ 19, 1970, pp. 87-91.

MARTIN (E. et R.) et VIENNEY (R.). *La mécanisation de la documentation bibliographique au Centre de recherche pour un trésor de la langue française*, in *FM*, T. 39, 1971, pp. 181-197.

MARTINET (A.). *Éléments de linguistique générale*. Paris, 1960. In-12ᵒ, 223 p. (Ch. IV « les unités significatives » ; ch. VI « l'évolution des langues »).
Le mot, in *Problèmes du langage*. Paris, 1966, pp. 39-53. (Coll. Diogène).

MATORÉ (G.). *La méthode en lexicologie*. Paris, 1953. In-8ᵒ, 126 p.
Les méthodes modernes de la sémantique descriptive, in *Lexicologie et lexicographie...*, pp. 91-106 (v. § III).

MEILLET (A.). *Linguistique historique et linguistique générale*. Paris, 1921. 2 vol. in-8ᵒ ; 1958, in-8ᵒ, VIII-335 p., et 1938, in-8ᵒ, 248 p.

MICHÉA (R.). *Vocabulaire fondamental et grammaire structurale*, in *Cah Lex*, XI, nᵒ 2, 1967, pp. 3-14.
Notes et réflexions sur le problème des polysémies dans la traduction automatique, in *TA*, 2, 1961, pp. 14-16.

MIGNOT (X.). *Les notions d'homonymie, de synonymie et de polysémie dans l'analyse ensembliste du signe*. in *BSLP* 1972, t. 67, nᵒ 1, pp. 1-22.

MIGLIORINI (B.). *Che cos'è un vocabolario ?*. 3ᵉ éd. Firenze, 1961. 130 p.

MIHAILESCU-URECHIA (V.) et URECHIA (A.).
Équations linguistiques ? Oui. in *O*, XIX, 1970, nᵒ 2, pp. 271-281.
Phénomènes inconnus de la langue (le tableau des éléments de la langue). *1. et 2.* in *O*, XX, nᵒ 1, pp. 5-9, nᵒ 2, pp. 10-18.

MITTERAND (H.). *Les mots français*. Paris, 1968. In-12ᵒ, 125 p.

MOUNIN (G.)
Les analyses sémantiques, in *Cahiers de l'Institut des sciences économiques appliquées*, série M., 3, 1962, pp. 105-124.
Les problèmes théoriques de la traduction. Paris, 1963. In-8ᵒ, 296 p.
Les structurations sémantiques, in *Diog*, nᵒ 49, 1965, pp. 130-140.
Travaux récents de sémantique, in *Linguistique*, 1, 1968, pp. 131-140.
Introduction à la sémiologie. Paris, 1970. In-8ᵒ, 242 p.
Clefs pour la sémantique. Paris, 1972, 268 p.

MULLER (Ch.)
Polysémie et homonymie dans le lexique contemporain, in *ELA* I, 1962, pp. 49-54.
Mesure de la richesse lexicale, in *TLL*, T. VI, nᵒ 1, 1968, pp. 73-84.
Sur la mesure de la richesse lexicale. Théorie et expériences, in *ELA*, nᵒ 1, 1971, pp. 20-46.
Fréquence des signifiés ou fréquence des signifiants. in *Mél. R. Michéa*. in *ELA*, nᵒ 2, pp. 74-87.

NYROP (K.). *Grammaire historique de la langue française*. Copenhague, 1899-1925. 6 vol. in-8ᵒ. (T. IV : *La sémantique*. 1913).

OGDEN (C. K.) et RICHARDS (I. A.). *The meaning of meaning*. London, 1923 ; 10ᵉ éd. 1949. In-8ᵒ XXII-363 p.

ÖHMANN (S.). *Wortinhalt und Weltbild ; vergleichende und methodologische Studien zu Bedeutungslehere und Wortfeld Theorie*. Stockholm, 1951. In-8ᵒ, 194 p.

ORR (J.). *Three studies on homonymics*. Edinburgh, 1962. In-16, VI-80 p.
Words and sounds in English and French. Oxford, 1953. In-8ᵒ, VIII-279 p.

OSTRÁ (R.). *Structure du signe linguistique et changements sémantiques*, in *BRP*, XI, 1972, nᵒ 1, pp. 118-131.

PHAL (H.). *Les groupes de mots et les problèmes qu'ils posent dans la préédition de textes scientifiques destinés à l'analyse mécanographique*, in *Cah Lex*, IV, nᵒ 1, 1964, pp. 45-60.

PICHON (E.). *L'enrichissement lexical dans le français d'aujourd'hui*, in *FM*, III, 1938, pp. 325-326.

PICOCHE (J.). *Essai de classement d'un vocabulaire*, in *TAInf* 1967, n⁰ 2, pp. 88-91

POTTIER (B.)
 Recherches sur l'analyse sémantique en linguistique et en traduction mécanique (Publications de la Faculté des Lettres de Nancy, série A, II, 1963).
 Du très général au trop particulier en analyse linguistique in *TLL*, 1963, pp. 9-16.
 Vers une sémantique moderne, in *TLL*, II, n⁰ 1, pp. 107-138.
 La définition sémantique dans les dictionnaires, in *TLL*, III, n⁰ 1, 1965, pp. 33-39.
 Sémantique et syntaxe, in *TLL*, IV, n⁰ 1, 1966, pp. 399-401. [Mélanges Gardette].
 Champ sémantique, champ d'expérience et structure lexicale, in Probleme der Semantik, pp. 37-40. (v. § III).
 Présentation de la linguistique. Paris, 1967. In-8⁰, 78 p.

PRIETO (L.)
 Principes de noologie ; fondements de la théorie fonctionnelle du signifié. La Haye, 1964. In-8⁰, 130 p.
 Messages et signaux. Paris, 1966. In-12⁰, 171 p.

PUPIER (P.). *A propos de la situation récente des études de sémantique en Allemagne,* in *FM*, T. 39, 1971, pp. 56-71.

QUADRI (B.). *Aufgaben und Methoden der onomasiologischen Forschung : Eine entwicklungsgeschichtliche Darstellung.* Bern, 1952. In-8⁰, XVIII-271 p. (Romanica Helvetica 37).

REY (A.). *A propos de la définition lexicographique*, in *Cah Lex*, VI, n⁰ 1, 1965, pp. 67-80.
 La lexicologie. Paris, 1970. In-8⁰, 328 p.
 Remarques sémantiques, in *Langue française*, n⁰ 4, 1969, pp. 5-29.

REY-DEBOVE (J.)
 La définition lexicographique ; recherches sur l'équation sémique, in *Cah Lex*, VIII, n⁰ 1, 1966, pp. 71-94.
 Les relations entre le signe et la chose dans le discours métalinguistique, in *TLL*, VII, n⁰ 1, 1969, pp. 113-129.
 La sémantique européenne au colloque de Mayence, in *Z rom Ph*, T. 86, 1970, pp. 190-204.
 La définition comme interprétant, in *Semiotica*, T. 4, n⁰ 3, 1971, pp. 287-288.
 Étude linguistique et sémiotique des dictionnaires français contemporains. The Hague, Paris, 1971. 329 p.
 Problèmes de sémantique lexicale, in *TLL*, T. X, 1972, n⁰ 1, pp. 111-124.

ROSETTI (A.). *Le mot, esquisse d'une théorie générale.* 2ᵉ éd. revue et augmentée. Copenhague, Bucarest, 1947, 61 p.

ROTHWELL (W.). *Homonymics and medieval French*, in *Ar Ling*, XIV, 1962, pp. 35-48.
 Medieval French and modern semantics, in *MLR*, 57, 1962, pp. 25-30.

ROUDET (L.). *Sur la classification psychologique des changements sémantiques*, in *J Psychol norm path*, 1921, pp. 676-692.

SAUVAGEOT (A.). *Portrait du vocabulaire français.* Paris, 1964. In-12⁰, 286 p.

SCHAUWECKER (L.). *Sprachmodelle ; Monosemie und Polysemie ; Langue und Parole*, in *Mélanges E. Gamillscheg*, München, 1968, pp. 531-555.

SCHOGT (H. G.). *Synonymie et signe linguistique*, in *La Linguistique*, VIII, 1972, n⁰ 2, pp. 5-38.

SCHÖNE (M.). *La vie et la mort des mots.* Paris, 1947. In-12⁰, 125 p.

SEKVENT (K.). *Étude comparative des champs syntaxiques de deux synonymes*, in *Études romanes de Brno*, V, pp. 51-62.

SLAMA-CAZACU (T.). *Langage et contexte.* La Haye, 1962. In-8⁰, 251 p.

SLATKA (D.). *Les problèmes du lexique à la lumière de thèses et de travaux récents*, in *Langue française*, 2, Mai 1969, pp. 87-103.

SOKOLOVA (G.). *Remarques sur la « conversion » en français moderne*, in *Cah Lex*, VII, n⁰ 2, 1965, pp. 51-64.

SPA (J.). *Quelques problèmes concernant la composante sémantique de la grammaire transformationnelle*, in *Linguistique*, 1970, 1, pp. 23-38.

STEFENELLI (A.). *Der Synonymenreichtum der altfranzösischen Dichtersprache*. Graz, Wien, Köln, 1967, 327 p.

SVOBODA (K.). *Sur la classification des changements sémantiques*, in *FM*, Oct. 1960, pp. 249-258.

TABORY (R.). *Modèles arithmétiques pour la solution du problème de la polysémie par la méthode des indices sémantiques*. [Congrès de l'Association française de calcul. 1960.]

TODOROV (T.). *Recherches sémantiques*, in *Langages*, 1, 1966, pp. 5-43.
Les anomalies sémantiques, in *Langages*, 1, 1966, pp. 100-123.

TOGEBY (K.). *Grammaire, lexicologie et sémantique*, in *Cah Lex*, VI, n° 1, 1965, pp. 3-7.
Qu'est-ce qu'un mot ? in *TCLC*, V, 1959, pp. 97-111.

TOLLENAERE (F. de). *Lexicologie alphabétique ou idéologique*, in *Cah Lex*, II, 1960, pp. 19-30.

TRIER (J.). *Das sprachliche Feld ; eine Auseinandersetzung*, in *NJWJ*, 1934, pp. 429-449.

ULLMANN (S.)
The principles of semantics. Glasgow, 1951. In-8°, VI-314 p.
Précis de sémantique française. Berne, 1952. In-12°, 352 p.
Les tâches de la sémantique descriptive en français, in *BSLP*, XLVIII, 1952, pp. 14-32.
Descriptive semantics and linguistic typology, in *Wo*, IX, 1953, pp. 225-240.
Historical semantics and the structure of the vocabulary, in *Homenaje a André Martinet*. La Laguna, 1957. I, pp. 289-303.
Orientations nouvelles en sémantiques, in *J Psychol norm path*, 1958, p. 338 etc.
Le point de vue structural en sémantique historique in *Lexicologie et lexicographie*, pp. 85-90. (v. § III).
Semantics ; an introduction to the science of meaning. Oxford, 1962. In-8°, VI-278 p.
Où en sont les études de sémantique historique, in *Probleme der Semantik*, pp. 1-2. (v. § III).

USHENKO (A. P.). *The field theory of meaning*. Ann Arbor, 1958.

VEITH (W. H.). *Context and lexicology ; an evaluation*, in *O*, XVIII, n° 2, 1969, pp. 513-528.

VENDRYÈS (J.). *Le langage ; introduction linguistique à l'histoire*. Paris, 1923. (Rééd. 1968. In-12°, 444 p. — 3e partie : *le vocabulaire*).
Les tâches de la linguistique statique, in *J Psychol norm path*, 1933, pp. 172-184.

VRBKOVÁ (V.). *Quelques problèmes de délimitation des champs conceptuels*, in *Études Romanes de Brno*, T. 5, 1971, pp. 45-50.

WAGNER (R. L.). *Les vocabulaires français*, T. I : *Définitions — Les dictionnaires*. Paris, 1967. In-8°, 192 p. T. II : *Les tâches de la lexicologie synchronique — glossaires et dépouillements — analyse lexicale*. Paris, 1970. 183 p.

WALPOLE (H. R.). *Semantics : The nature of words and their meanings*. New-York, 1941.

WEINREICH (U.). *Lexicology*, in *Current trends in linguistics*, I, 1963, pp. 60-93.
Explorations in semantics theory, in *Current trends in linguistics*, III, 1966, pp. 395-477.
La définition lexicographique dans la sémantique descriptive, in *Langages*, n° 19, 1970, pp. 69-86.

WUNDERLI (P.). *Sémantique und Sémiologie. Zwei textkritische Probleme des CLG*, in *Vox Rom*, T. 30, n° 1, 1971, pp. 14-31.

ZIFF (P.). *Semantic analysis*. New York, 1960. In-8°, XIV-255 p.

V. ÉTUDES DE DÉTAIL ILLUSTRANT LES DIVERSES TENDANCES DE LA SÉMANTIQUE ET DE LA LEXICOLOGIE

ARRIVÉ (M.). *Le mot « docteur » en français contemporain*, in *F Monde*, 33, juin 1965, pp. 40-42.
  « Maître, instituteur, professeur », ,n *F Monde*, 1966.
BALDINGER (K.). *Le champ onomasiologique du roturier*, in *RLR*, XXVI, 1962, pp. 309-330.
BARBIER (J.). *Le vocabulaire, la syntaxe et le style des poèmes réguliers de Charles Péguy*. Paris, 1957. 572 p.
BENVENISTE (E.). *« Civilisation » contribution à l'histoire d'un mot* [Hommage à L. Febvre] *repris dans problèmes de Linguistique Générale*, pp. 336-348.
BONAN GARRIGUES (M.) et ELIE (J.). *Essai d analyse sémique. Étude de deux champs sémantiques de l'ancien français*, in *Cah Lex*, 1971, n° 19, pp. 70-93.
BOSSARD (M.). *Le vocabulaire de la Bible de Chastellion*, in *Et L*, 1959, pp. 61-86.
CAHEN (J. G.). *Le vocabulaire de Racine*, in *RLR*, T. XVI, n° 59-64, [paru en 1946] 1940-1945.
CHARAUDEAU (P.). *Procédure d'analyse lexico-sémantique sur un corpus donné, œil.* in *Cah Lex*, 1972, n° 10, pp. 13-52.
DE GOROG (R.). *The concept « to destroy » in Old French and the question of synonymy*, in *Linguistics*, 1972, n° 93, pp. 27-43.
DUBOIS (J.). *Le vocabulaire politique et social en France de 1869 à 1872 à travers les œuvres des écrivains, les revues et les journaux*. Paris, 1962. In-8°, XXIX 462 p.
DUBOIS (J.)-et IRIGARAY (L.). *Les structures linguistiques de la parenté*, in *Cah Lex*, VIII, n° 1, 1966, pp. 47-49.
DUBOIS (J.), GUILBERT (L.), MITTERAND (H.) et PIGNON (J.). *Le mouvement général du vocabulaire français de 1949 à 1960 d'après un dictionnaire d'usage*, in *FM*, avril 1960, pp. 86-106 ; juil. 1960, p. 196-210.
FOULET (L.). *Sire et Messire*, in *Ro*, 1950, T. 71, pp. 1-48 et pp. 180-221 ; 1951, T. 72, p. 31 et sq.
FRISK (H.). *Warheit und Lüge in den indogermanischen Sprachen*. Göteborg, 1936.
FURET (F.). *L'ensemble « histoire »*, in *Livre et société dans la France du XVIIIᵉ s.* Paris, La Haye, 1970, pp. 101-120.
GLEIZE (J. M.). *Lecture du motif « révolution » dans le Rouge et le Noir*, in *Cah Lex*, XIV, n° 1, 1969, pp. 59-76.
GREIMAS (A. J.). *La mode en 1830. Essai de description du vocabulaire vestimentaire d'après les journaux de mode de l'époque*. Paris, 1948. 431 ff. (thèse dactylographiée.)
  Comment définir les indéfinis ; essai de description sémantique, in *ELA*, I, n° 2, 1962, pp. 110-125.
GRISAY (A.), LAVIS (G.), DUBOIS-STASSE (M.). *Les dénominations de la femme dans les anciens textes littéraires français*. Gembloux, Duculot 1969. XV-259 p. (Publications de l'institut de lexicologie française de l'Université de Liège).
HENRY (A.). *Les noms des jours de la semaine en ancien Francais*, in *Ro*, 72, 1951, pp. 1-30 et 224-226.
IMBS (P.). *Le diable dans l'œuvre de Rabelais ; étude de vocabulaire*, in *Mélanges Bruneau*, Paris, 1954, p. 258 et sq.
JUNGO (M.). *Le vocabulaire de Pascal étudié dans les fragments pour une apologie*. Paris, 1950. XV-243 p.
LE GENTIL (P.). *« Teste » et « chef » dans la chanson de Roland*, in *Ro*, 71, 1950, pp. 49-65.
LEJEUNE (R.). *Le vocabulaire juridique de Pathelin et la personnalité de l'auteur*, in *Mélanges Guiette*, 1961, pp. 187-194.
LAUNAY (M.). *Vocabulaire politique et vocabulaire religieux dans les « Rêveries »*, in *Cah Lex*, 1964, n° 2, pp. 85-100.

LINDEKENS (R.). *Essai de description d'un espace sémantique ; Résultats d'une enquête sur la notion et la représentation graphique de « visa »*, in *Cah Lex*, XI, nᵒ 2, 1967, pp. 15-36.

LOUNSBURY (F. G.). *Analyse structurale des termes de parenté*, in *Langages*, 1966, I, pp. 75-99.

LYONS (J.). *Structural semantics ; an analysis of part of the vocabulary of Plato.* Oxford, 1963. In-8ᵒ, VI-237 p.

MAILHOS (G.). *Le mot « révolution » dans l'Essai sur les mœurs et la correspondance de Voltaire*, in *Cah Lex*, XIII, nᵒ 2, 1963, pp. 84-92.

MANTCHEV (K.). *Hiérarchie sémantique des verbes français contemporains*, in *Cah Lex*, X, nᵒ 1, 1967, pp. 31-46.

MARCELLESI (J. B.). *Le vocabulaire du congrès socialiste de Tours*, in *Cah Lex*, XV, nᵒ 2, 1969, pp. 57-69.
Socialisme ; monosémie et polysémie, in *Langue française*, 1969, nᵒ 4, pp.108-119.

MARTEL (P.). *Étude sémantique et essai de structuration lexicale du vocabulaire de l'habitation dans l'œuvre de Rutebeuf*, in *BJR*, 1969, 16, pp. 12-32.

MATORÉ (G.)
Le vocabulaire et la société sous Louis Philippe. Genève, Lille, 1951. In-8ᵒ, 371 p.
Le vocabulaire de la prose littéraire de 1833 à 1845. Genève, Lille, 1951. In-8ᵒ, 369 p.
Le mouvement et la communication dans le vocabulaire contemporain, in *J Psycho norm path*, 56, 1959, pp. 275-302.

MOUNIN (G.). *Essai sur la structuration du lexique de l'habitation*, in *Cah Lex*, VI, nᵒ 1, 1965, pp. 9-24.

MOUNIN (G.). *Un champ sémantique : la dénomination des animaux domestiques*, in *Linguistique*, 1, 1965, pp. 31-54.

MULLER (Ch.). *« Poindre », « poigner », « pointer », « se pointer », avatars morphologiques et sémantiques*, in *BJR*, nᵒ 2, 1960, pp. 23-33.

OLIVIER (F.). *Notes sur le mot « moderne » chez Péguy*, in *FM*, T. 37, 1969, pp. 148-159, 240-253, 317-329.

PARENT (M.). *Francis Jammes ; étude de langue et de style.* Paris, 1957. 535 p. (1ʳᵉ partie : le vocabulaire).

RICKEN (U.). *Termes vestimentaires, dénominations de couches sociales*, in *Cah Lex*, XV, nᵒ 2, 1969, pp. 21-26.
Le vocabulaire de la classification sociale dans la littérature française (quelques problèmes synchroniques et diachroniques), in *Langue Française*, nᵒ 9, 1971, pp. 100-109.

ROBIN (R.). *Histoire et linguistique : premiers jalons*, in *Langue française*, nᵒ 9, 1971, pp. 47-57.

ROTHWELL (W.). *Winds and Cardinal Points in French*, in *Ar Ling*, nᵒ 7, 1955, pp. 29-56.
The hours of the day in medieval French, in *FS*, 1959, pp. 240-251.
Medieval Franch « Bureau », in *M Ae*, nᵒ 29, 1960, pp. 102-114.
Some aspects of the semantic field of « tabularium » in mediaeval French and Provençal, in *Ar Ling*, 13, 1961, pp. 129-144.

SAINÉAN (L.). *La langue de Rabelais.* Paris, 1922-1923. 2 vol.

STEFENELLI (A.). *Die Autorfrage des Guillaume d'Angleterre in lexikalischer Sicht (Zur Eigenständigkeit des Chrétienschen Wortschatzes)*, in *Mélanges E. Camillscheg*, München, 1968, pp. 579-591.

STERN (G.). *« swift », « swiftly » and their synonyms ; a contribution to semantic analysis and theory.* Göteborg, 1921. In-8ᵒ, 295 p.

STOWELL (W. A.). *Old french titles of respect in direct address.* Baltimore, 1908. In-8ᵒ, XIV-239 p.

TRESCH (M.). *Les institutions politiques et sociales reflétées par l'histoire des mots*, in *FM*, 1937, pp. 57-68.

TRIER (J.). *Der Deutsche Wortschatz im Sinnbezirk des Verstandes Die Geschichte eines Sprachlichen Feldes:* I *von den Anfängen bis zum beginn des 13 Jahrhunderts.* Heidelberg, 1931.

WAGNER (R. L.). *Sorcier et magicien ; contribution à l'histoire du vocabulaire de la magie.* Paris, 1939. In-8°, 293 p.

WANDRUSZKA (M.). *Das Bild des Menschen in der Sprache der Italienischen Renaissance.* Genève, 1956. In-8°, 32 p.

VI. VOCABULAIRES CLASSÉS SELON UN ORDRE IDÉOLOGIQUE

A. DICTIONNAIRES DE SYNONYMES (ordre chronologique)

G. DE VIVRE. *Synonimes, c'est-à-dire plusieurs propos propres, tant en escrivant qu'en parlant, tirez quasi tous à un mesme sens pour monstrer la richesse de la langue françoise.* Cologne, 1569.

MONTMÉDAN (A. DE). *Synonymes et épithètes françoises.* Paris, 1645.

GIRARD (abbé G.). *Synonymes françois, leurs différentes significations et le choix qu'il faut en faire pour parler avec justesse.* 3e éd. Paris, 1749. In-12°, XXIV-486 p.

HUREAU de LIVOY (Th.). *Dictionnaire des synonymes françois.* Paris, 1767. In-8°, XVI-565 p. (Remanié par M. Lepan, Paris, 1828.

GIRARD, BEAUZÉE, ROUBAUD etc. *Synonymes français avec leurs différentes significations ... classés par ordre alphabétique.* Paris, 1796. 4 vol. in-8°.

GUIZOT (F.). *Nouveau dictionnaire universel des synonymes de la langue française, contenant les synonymes de Beauzée, Roubaud, d'Alembert, Diderot etc... mis en meilleur ordre, corrigé, augmenté et précédé d'une introduction.* Paris, 1809. 2 T. en 1 vol. in-8°.

LE ROY DE FLAGIS (J. B.). *Nouveaux choix de synonymes français..., pour faire suite aux « Synonymes français » de... Girard et de... Beauzée.* Paris, 1812. 2 vol. in-8°, XXIII-455 p. et 435 p.

BOINVILLERS (J. E.). *Dictionnaire universel des synonymes de la langue française contenant les synonymes de Girard, Beauzée, Roubaud, Diderot, d'Alembert, de Duclos et d'autres, nouvelle édition revue et corrigée.* Paris, 1826.

LAVEAUX (J. Ch. de). *Dictionnaire synonymique de la langue française.* Paris, New-York, 1826. 2 tomes en 1 vol. in-8° ; I. A-D, XIV-399 p. ; II E-Z, 306 p.

MORIN (B.). *Dictionnaire universel des synonymes de la langue française contenant les synonymes de Girard, Beauzée, d'Alembert, Diderot etc...* Paris, 1801. (Nouvelle éd. corrigée. Paris, 1855. 2 vol. in-12°).

LAFAYE (P. B.). *Dictionnaire des synonymes de la langue française.* Paris, 1858.

BAILLY (R.). *Dictionnaire des synonymes de la langue française.* Paris, 1947. In-8°, XIV-626 p.

BÉNAC (H.). *Dictionnaire des synonymes conforme au dictionnaire de l'Académie française.* Paris, 1952. In-8°, 1026 p.

BERTAUD DU CHAZAUD (H.). *Nouveau dictionnaire des synonymes.* Paris, 1971. VII-417 p.

BOUSSINOT (R.). *Dictionnaires des synonymes, analogies et antonymes.* Paris, Bruxelles, Montréal, Bordas 1973, 1032 p.

B. DICTIONNAIRES ANALOGIQUES (ordre chronologique)

a) français

ROBERTSON (T.). *Dictionnaire idéologique ; recueil des mots, des phrase, des idiotismes*

et des proverbes de la langue française classés selon l'ordre des idées. Paris,
1859. In-8°, XXVIII-480 p.

BOISSIÈRE (P.). *Dictionnaire analogique de la langue française. Répertoire complet
des mots par les idées et des idées par les mots. Utilité du dictionnaire plus que
doublée et adaptée à tous les besoins possibles de ceux qui lisent ou écrivent,
entendent parler ou parlent eux-mêmes en français*, Paris, 1862. Gr. in-8°,
XI-IV-1439 et 32 p.

ROUAIX (P.). *Dictionnaire des idées suggérées par les mots*. Paris, 1897. (30e éd. Paris,
1971. In-12°, 538 p.).

MAQUET (Ch.). *Dictionnaire analogique ; répertoire moderne des mots par les idées,
des idées par les mots*. Paris, 1936. VIII-592 p.

ROBERT (P.). *Dictionnaire alphabétique et analogique de la langue française*. Paris,
1966-1970, 6 vol. + 1 suppl. (Éd. abrégée en 1 vol. « *Petit Robert* ». Paris, 1968).

CRIQUI (F.). *Mots et concepts ; lexique permanent*. Strasbourg, 1967-1968. 4 fasc. de
28 ff. mobiles non numérotés.

DELAS (D.) et DELAS-DEMON (D.). *Nouveau dictionnaire analogique*. Paris, 1971.
XXIV-609 p.

b) étrangers

ROGET (P. M.). *Thesaurus of English words and phrases classified and arranged so
as to facilitate the expression of ideas and assist in literary composition*. 2e éd.
London, 1853. In-8°, XL-436 p. (nombreuses rééditions revues et augmentées).

SCHLESSING. *Deutscher Wortschatz oder der passende Ausdruck ; praktisches Hilfs
und Nachschlagebuch in alten Verlegenheiten der schriftlichen und mündlichen
Darstellung.. mit einem den Gebrauch ungemein erleichternden Hilfswörterbuch.*
Stuttgart, 1881. In-8°, XXIV-434 p.

PREMOLI (P.). *Il tesoro della lingua italiana ; vocabolario nomenclatore illustrato.*
Milano, 1909-1912. 2 vol. in-8°.

DORNSEIFF (F.). *Der deutsche Wortschatz nach Sprachgruppen*. Berlin, 1934. (Rééd.
en 1943. In-8°, 7722 p.)

CASARES (J.). *Diccionario ideologico de la lengua española*. Barcelona, 1948. 2 vol.
in-8° ; LXXI-597 p. et 1224 p.

C. LE BEGRIFFSYSTEM ET LES TRAVAUX DE LEXICOLOGIE FRANÇAISE QUI S'Y RAT-TACHENT

HALLIG (R.) et WARTBURG (W. von). *Begriffsystem als Grundlage für die Lexicographie ; Versuch eines Ordnungsschemas. Système raisonné des concepts pour.
servir de base à la lexicographie — Essai d'un schéma de classement*, 2e éd.
recomposée et augmentée. Berlin, 1963. In-8°, 316 p. (1e éd. Berlin, 1952).

HEIDEL (G.). *La langue et le style de Philippe de Commynes*. Leipzig, Paris, 1934.
In-8°, VIII-182 p.

HEILEMANN (K.). *Der Wortschatz von Georges Chastellain nach seinen Chroniken.*
Leipzig, 1937. In-8°, 379 p.

KELLER (H. E.). *Étude descriptive sur le vocabulaire de Wace*. Berlin, 1953.

SCHWAKE (H. P.). *Der Wortschatz des Cliges von Chrestien de Troyes in begrifflicher
Anordnung nach dem Begriffsystem*. Freiburg, 1965. XXIV-189 p.

VERDELHAN (R.). *Lexique courtois du Bel Inconnu*. Aix, 1956. In-4°, 207 p. (1re partie : vocabulaire concret ; 2e partie : vocabulaire abstrait).

D. AUTRES TRAVAUX

ROQUES (M.). dans plusieurs de ses éditions pour la collection des Classiques Français
du Moyen-Age (Paris, Champion) a publié des *Index des mots relatifs à la
civilisation et aux mœurs*. C'est le cas pour :

Le Roman de Renart, I, pp. 176-186 ; II, pp. 113-125 ; III, pp. 183-199 ;
IV, pp. 168-181 ; V, pp. 122-132.
Jean Maillart, *Le Roman du comte d'Anjou*, pp. 295-301.
Chrestien de Troyes :
Erec et Enide, pp. 264-282.
Cligès, pp. 241-254.
Le Chevalier au lion (Yvain), pp. 231-264.
MORLET (M. T.). *Le vocabulaire de la Champagne septentrionale au Moyen-Age.*
Essai d'inventaire méthodique. Paris, 1969. In-8°, 429 p.

VII. ÉTUDES A CONSULTER POUR UNE HISTOIRE DU VOCABULAIRE PSY-CHOLOGIQUE EN FRANÇAIS.

A. ÉTUDES D'ENSEMBLES

APOSTEL (L.). *Le champ sémantique de l'incertitude*, in *La philosophie analytique*,
pp. 188-229.
BAR (F.). *Le genre burlesque en France au XVIIe s., étude de style.* Paris, 1960.
In-8°, XXXIII-444 p.
BECHTOLDT (H.). *Der französische Wortschatz im Sinnbezirk des Verstandes ; die
geistliche und lehrhafte Literatur von ihren Anfängen bis zum Ende des 12
Jahrhunderts*, in *Rom F*, XLIX, 1935, pp. 21-180.
BERGH (L.). *Moyens d'exprimer en français l'idée de direction. Étude fondée sur
une comparaison avec les langues germaniques, en particulier le suédois.*
Göteborg, 1948. 175 p.
BERLIN (M. I.). *Recherches sur l'évolution et la concurrence entre les verbes exprimant
l'idée de penser, du XIe au dVIe s.*, in Učenye Zapiski (Leningradskij gosu-
darstvennyj institut im A. I. Gercena) n° 127, 1958.
BRERETON (G. E.). *Titres et termes d'adresse dans le Ménagier de Paris*, in *Ro.*, 79,
1958, pp. 471-485.
BUTRICK (M. W.). *The concept of love in the Maximes de La Rochefoucauld*, in *DA*,
XX, n° 10, 1960.
BURGESS (G. S.). *Contribution à l'étude du vocabulaire pré-courtois.* Genève, 1970.
In-8°, 187 p.
CHATTON (R.). *Zur Geschichte der romanischen Verben für « sprechen », « sagen »
und « reden ».* Bern, 1953. In-8°, XVI-156 p.
DAGENS (J.). *Observations sur l'histoire du vocabulaire religieux aux XVIe et XVIIe s.*
in *Lexicologie et lexicographie...* (v. § III) pp. 195-197.
DELOFFRE (F.). *Marivaux et le marivaudage : une préciosité nouvelle ; Étude de langue
et de style.* Paris, 1955. In-8°, VI-603 p.
DEMBOWSKI (P. F.). *La chronique de Robert de Clari ; étude de la langue et du style.*
Toronto, 1963. (ch. III le vocabulaire).
Dictionnaire de spiritualité ascétique et mystique, doctrine et histoire, fondé par
M. VILLER, F. CAVALLERA, J. DE GUIBERT, continué par A. RAYEZ (S. J.)
et Ch. BAUMGARTNER (S. J.) assistés de Michel OLPHE-GAILLARD (S. J.).
1932 (fasc. 1) — 1969 (fasc. 46-47 = Hoehn-Hypocrisie).
DUCHACEK (O.). *Le champ conceptuel de la beauté en français moderne.* Prague,
1960. In-8°, 213 p.
Les expressions de beauté provenant de la sphère du surnaturel, in *St n ph*,
33, 1961.
ÉDOUARD (R.). *Dictionnaire des injures.* Paris, 1970. Gr. in-8°, 613 p.
ESPE (H.). *Die Interjectionen im Altfranzösischen.* Berlin, 1908. In-8°, 84 p.
FIALOVA (M.). *Sur le problème des champs conceptuels antonymes (domaine esthétique
dans le Roman de la Rose)*, in *SbPFFBU (A)*, T. 19, n° 18, 1970, pp. 75-86.

Les expressions de la laideur dans le roman de la Rose, in *Études Romanes de Brno*, T. 5, 1971, pp. 63-68.

GLASSER (R.). *Studien über die Bildung einer moralischen Phraseologie im Romanischen*. Frankfurt, 1956. In-4⁰, 172 p.

GLATIGNY (M.). *Le champ sémantique des parties du corps dans la poésie amoureuse de 1550*, in *FM*, T. 37, n⁰ 1, 1969, pp. 7-34.

GOMMERS (A.). *Nature, instinct, esprit, volonté, raison, sentiment, cœur dans l'œuvre de Pascal. Examen lexicologique de quelques-uns des principaux termes et concepts pascaliens, limité à quelques mots des plus courants, avec verbes et adjectifs s'y rapportant*. Paris, 1950. 236 ff. (thèse d'université dactylographiée).

GOUGENHEIM (G.). *Les mots français dans l'histoire et dans la vie*. Paris, 1966. 2 vol. in-12⁰. (Vol. I, 331 p. ch. III : *l'homme* ; ch. IV « *Les activités humaines* ; ch. VI : « *ouir* » *et* « *entendre* ». Vol. II, 263 p. ch. I : *l'homme, sentiments, sensations et actions*).

GUIRAUD (P.). *Le champ étymologique de la beauté en français populaire*, in *BSLP*, T. 66, n⁰ 1, 1971, pp. 303-312.

HATZFELD (H.). *Linguistic Investigation of Old French High Spirituality*, in *PMLA*, LXI, 1946, pp. 331-378.

HEINEMANN (S.). *Das Abstraktum in der französischen Literatur Sprache des Mittelalters*. Berne, 1963.

HOLYOAKE (S. J.). *Montaigne and the concept of « bien né »*, in *BHR*, T. 30, 1968, pp. 483-498.

IMBS (P.). *Prolégomènes à une étude de l'expression de la vitesse en ancien français*, in *RLR*, T. 34, 1970, pp. 151-166.

ISHAK (R.). *Le vocabulaire psychologique de Eugène Fromentin dans Dominique*. Paris, 1951. (thèse d'université dactylographiée.)

JÄGER (H.). *Der Sinnbezirk der Fortbewegung, Untersucht am Wortschatz des Chretien de Troyes ; Studie über ein verbales Begriffsfeld*. Erlangen, 1960, XII-334 p.

KAMERBEEK (J. J.). *« La dignité humaine » ; esquisse d'une terminographie*, in *Neoph.*, 41, 1957, pp. 241-251.

KELLER (J. R.). *The topoi of Virtue and Vice : a study of some features of social complaint in the Middle Ages*, in *DA*, 19, 1958, pp. 319-320.

KRINGS (H.). *Die Geschichte des Wortschatzes der Höflichkeit im Französischen*. Bonn, 1961.

LALANDE (A.). *Vocabulaire technique et critique de la philosophie* 10ᵉ éd. Paris, 1968. In-8⁰, 1323 p. (1ᵉ éd. en fasc. dans le *Bulletin de la Société française de philosophie*.)

LATHUILLÈRE (R.). *La préciosité ; étude historique et linguistique*. T. I. Genève, 1966.

LAVIS (G.). *L'expression de l'affectivité dans la poésie lyrique française du Moyen-Age (XIIᵉ-XIIIᵉ s.). Étude sémantique et stylistique du réseau lexical joie-dolor*. Paris, les Belles lettres, 1972, 630 p.

LAZAR (M.). *Amour courtois et fin'amors dans la littérature du XIIᵉ s*. Paris, 1964. 300 p.

LE HIR (Y.). *L'expression du sentiment amoureux dans l'œuvre d'André Chénier*, in *LR*, IX, 1955, pp. 177-204.
L'expression du sentiment amoureux dans l'œuvre poétique d'Alfred de Musset, in *FM*, XXIII, 1955, pp. 265-279.

LERAT (P.). *Le champ linguistique des verbes savoir et connaître. Problèmes de méthode dans l'apprentissage du vocabulaire*, in *Cah Lex*, 1972, n⁰ 20, pp. 53-63.

LEVY (R.). *Remarques lexicographiques sur les chansons de Colin Muset*, in *Rom R*, T. 59, n⁰ 4, 1968, pp. 241-248.

L'HEUREUX (M. A. G.). *The mystical vocabulay of Venerable Mère Marie de l'Incarnation*. Washington, 1956. XI-193 p.

MATORÉ (G.)
A propos du vocabulaire des couleurs, in *Ann. Univ. Paris*, T. 28, 1958, pp. 137-150.
Le vocabulaire contemporain et l'espace, in *RSHum*, T. 97, 1961, pp. 105-124.

L'espace humain ; l'expression de l'espace dans la vie, la pensée et l'art contemporains. Paris, 1962. In-8°, 299 p. ; index.

MAIERHOFER (I.). *Das altfranzösische Adjektiv im Sinnbezirk des Denkens und Fühlens*. München, Fotodruck Mikrokopie, 1957, In-8°, 199 p.

MAYER (G.). *La qualification affective dans les romans d'Honoré de Balzac*. Paris, 1940. Gr. in-8°, XV-406 p.

MÉNARD (P.). *Le rire et le sourire dans le roman courtois en France au Moyen-Age 1150-1250*. Genève, 1969. Gr. in-8°, 805 p.

MESSELAER (P.). *Le vocabulaire des Idées dans le « Trésor » de Brunet Latin*. S. l. n. d. 412 p. (Thèse Amsterdam 1963).

MILLEPIERRES (F.). *Les bruits et leur expression*, in *Vie Lang*, n° 206, 1969, pp. 250-254.

MINKOWSKI (E.). *La vie des valeurs et des vertus vue à travers le langage*, in *RP*, 1958, pp. 152-173.

MOUZAT (J.). *La langue de l'amour courtois chez le troubadour Arnaud de Tintinhac*, in *Mélanges I. Frank*, Sarrebruck, 1957, pp. 480-486.

NORWOOD (F.). *Aperçu sur le vocabulaire de la beauté dans Erec et Enide*, in *BJR*, 1961, pp. 26-30.

OSTRA (R.). *Le champ conceptuel du travail en ancien français*, in *Études Romanes de Brno*, T. 5, 1971, pp. 19-44.

PARÉ (G.). *Le roman de la Rose et la scolastique courtoise*. Paris, Ottawa, 1941 In-8°, 213 p.

PAYEN (J. C.). *Le motif du repentir dans la littérature française médiévale (des origines à 1230)*. Genève, 1868. In-8°, 650 p.

PICOCHE (J.). *Le vocabulaire du mariage dans Tartuffe*, in *Cah Lex*, VII, n° 2, 1965, pp. 43-49.

PORTEAU (P.). *L'expression du haut degré en français moderne, Deux études de sémantique française*. Paris, 1961. In-8°, 91 p.

PROSCHWITZ (G. von). *Introduction à l'étude du vocabulaire de Beaumarchais*. Stockholm, 1956. In-8°, XX-387 p.

QUÉMADA (B.). *Le « commerce amoureux » dans les romans mondains (1640-1700) ; étude du vocabulaire de la galanterie au XVIIᵉ s*. Paris, 1949. 355 ff. (Thèse d'université dactylographiée et microfilmée.)

RAYNAUD DE LAGE (G.). *Injures et reproches chez Chrétien de Troyes*, in *Mélanges R. Crozet*, Poitiers, 1966, pp. 869-872.

RENSON (J.). *Les dénominations du visage en français et dans les autres langues romanes ; étude sémantique et onomasiologique*. Paris, 1962. 2 vol. in-8°, 738 p.

RICKEN (U.). *« Gelehrter » und « Wissenschaft » im Französischen. Beiträge zu ihrer Bezeichnungsgeschichte vom 12-17 Jahrhundert*. Berlin, 1961. In-8°, 323 p.

ROSTAING (Ch.). *Le vocabulaire courtois dans la deuxième partie de la Chanson de la Croisade des Albigeois*, in *Mélanges A. Henry*, in *TLL*, T. 8, n° 1, 1970, pp. 249-263.

SCHMIDT (J.). *La Rochefoucauld's Glossar*, in *ZFSL*, T. 70, 1960, pp. 209-212.

SCKOMMODEAU (H.). *Der französische psychologische Wortschatz der 2. Hälfte des XVIIIᵉ Jahrhunderts*. Leipzig, Paris, 1933. In-8°, 95 p.
Zur Geschichte des Begriffs « le bon sens », in *Serta Romanica. Mélanges Rohlfs*, Tübingen, 1968, pp. 73-87.

SHORT (J. P.). *The concept of « fate » in the tragedies of Racine*, in *Mélanges H. W. Lawton*, Manchester, 1968, pp. 315-329.

SCHLEYER (J. D.). *Der Wortschatz von List und Betrug im Altfranzösischen und Altprovenzalischen*. Bonn, 1961. In-8°, 265 p.

SCHOLLER (H.). *Studien im semantischen Bereich des Schmerzes. Darstellungen der semantischen Situation altfranzosischer Wörter für « Schmerz » (doeul, meschief, tourment, desconfort) im Roman de Renart le Contrefait*. Genève, Paris, 1959. XXXVI-245 p.

SLATKA (D.). *L'acte de « demander » dans les Cahiers de doléances*, in *Langue française*, n° 9, 1971, pp. 58-73.

SNEYDERS de VOGEL (K.). *Mots d'identité et d'égalité dans les langues romanes.*
　　Groningue, 1947. In-8º, 144 p.
SÖDERGÅRD (Ö.). *Étude sur le vocabulaire de « Capitale de la douleur » de P. Eluard,*
　　in *St n ph,* 32, 1960, pp. 106-116.
STEFENELLI (A.). *Der synonymenreichtum der altfranzösischen Dichtersprache.*
　　Wien, 1967, 327 p.
STIMM (H.). *Die Romanischen Wörter für « frei ». Zu ihrer Herkunft und Bedeutungsges-*
　　chichte. Saarbruck, 1967. 43 p.
STRACK (I.). *Le concept de la « gratitude » et ses principales réalisations linguistiques*
　　en français, in *BJR,* 15, 1968, pp. 36-43.
SUTHERLAND (D. R.). *The love meditation in courtly literature (a study of the termino-*
　　logy and its development in old Provençal and old French), in *Mélanges Ewert,*
　　pp. 165-193.
TEPPE (J.). *Vocabulaire de la vie amoureuse.* Paris, éd. du Pavillon, 1973, 223 p.
TINSLEY (L.). *The french expressions for spirituality and devotion. A semantic study*
　　Washington, 1953. In-8º, XXVII-302 p.
TÔLLE (K.). *Das Betheuern und Beschwören in der altromanischen Poesie.* Erlangen,
　　1883. In-8º, 62 p.
VARDAR (B.). *Étude lexicologique d'un champ notionnel (le champ notionnel de la*
　　liberté en France de 1627 à 1642). Istanbul, 1969. In-12º, 186 p.
VRBKOVÁ (V.). *La méthode dans l'étude du champ conceptuel de l'amour.* in *Sb PFFBU*
　　(A), T. 20, (A 19), 1971, pp. 21-29.
WANDRUSZKA (M.). *Haltung und Gebärde der Romanen,* in *Beih Z rom Ph,* nº 96,
　　1954.
　　Geist der französische Sprache. Hambourg, 1959.
YEDLICKA (L. Ch.). *Expressions of the linguistic area of repentance and remorse in*
　　Old French. Washington, 1945. In-8º, XX-439 p.
ZINDEL (R.). *Des abstraits en français et de leur pluralisation, une contribution à l'étude*
　　des mécanismes de pensée. Berne, 1958. In-4º, 166 p.
ZUMTHOR (P.). *Note sur les champs sémantiques dans le vocabulaire des idées,* in
　　Neoph, 39, 1955, pp. 175-183 et 241-249.
　　Pour une histoire du vocabulaire français des idées, in *Z rom Ph,* 72, 1956, pp.
　　340-362.
ZWEIFEL (J.). *Der Wortschatz der religiösen Polemik in französischen Sprache um*
　　1600. Wien, 1963.

B. ÉTUDES DE MOTS ISOLÉS (par ordre alphabétique de ces mots) :

ABÊTIR : Bart (B. F.), in *Rom Ph.,* T. 9, 1955, pp. 1-6.
　　Foster (B.), in *FS,* T. 17, 1963, pp. 1-13.
　　Haig (S.), *ibid.,* T. 18, 1964, pp. 29-32.
　　Moles (E.), *ibid.,* T. 19, 1965, pp. 372-384.
ABUS : Maurer (K.), in *Ro Jahrb,* T. 8, 1957, pp. 30-32.
ACCORDER : Schöne (M.), in *Mélanges A. Dauzat,* 1951, pp. 279-283.
　　Ernout (A.), in *RPLHA,* T. 78, 1952, pp. 157-161.
ACROIRE : Tilander (G.), in *Ro,* T. 83, 1962, pp. 526-531.
ADURÉ : Lejeune (R.), in *MA,* T. 60, 1954, pp. 311-334.
ADURET : Hatcher (A. G.), in *Rom R,* T. 40, 1940, pp. 241-249.
AGUICHER : Straka (G.), in *Mélanges A. Dauzat,* 1951, pp. 323-338.
AIMER : Orr (J.), in *Mélanges M. Roques,* 1950, I, pp. 217-227, repris dans *Words*
　　and sounds, pp. 141-153. (v. § IV).
　　McMillan (D.), in *TLL,* 1971, pp. 209-228.
AISE : Orr (J.). *Essais d'étymologie et de philosophie françaises.* 1963, pp. 31-33.
ALLER : Yvon (H.), in *FM,* T. 17, 1949, pp. 17-23 (synonymie avec *être*).
ALOSÉ v. ADURÉ.

AMOUR PROPRE : Fuchs (H.-J.). *Der Amour-propre, La Rochefoucauld und die Affektenlehre. Kritische Bemerkungen zu Liane Ansmann, La Rochefoucauld und die Tradition der Affektenlehre*, in GRM, T. 22, n° 1, 1972, pp. 94-99.
ARGUER : Väänänen (V.), in NM, T. 37, 1946, pp. 97-104.
AUTHENTIQUE : Raibaud (G.), in RU, T. 47, n° 8, 1938, pp. 243-6.
    Wandruszka (M.), in ZFSL, T. 66, 1956, pp. 68-80.
    Schalk (F.), in Rom F, T. 71, 1959, pp. 174-179.
AVENTURE : Podgurski (J. C.), in Z rom Ph, T. 79, 1963, 528-9 (dans *les Quinze Joyes de Mariage*).
AVOUER : Bloch (O.), in RLR, T. 11, 1935, pp. 321-23.
BEAU (AVOIR) : Orr (J.), in RLR, T. 21, 1957, pp. 197-208.
BERNER : Lindfors-Nordin (E. G.) et Gamillscheg (E.). *Berne, Berner expressions rabelaisiennes, étude historique et étymologique suivie d'un commentaire.* Stockholm, 1948. In-8°, 30 p.
    Orr (J.), in Ar Ling, T. 9, 1957, pp. 33-37.
    Bourciez (J.), in Revue des langues romanes, T. 70, 1948, p. 88.
    Griffin (D.), in Rom Ph, IV, 1951, pp. 267-274.
    Wartburg (W. von), in Z rom Ph, T. 68, 1952, pp. 187-213.
    Brault (G. J.), in Rom Ph, T. 13, 1959, pp. 232-234.
BERNIQUE : Orr (J.), in Ar Ling, T. 9, 1957, pp. 37-40.
BOUGRE : Lausberg (H.), in Rom F, T. 60, 1947, p. 805.
    Orr (J.), in Rom Ph, T. 1, 1947, pp. 71-74.
    Id., in Ar Ling, I, 1949, pp. 52-54. repris dans Words and Sounds, pp. 191-193. (v. § IV).
CHALOIR : Christmann (H. H.). *Lateinisch « calere » in den romanischen Sprachen mit besonderer Berücksichtigung des Französisches.* Wiesbaden, 1958. In-4°, VIII-147 p.
CHARABIA : Dauzat (A.), in *Études de linguistique française*, 1945, p. 232.
    Elwert (W. Th.), in RLR, T. 23, 1959, pp. 77-79.
CHARIVARI : Kahane (H. et R.), in JQR, T. 52, 1962, pp. 289-296.
CHARLATAN : Menges (K.), Rom Ph, II, 1949, pp. 249-231.
    Malkiel (Y.), *ibid.*, pp. 317-326.
    Nykle (A.), in MLN, T. 65, 1950, pp. 518-521.
    Kahane (H. et R.), in Rom Ph, T. 5, 1951, pp. 174-180.
    Migliorini (B.), in Rom Ph, T. 7, 1953, pp. 60-64.
    Id., in *Saggi Linguistici*, 1956, pp. 272-277.
    Malkiel (Y.), in Rom Ph, T. 11, 1957, p. 39.
CHENAPAN : Maquet (A.), in St fr, T. 4, 1958, pp. 89-92.
CHERCHER : Tilander (G.), in *Nouveaux mélanges d'étymologie cynégétique*, Lund, 1961, pp. 262-280.
    Id., in AFA, T. 12, 1962, pp. 25-55.
CHEVALERESQUE : Wagner (R. L.), in BARL, T. 42, 1964, pp. 209-236.
CIVILISATION : Gloker (N.). *Die Entwicklung von « civilisation » und « culture » in Frankreich seit 193¹*, in *Europäische Schlüsselwörter Colloquium* (Bonn), Bd III : *Kultur und Zivilisation*, München, 1967, pp. 31-97.
    v. Benveniste § V.
CŒUR : Foulet (L.), in MLN, 1921, pp. 582-584 (« par cœur »).
    Moles (E.), in MLN, T. 84, 1969, pp. 548-564 (chez Pascal).
COINTE : Groth (P. M.), Jf Ph, T. 3, 1927-28, pp. 298-320 et 370-383.
CONGÉ : Schutz (A.), in MLN, 69, 1954, p. 180.
    Robertson (D. W.), *ibid.*, T. 70, 1955, p. 415.
CONJOINTURE : Nitze (W. A.), in MLN, T. 69, 1954, pp. 18-181.
    v. SENS.
CONREER : McMillan (D.), in *Mélanges J. Orr*, 1953, pp. 177-187.
CONSCIENCE : Lindemann (R.), in BRP, T. 8, 1938.
CONTRADICTION : Laplatte, in FM, T. 15, 1947, p. 171.
CORPS, CORS : Hatcher (A. G.), *Mélanges S. Singer*, 1941, pp. 63-88.

Stefanini (J.). *La voix pronominale en ancien et moyen français.* Aix, 1962. pp. 331-351.

Susskind (N.), in *FR*, T. 37, 1964, p. 652.

COSTUME, COUTUME : Koehler (E.), in *Ro*, T. 81, 1960, pp. 336-397 (chez Chrétien de Troyes).

COURTOIS, -IE : Gorcy (G.), in *BJR*, T. 4, 1961, pp. 15-25.

Kleinstück (J.), in *Saec*, T. 3, 1952, pp. 681-684.

CUIDIER : Lebègue (R.), in *CAEF*, T. 14, 1962, pp. 275-284.

CULTURE v. CIVILISATION.

DANGER : Krüger (H.). *Zur Geschichte von « danger » im Französischen.* Berlin, 1967. In-8°, 181 p.

DERVER, DESVER : Jud (J.), in *Ro*, T. 62, 1936, pp. 145-157.

Alessio (G.), in *RLR*, T. 17, 1950, p. 174.

DÉTESTER : Mettman (W.), in *R Jahrb*, T. 10, 1959, p. 109.

DILETTANTE, -ISME : Antoine (G.), in Mélanges Ch. Bruneau, 1954, pp. 161-176.

DIRE : Gougenheim (G.), in *FM*, T. 15, 1947, pp. 242-248.

DISCRÉDIT : Barbier (P.), in *Proc Leeds Phil Lit Soc*, V, 1939, pp. 67-70.

DISTRAIT : Lerch (E.), in *RLR*, T. 12, 1937, pp. 270-283.

DRÔLE : Nicholson (G. G.), in *Z rom Ph*, LVI, 1936, pp. 646-655.

DUEIL, DUEL : Slettengren (E.), in *St n ph*, T. 14, 1941, pp. 369-385.

ÉCRIER (S') : Hatcher (A. G.), in *MLN*, T. 55, 1940, pp. 323-332.

Roques (M.), in *Ro*, T. 67, 1943, p. 423.

EMPEDEMENTZ : Hatcher (A. G.), in *Rom R*, T. 40, 1949, pp. 243-247.

ENCHEOIR : McMillan, in *Mélanges M. Roques*, Paris, 1952-1953, T. III, pp. 139-143.

ENNUI : Linnemann (P.). *Zur Bedeutungsgeschichte : « Inodium ».* Berlin, 1943.

Fales (A. B.), in *CN*, XII, 1952, pp. 225-238.

Sagnes (G.). *L'ennui dans la littérature française de Flaubert à Laforgue.* Paris, 1969. In-8°, 515 p.

ENTENCION : Lyons (F.), in *SP*, T. 51, 1954, pp. 425-430 (chez Chrétien de Troyes).

ENTHOUSIASME : Krauss (W.). *Über franz. enthousiasme.* in *Mélanges Meir (Harri).* München, Fink, 1971, pp. 259-275.

ESMER : Orr (J.), in *Mélanges M. Roques*, I, 1950, pp. 217-227, repris dans *Words and Sounds*, pp. 141-153, (v. § IV).

Robson (C. A.), in *FS*, T. 8, 1954, p. 57.

Griffin (D.), in *L.* T. 31, 1955, p. 466.

McMillan (D.), in *TLL*, T. 9, n° 1, 1971, pp. 209-228.

ESPÉRANCE : Gossen (C.), in *Z rom Ph*, T. 71, 1955, pp. 337-364.

ESPRIT : Barbier (P.), in *Proc Leeds Phil Lit Soc*, IV, 1936, p. 93.

Cabeen (D.), in *PMLA*, T. 54, 1939, pp. 439-453.

Bruneau (Ch.). *Études romanes dédiées à M. Roques.* Paris, 1946, pp. 169-180 (classement historique des sens).

Wechssler (E.). *« Esprit » und « Geist » ; Versuch einer Wesenskunde des Deutschen und Franzosen.* Leipzig, 1927. In-8°, XII-604 p.

FALLOIR : Fox (J.), in *FS*, III, 1949, pp. 137-148.

Williams (H. F.), in *PQ*, T. 26, 1957, pp. 85-90.

Baarslag (A. F.), in *RLV*, T. 31, 1965, pp. 149-157.

FELON : Dessan (A.), in *CCM*, T. 3, 1960, pp. 23-6.

Weinrich (H.), in *Mélanges H. Reinfelder*, Munich, 1963, pp. 389-396.

FESSE-MATHIEU : Lindfors-Nordin (E. G.), in *ZFSL*, T. 63, 1939, pp. 71-74.

Wartburg (W. von), in *Z rom Ph*, T. 62, 1942, p. 218.

FIERTÉ v. ORGUEIL.

FORTUNE : Tallgren (O. J.), in *NM*, 1921, pp. 53-58 (« tempête »).

Patch (H. R.). *The tradition of the goddess Fortuna in Roman literature and in the transitional period. The tradition of the goddess Fortuna in mediaeval philosophy and literature.* Northampton (Mass.), 1922. pp. 131-177 ; 179-235. (Smith College Studies). Paris, Champion, 1922.

Id. *Fortuna in old french literature*. Northampton (Mass.). Paris, 1923. In-8°, 45 p.

Id. *The goddess Fortuna in mediaeval literature*. Cambridge (Mass.), 1927. In-8°, XII-215 p., fig. et pl.

Page (D.). *Étude sémantique du mot « fortune »*. Paris, 1951. 322 ff. (thèse d'université dactylographiée).

Logre (R.), in *Vie Lang*, n° 68, nov. 1957, pp. 495-499.

Ferrier (J. M.), in *Mélanges E. Vinaver*, Manchester, 1965, pp. 124-135 (chez Alain Chartier).

FOUTRE : Orr (J.), in *Words and Sounds*, pp. 161-193. (v. § IV).

FREDAINE : Spitzer (L.), *Z rom Ph*, T. 56, 1936, pp. 72-77.

FRÉNÉSIE : Schalk (F.), in *Rom F*, T. 65, 1953, pp. 19-37.

FRESEL : Henry (A.), in *Mélanges E. Gamillscheg*, München, 1968, pp. 259-264.

GAB. GABER : Kraemer (E. von), in *Mélanges T. Nurmela* Turku, 1967, pp. 73-90.

GALANT : Thureau (E.), in *Frankfürter Forschungen für romanische Philologie*, XII, 1936.

Rheinfelder (H.), *Z rom Ph*, T. 68, 1938, pp. 408-410.

GALIMATIAS : Kahane (H. et R.), in *HTR*, T. 57, 1964, pp. 35-58.

GARDE (N'AVOIR) : Bräumer (W.), in *BJR*, 1965, pp. 21-29. (v. Foulet (L.) § I. D. a).

GÉNÉROSITÉ : Sekvent (K.), in *Études romanes de Brno*, 1971, pp. 51-62.

GÉNIE : Sommer (H.) et Zumthor (P.), in *Z rom Ph*, T. 66, 1950, ff. 170-201 (extraits d'une thèse inédite de H. Sommer, Marburg, 1943).

Matoré (G.) et Greimas (A. J.), in *FM*, T. 25, 1957, pp. 256-272.

Besser (G. R.). *Balzac's concept of genius. The theme of superiority in the Comédie Humaine*. Genève, Paris, 1969. 286 p.

GLOIRE : Barber (W.), *MLR*, T. 36, 1951, pp. 368-378.

Gougenheim (G.), *Ann Univ Paris*, 1959, pp. 8-10.

Lida de Malkiel (M.-R.). *L'idée de la gloire dans la tradition occidentale. Antiquité, Moyen Age occidental, Castille*. Trad. fr. par Sylvia Roubaud, postface par Yakov Malkiel, Paris, Klincksieck, 1968, VIII-310 p.

Joukovsky (F.). *La Gloire dans la poésie française et néo-latine du XVIe s.* (des rhétoriqueurs à Aggrippa d'Aubigné). Genève, Paris, 1969. 637 p.

HASARD : Knudson (C.), in *Ro*, T. 63, 1937, pp. 250-253.

HONNÊTETÉ : Saisselin (R. G.). *L'évolution du concept de l'honnêteté de 1660 à 1789* [Thèse. Wisconsin. 1957.], in *DA*, T. 10, 1957.

HONNEUR : Serrano Martinez (E. L.). *« Honneur » y « honor » : su significacion a través de las literaturas francesa y española*. Murcia, 1956, 327 p.

IDÉE : Meschonnic (H.). *Essai sur le champ lexical du mot « idée »*, in *Cah Lex*, V, n° 2, 1964, pp. 57-68.

ILLUSION : Koch (P.), in *Symp*, T. 14, 1960, pp. 85-99 (chez Corneille).

IMAGINER : Foulet (L.), in *Ro*, T. 63, 1937, p. 245 (et v. § I D a).

INDIVIDUALISME : Schalk (F.), in *Rom F*, T. 65, 1954, pp. 416-418.

INTELLECTUEL : Idt (G.), in *Cah Lex*, n° 15, 1969, pp. 35-46 (avant l'affaire Dreyfus).

INTELLIGENCE : Foerstner (S.). *« Intelligence » ; Untersuchungen über ein europäisches Wort im französischen Wortschatz*. Tübingen, 1965. IV-178 p.

INTERCÉDER : Barbier (P.), in *Rom Ph*, T. 1948, pp. 291-295.

INTERLOCUTEUR : Niedermann (M.), in *Vox Rom*, T. 13, 1953, pp. 16-23.

Spitzer (L.), in *FM*, XXII, 1954, pp. 89-95, 257.

JALOUX, -OUSIE : Köhler (E.), in *Mélanges J. Frappier*, Paris, I, 1970 p. 543.

Spitzer (L.), in *Ro*, T. 64, 1938, pp. 256-261.

Guerlin de Guer (Ch.), in *FM*, T. 7, 1939, pp. 272-75.

JE NE SAIS QUOI : Guellouz (S.). *Le P. Bouhours et le Je ne sais quoi*, in *Ann Ec Soc Civ*, T. 7, n° 2, 1971, pp. 3-14.

JUGEMENT : La Charité (R. C.). *The concept of judgement in Montaigne*. La Haye, 1968, X-149 p.

JUSTE : Barbier (P.), in *Proc Leeds Phil Lit Soc*, T. 4, 1936, pp. 196-8.

LAIT, LAIDEMENT : Nilsson-Ehle (H.), in *Rom Ph*, VIII, 1954, pp. 79-90.

LANGUE, LANGAGE : Koll (H. G.). *Die Französische Wörter « langue » und « langage »*
    im Mittelalter. Genève, Paris, 1958. In-4°, 191 p.
    Spitzer (L.), in *MLN*, T. 53, 1938, p. 20.
    Lévy (R.), *ibid.*, T. 62, 1947, pp. 125-127.
    Spence (N. C. W.), in *Neoph*, T. 46, 1962, pp. 197-200.
    Geschiere (L.), *ibid.*, pp. 201-210.
MACHINER : Foulet (L.), in *Ro*, T. 63, 1937, p. 245.
MALIN (FAIRE LE) : Väänänen (V.), in *RLR*, T. 31, 1967, pp. 341-364.
MARIOL : Dauzat (A.), in *FM*, T. 15, n° 62, 1947, p. 305.
    Françon (M.), *ibid.*, T. 18, 1950, pp. 264-266.
    Esnault (G.), *ibid.*, T. 23, 1955, pp. 49-52.
MAROUFLE : Guiraud (P.), in *BSLP*, T. 52, 1956, pp. 269-274.
MAUVAIS : Bambeck (M.), in *Lateinisch-romanische Wortstudien I*, Wiesbaden, 1959,
    p. 95.
    Baldinger (K.), in *Rom F*, T. 72, 1960, pp. 89-90.
MÉLANCOLIE : Schalk (F.), in *ZFSL*, T. 66, 1956, pp. 88-107.
    Heger (H.). *Die Melancholie bei den französischen Lyrikern des Spätmittelal-*
    ters. Bonn, 1967, 277 p.
MÊLER (SE - DE) : Väänänen (V.), in *R Jahrb*, T. 9, 1958, pp. 113-125.
MENSONGE : Jud (J.), in *Vox Rom*, T. 11, 1950, pp. 101-124.
    Malkiel (Y.), in *Rom Ph*, T. 6, 1952, pp. 121-172.
    Orr (J.), in *RLR*, T. 19, 1955, pp. 206-209.
MENTALITÉ : Schalk (F.), in *Rom F*, T. 60, 1947, pp. 546-550.
    Kuhn (A.) et Richtofen (E. von), in *Z rom Ph*, T. 70, 1954, p. 402.
MERVEILLE : Tilander (G.), in *Ro*, T. 84, 1963, pp. 544-549.
MESFAIRE : Henry (A.), in *Ro*, T. 75, 1954, p. 389.
MESQUIN : Speiser (E.). in *L*, T. 11, 1935, pp. 20-22.
MESTIER : Levy (R.), in *PQ*, T. 27, 1948, pp. 372-6.
MOCHE : Spitzer (L.), in *Rom R*, T. 34, 1943, pp. 150-153.
MOQUER : Orr (J.). in *Ar Ling*, T. 9, 1957, pp. 31-33.
MORAL : Gester (F. W.), in *Pilot Studies* T. 3, pp. 1-24.
MORFONDU : Orr (J.), in *Mélanges A. Dauzat*, 1951, p. 255, repris dans *Words and*
    Sounds, p. 223. (v. § IV).
MORGUE : Mativa (R. P.), in *RBPhH*, T. 16, 1937, p. 936.
MOROSITÉ : Teppe (J.) *Vie Lang.* 1971, n° 234, pp. 516-518.
NATURE : Ehrard (J.). *L'idée de « nature » en France dans la première moitié du*
    XVIIIe s. Paris, 1963. 2 vol. in-8°, 861 p.
    Gritti (J.). *La notion de « nature » chez Bonald*, in *Cah Lex*, n° 14, 1969,
    pp. 26-32.
NIAIS : Barbier (P.), in *Proc Leeds Phil Lit Soc*, T. 6, 1947, pp. 429-31.
NIER : Barbier (P.), in *Proc Leeds Phil Lit Soc*, T. 6, 1947, pp. 429-33.
NOBLE : Gougenheim (G.), in *Rom Ph*, T. 3, 1950, pp. 270-271 repris dans *Études*
    de gr. et de voc. (v. § IV.)
NOBLESSE : Sekvent (K.), in *Études Romanes Brno*, T. 5, 1971, pp. 51-62.
NOISE : Spitzer (L.), in *Wo*, I, 1945, pp. 260-276.
NUANCE : Wandruszka (M.), in *Z rom Ph*, 1954, pp. 233-248.
    Bulatkin (E. W.), in *PMLA*, T. 70, 1955, pp. 244-273.
ORDONNANCE, -ER, -EMENT : Damourette (J.), in *FM*, T. 12, 1944, pp. 76-78.
    Barbier (P.), in *Rom Ph*, T. 4, 1951, pp. 258-260.
    (v. Foulet (L.), § I D a).
ORDRE : Waterston (A.). *Une étude sémantique du mot « ordre» et de quelques mots*
    de la même famille dans le français du Moyen-Age. Genève, 1965. In-8°, 121 p.
ORGUEIL : Gougenheim (G.), in *Mélanges J. Frappier*, 1970, p. 365.
OUBLIER (S') : Pelan (M.), in *R Jahrb*, X, 1959, pp. 59-77.
PARTI (PRENDRE) : Foulet (L.), in *Ro*, T. 69, 1946-7, pp. 145-173.
PASSER (S'EN) : Orr (J.), in *RLR*, T. 20, 1956, pp. 21-40.

PENSER : Sutherland (D. R.), in *Studies in Mediaeval French presented to A. Ewert*, Oxford, 1961, pp. 186-192.
    v. SONGER.
PERSONNE : Spitzer (L.), in *FM*, T. 6, 1938, pp. 51-55.
    Bayet (A.), in *J Psychol norm path*, T. 41, 1948, pp. 326-330.
PETIT : Spitzer (L.), in *FM*, T. 22, 1954, pp. 253-57.
    Hérisson (Ch. D.), in *FM*, T. 22, 1954, pp. 49-58 et 119-128 ; T. 24, 1956, pp. 35-47 et 113-123 ; T. 27, 1959, pp. 298-307, T. 28, 1960, pp. 25-36.
PIÉTÉ : Marchand (H.), in *AR*, XXIII, 1939, pp. 95-98.
    Wartburg (W. von), in *Z rom Ph*, T. 62, 1942, p. 152.
PIFRE : Brosman (P. W.), in *RN*, T. 3, 1961, pp. 67-72.
POESTÉ : Baldinger (K.), in *RLR*, T. 26, 1962, p. 322.
POMPETTE : Orr (J.), in *RLR*, T. 29, 1965, pp. 1-14.
PREUX, PROU, PRUD'HOMME : Wigand (R.), in *Marb Beitr rom Phil*, T. 24, 1938.
    Id. *Zur Bedeutungsgeschichte von « prud'homme »*. (Thèse. Strasbourg. 1939.)
    Lerch (E.), in *Rom F*, T. 55, 1941, pp. 222-7.
    Boysen (A. L.). *Über den Begriff « preu » im Französischen*. Münster, 1941.
    Pellegrini (S.), in *CN*, T. 5, 1945, pp. 166-170.   —
    Spitzer (L.), in *MLN*, T. 62, 1947, pp. 505-514.
    Crosland (J.), in *FS*, T. 1, 1947, pp. 149-156.
    Köhler (W.), in *Beih Z rom Ph*, 97, 1956, pp. 129-138.
PRISER : Lerch (E.), in *Rom F*, LV, 1941, pp. 57-82.
PSYCHOLOGIE : Barrell (R. A.), in *Ar Ling*, T. 11, 1956, pp. 53-57.
RACOINTIER : Henry (A.), in *Ro*, T. 85, 1964, pp. 530-533.
RAISON : Rougier (L.), in *Dialectica*, T. 11, 1957, pp. 306-326.
    Vernay (H.). *Les divers sens du mot « raison »* ; *autour de l'œuvre de Marguerite d'Angoulême, Reine de Navarre 1492-1549*. Heidelberg, 1962. In-8°, 184 p.
    Id., in *Z rom Ph*, T. 80, 1964, pp. 316-326.
    Flasche (H.), in *Z rom Ph*, T. 80, 1964, pp. 291-315.
    Badel (P.), in *Mélanges J. Frappier*, 1970, pp. 41-52.
    Frappier (J.). *Sur le mot « raison » dans le Tristan de Thomas d'Angleterre*, in *Mélanges Helmut A. Hatzfeld*, Washington, 1964, pp. 163-176.
RAPPELER (SE) : Baldinger (K.), in *Mélanges Grévisse*, pp. 21-37.
RÉALISER : Peruzzi (E.), in *Z rom Ph*, T. 69, 1953, pp. 203-235.
    Schalk (F.), in *Rom F*, T. 71, 1959, pp. 420-421.
RÉALISME : Borgerhoff (E. B.), in *PMLA*, T. 53, 1938, pp. 837-843.
    Forest (H. U.), *ibid.*, T. 56, 1941, p. 1101.
RECONUISANCE : Harris (J.), in *Rom Ph*, T. 10, 1956-7, pp. 168-173.
RÉFLEXE : Canguilhem (G.). *La formation du concept de réflexe aux XVIIe et XVIIIe siècles*. Paris, 1955. In-8°, 208 p.
REGARDER v. VOIR.
REGRETTER : Skårup (P.), in *St n ph*, T. 37, 1965, pp. 45-50.
RESPONSABILITÉ : Proschwitz (G. von), *ACILR*, T. X, pp. 385-397.
RESPONSABLE... ou non ? *Actual Terminol*, T. 6, 1973, n° 4, p. 1.
RÉUSSIR, -ITE : Souyris (P.), *FMT*, T. 27, 1959, pp. 204-214.
RÊVE : Faïk (Sully). *Rêve dans la langue littéraire contemporaine. Approche quantitative liminaire à une étude de l'onirisme bernanosien*. Préf. de Charles Muller. Gembloux, J. Duculot, 1974, 273 p.
SAGESSE : Schalk (F.), in *Rom F*, T. 65, 1954, pp. 241-255.
    Wilhelm (J.), in *Mélanges E. Gamillscheg*, 1952, pp. 245-260.
SALIGAUD : Michel (M.), in *Mélanges J. Haust*, 1939, pp. 281-288.
    Piron (M.), in *BCRTD*, T. 14, 1940, p. 391.
    Hubschmied (J.), in *Z rom Ph*, T. 65, 1949, p. 249.
    Barbier (P.), in *Rom Ph*, IV, 1951, p. 266.
SANCIER, ESSANCIER : Livingston (Ch. H.), in *MLN*, T. 70, 1955, pp. 280-282.
SAPIENCE v. SAGESSE.
SENEFIANCE : Guiette (R.), in *CAEF*, T. 6, 1954, pp. 104-122.

SÉMILLANT : Wartburg (W. von), in *Z rom Ph*, T. 77, 1961, pp. 437-443.
SENS : Kelly (F. D.), « *Sens* » *and* « *conjointure* » *in the* « *Chevalier de la Charette* ».
      La Haye, 1966. In-8°, VIII-252 p.
SENTIR : Lerch (E.), in *AR*, T. 25, 1941, pp. 303-346.
SITUATION : Lancaster (H. C.), in *MLN*, T. 59, 1944, pp. 392-5.
      Spitzer (L.), *ibid.*, T. 72, 1957, pp. 124-128.
SOIN : Frings (Th.), in *Omagiu L. I. Iordan*, 1958, pp. 296-301.
SOIGNER v. SONGER.
SONGE : Schalk (F.), « *Somnium* » *und verwandte Wörter in den romanischen Sprachen*.
      Köln, 1955. In-8°, 40 p.
SONGER : Orr (J.), in *RLR*, T. 26, 1962, pp. 395-402.
SOUVENIR (SE) v. RAPPELER.
SPÉCIAL : Foulet (L.), in *FM*, T. 13, 1945, pp. 139-141.
STRUCTURE : Bastide (R.). *Sens et usages du terme* « *structure* ». La Haye, 1962.
TÉMOIN : Spitzer (L.), in *AR*, T. 22, 1938, pp. 372-75.
      Wartburg (W. von), in *Z rom Ph*, T. 60, 1940, pp. 533.
      Lerch (E.), in *NM*, T. 45, 1944, pp. 49-65.
TENSER (SOI) : Browne (S. J.), in *Ro*, T. 83, 1962, pp. 105-108.
TIQUER : Guiraud (P.), in *BSLP*, T. 57, 1962, pp. 102-105.
TRAVAIL : Gray (L. H.), in *Rom R*, T. 33, 1942, p. 163.
      Spitzer (L.), *ibid.*, T. 34, 1943, pp. 374-379.
      Livingstone (Ch. H.), *Skein-winding reels, studies in word history and ety-
      mology*. Ann Arbor, s.d. In-8°, VIII-220 p. (CR : Lecoy (Félix), in *Ro*, 1958,
      pp. 525-533.)
      Baldinger (K.), in *Etymologica* [Mélanges W. von Wartburg], 1958, pp.70-93.
      Malkiel (Y.), in *Rom Ph*, T. 12, 1959, pp. 268 et 281.
      Kahane (H. et R.), in *L*, T. 34, 1958, p. 541.
      Id., in *RLR*, T. 26, 1962, p. 138.
      Baldinger (K.), *ibid.*, T. 28, 1964, pp. 258-267.
TROUVER : Spitzer (L.), in *Ro*, T. 66, 1940, pp. 1-11.
      Hofer (S.), in *Z rom Ph*, T. 63, 1943, p. 461.
      Heisig (K.), in *R Jahrb*, T. 1, 1947, pp. 78-86.
      Jud (J.), in *Vox rom*, T. 11, 1950, pp. 250-252.
      Sandmann (M.), in *Z rom Ph*, T. 68, 1952, p. 153.
      Glasser (R.). « *Sich finden* » *in den romanischen Sprachen*. Frankfut, 1964.
      In-8°, 302 p.
VERTU : Baurmann (W.), « *Vertu* » ; *die Bedeutungen des Wortes in der französischen
      Renaissance*. Berlin, 1939. In-8°, 141 p.
      Nitze (W. A.), in *PMLA*, T. 68, 1952, pp. 1167-72.
      Zimmermann (E. M.), in *MLN*, T. 76, 1961, pp. 144-52 (dans la Nouvelle
      Héloïse).
VERVE : Wandruszka (M.), in *Rom F*, T. 67, 1955, pp. 9-35.
VOIR : Collinot (A.)., in *BJR*, n° 14, 1966, pp. 5-13.
      Hatcher (A. G.), in *PQ*, T. 23, 1944, pp. 354-374.
      Id., in *MLQ*, T. 5, 1944, pp. 275-301 et 387-405.
VOUER : Spitzer (L.), in *FM*, T. 8, 1940, pp. 323-343.
ZUT : Orr (J.), in *Ar Ling*, T. 1, 1949, pp. 60-65. (repris dans *Words and sounds*,
      pp. 232-236, v. § IV.

VIII. GLOSSAIRES, LEXIQUES COMPLETS, INDEX ET CONCORDANCES.

A. DES ORIGINES AU XVᵉ S. INCLUS :

DE GOROG (R.). *Lexique français moderne-ancien français*, Athens, The University
      of Georgia Press, 1973, 481 p.

ADAM DE LA HALLE : Mayer (G.). *Lexique des œuvres d'Adam ed la Halle*. Paris, 1940. In-8°, 200 p.

ANCIEN THÉATRE FRANÇOIS, ou Collection des ouvrages dramatiques les plus remarquables, depuis les Mystères jusqu'à Corneille. Paris, Viollet-le-Duc, 1854. (Lexique : 515 p. in-8°.)

AUCASSIN ET NICOLETTE, éd. M. Roques. Paris, 1933, in *Ro*, juillet 1933, pp. 423-432.

LE BEL INCONNU v. Verdelhan § VI C.

BENOÎT DE SAINTE-MAURE. *Chronique des ducs de Normandie*, pub. par Carin Fahlin. T. III, glossaire, entièrement revu et complété par Ö. Södergård Uppsala, 1967. 172 p.

BEROUL, G. Andrieu, J. Piolle et M. Plouzeau, *Le roman de Tristan de Beroul ; concordancier complet des formes graphiques occurrentes*. Université de Provence (Aix--Marseille), 1974.

BLONDEL DE NESLE : Marshall (F.). *Les Poésies de Blondel de Nesle. Une étude du lexique d'après l'examen des mss.* Paris, 1958. LII-411 ff. (thèse dactylographiée).

Chansons. Concordances et index établis d'après l'éd. L. Wiese par G. Lavis. Traitement automatique : C. Dubois. S.l.n.d. In-4°, 187 p. (Publications de l'Institut de lexicologie française de l'Université de Liège).

CHANSON DE FLOOVANT (LA), éd. S. Andoff. Uppsala, 1941. (Index : 59 p. in-8° sur 2 col.)

CHANSON DE GUILLAUME (LA), éd. G. Piffard. 1961 (index : 66 p. sur 2 col.)

CHANSON DE ROLAND (LA), commentée par J. Bédier, 1927, 527 p. pp. 323-501, glossaire sur 2 col., établi par L. Foulet, d'après l'éd. de Th. Muller.

Duggan (J. J.). *A concordance of the Chanson de Roland*. Ohio State University Press, 1969, 420 p.

CHANSON DES QUATRE FILS AYMON (LA) : Maschinot (G.). *Glossaire de la Chanson des quatre fils Aymon*. Paris, 1939. In-4°, 177 p.

CHARLES D'ORLÉANS: Poirion (D.), *Le lexique de Charles d'Orléans dans les Ballades*. Genève, 1967. In-8°, 155 p.

CHRESTOMATHIE DE L'ANCIEN FRANÇAIS, éd. K. Bartsch. Leipzig, 1913. (Glossaire : 164 p. in-4°, sur 2 col.)

CHRÉTIEN DE TROYES: Foerster (W.). *Wörterbuch zu Kristian von Troyes, sämtlichen Werken*. I[e] éd. 1914. In-12°, 281 p. (Rééd. Halle, 1960.)

Philomena. Concordances et index établis d'après l'éd. de C. de Boer par C. Dubois, M. Dubois, Stasse et G. Lavis. X-248 p. (Publications de l'Institut de lexicologie française de l'Université de Liège).

v. Schwake § VI. C.

CHRONIQUE MÉTRIQUE (LA) attribuée à Geoffroy de Paris, éd. A. Diverres. Paris, 1955. (Glossaire : 69 p. in-8°, sur 2 col.)

COMPLAINTE DU LION (LA), éd. O. Girault. Strasbourg, 1954. (Glossaire : 22 p. in-4°. — DES dactyl.)

CONON DE BÉTHUNE. Index des mots des Chansons établi d'après l'éd. Wallensköld par B. Quémada. Besançon-Paris, 1959.

CONTE DU ROI FLORE ET DE LA BELLE JEHANNE (LE), éd. E. Jacob. Strasbourg, 1958. (Glossaire. — DES dactyl.)

CONTINUATIONS DU PERCEVAL. I° CONTINUATION, éd. W. Roach. Philadelphie, 1949 (Glossaire : 326 p. in-8°.)

DU FOUILLOUX (Jacques). *La Vénerie et l'adolescence*, éd. par Gunnar Tilander. Karlshamm, 1967. In-8°, 330 p. (Glossaire : 140 p.)

FLORENCE ET BLANCHEFLOR, éd. J. Schmidt. Iéna, 1913.

GEORGES CHASTELLAIN (v. Heilemann § VI. C.)

GLOSES DE REICHENAU, *Die Reichenauer Glossen. Teil I : Einleitung, Text, vollständiger Index und Konkordanzen*. Hrsg von Hans-Wilhelm Klein unter Mitarbeit von André Labhardt. München, 1968. 403 p.

GUERRE DE METZ (LA) en 1324, éd. E. de Bouteiller. Paris, 1875. (Glossaire: 34 p. in-8° sur 2 col.)

GUILLAUME DE PALERNE : Delp (W. E.). *Étude sur la langue de Guillaume de Palerne suivie d'un glossaire.* Paris, 1907. In-8º, 107 p. (Glossaire : pp. 51- à 103)

HUE DE ROTELANDE : Hahn (W.). *Der Wortschatz des Dichters Hue de Rotelande.* Berlin, 1910. In-8º, 131 p.

HUON LE ROI : *Index des mots du Vair Palefroi* établi d'après l'éd. Langfors par B. Quémada. Besançon, Paris, 1960.

JARDIN DE LA SAINTE ÂME (LE), éd. R. Adé. Strasbourg, 1960. (Glossaire : 29 p. in-4º. — DES dactyl.)

JEAN BEDEL : Nardin (P.). *Lexique comparé des fabliaux de Jean Bedel.* Paris, 1942. In-8º, IX-161 p.

JEAN BODEL : *Le Jeu de Saint Nicolas,* éd. A. Henry. Bruxelles, 1962. (Glossaire: 121 p. in-8º.)

JEAN D'OUTREMEUSE : *Ly myreur des Histors.* Fragment du second livre (années 794-826) publié par André Goosse. Bruxelles, 1965. In-8º, CCXLVI-385 p. (Important glossaire comprenant tous les mots du texte.)

MONIAGE GUILLAUME (LE), éd. W. Cloetta. Paris (S.A.T.F.) 1906-1913. (Glossaire: 75 p. in-8º, sur 2 col.)

PHILIPPE DE COMMYNES (v. Heidel § VI. C.)

PHILIPLE MOUSKET. *Chronique rimée* ; éd. F. de Reiffenberg. Bruxelles, 1836-38 (Supplément : glossaire 59 p. in-4º, sur 2 col., 1843.)

PIRAMUS ET TISBÉ : Gothier (N.). *Glossaire complet de « Piramus et Tisbé » poème du XII s.* Liège, 1958. (Thèse de licence dactyl.)

POÈME ANONYME EN L'HONNEUR DE LA VIÈRGE, éd. Wilsdorf. Strasbourg. (Glossaire : 32 p. in-4º. — DES dactyl.)

QUINZE JOYES DE MARIAGE (LES) : Cressot (M.). *Vocabulaire des « Quinze joyes de mariage » d'après le texte de la seconde édition de la bibliothèque elzévirienne de 1857.* Paris, 1939. In-8º, 114 p.

ROBERT LE DIABLE, éd. E. Loseth. Paris, 1903. (SATF, glossaire : 60 p. in-8º, sur 2 col.)

ROMAN DE BEAUDOUS (LE) par Robert de Blois. Éd. W. P. Atkinson. Strasbourg. Fasc. des Lettres, 1954. (Glossaire).

ROMAN DE LA ROSE OU DE GUILLAUME DE DOLE (LE) par Jean Renart, éd. F. Lecoy. Paris, 1962. (CFMA. Glossaire : 34 p. in-8º, sur 2 col.)

ROMAN DES DEDUIS (LE) par Gace de la Buigne, Éd. Blomquist. Paris, 1951. (Glossaire : 122 p. in-8º.)

ROMAN DE TRISTAN (LE) par Béroul, éd. A. Muret. Paris, 1903. (SATF. Glossaire : 100 p. in-8º sur 2 col.)

ROMAN DE LA VIOLETTE (LE) par Gerbert de Montreuil. Éd. D. L. Buffum. Paris, 1928. (SATF. — Glossaire : 50 p. in-8º, 2 col.)

ROQUES (M.). *Recueil des lexiques français du Moyen-Age XIIe-XVe s. Lexiques alphabétiques.* T. I, Paris, 1936. In-8º, XXXIII-524 p., T. II. 1938. In-8º XX-464 p.

VIE D'ÉDOUARD LE CONFESSEUR, éd. Ö. Södergård. Uppsala, 1948. In-8º, (Glossaire.)

VIE DE SAINT ALEXIS, éd. G. Paris et M. Roques. Paris, 1908. (Glossaire.) — éd. Storey. Paris, Droz, 1934. 157 p. ; Genève, Droz, 1968 (T.L.F.)

VIE DE SAINT AUBAN, éd. M. R. Atkinson. Dublin-Londres, 1876. (Glossaire.)

VIE DE SAINT THIBAUT DE PROVINS, éd. R. T. Hill. New-Haven, Londres, 1936. (Glossaire.)

VILLEHARDOUIN, *Index complet du manuscrit O de la Conqueste de Constantinople de Villehardouin,* cahiers du C.R.A.L. (Centre de Recherches et d'Applications linguistiques de l'Université de Nancy II), 1972.

VILLON : Burger (A.). *Lexique de la langue de Villon précédé de notes critiques pour l'établissement du texte.* Genève, Paris, 1957. In-8º, 114 p.

WACE (v. Keller § VI. C.)

B. DU XVIᵉ AU XXᵒ S.

a) Centre d'étude du vocabulaire français de la Faculté des lettres et sciences humaines de Besançon. Documents établis sous la direction de B. Quémada. Paris, Larousse.

1) *Index* :

ABBÉ PRÉVOST. *Manon Lescaut* (éd. Garnier), mots-pleins (2 vol.), mots-outils (2 vol.)
A. D'AUBIGNÉ. *Les Tragiques* (éd. Garnier-Plattard, 4 vol.)
BOILEAU. *Epistres* (éd. Cahen.)
CAMUS. *L'exil et le royaume* (éd. Gallimard., 3 vol.)
Ch. BAUDELAIRE. *Les fleurs du Mal* (éd. Crépet-Blin, 2 vol.)
CORNEILLE (éd. Marty-Laveaux, 34 vol.) : *Mélite, Clitandre, La Veuve, la Galerie du Palais, La Suivante, la Place Royale, la Comédie des Tuileries, Médée, l'Illusion, le Cid, Horace, Cinna, Polyeucte, Pompée, le Menteur, la Suite du Menteur, Rodogune, Théodore, Héraclius, Andromède, Don Sanche d'Aragon, Nicomède, Pertharite, Oedipe, la Toison d'Or, Sertorius, Sophonisbe, Othon, Agésilas, Attila, Tite et Bérénice, Psyché, Pulchérie, Suréna.*
DES MASURES (éd. Ch. Comte, 3 vol.) : *David combattant, David fugitif, David triomphant.*
GUILLAUME APOLLINAIRE. *Les Calligrammes* (éd. La Pléiade, 1 vol.)
GUILLERAGUES (éd. Garnier., 2 vol.) : *Les Valentins, Les Lettres Porgugaises.*
G. DE NERVAL. *Les Chimères* (éd. J. Moulin, 1 vol.)
M. DE NAVARRE. *La coche* (1 vol.)
Mme DE LAFAYETTE. *La princesse de Clèves* (éd. Magne, 3 vol.)
MAIRET. *La Chryséide*, (éd. Carrington-Lancaster, 1 vol.), *la Sophonisbe* (éd. Dédéyan, 1 vol.), *La Sylvie* (éd. Marsan, 1 vol.)
MAUPASSANT. *Les contes de la bécasse* (éd. Conard, 2 vol.)
M. SCÈVE. *La Délie* (éd. Parturier.)
PAUL CLAUDEL. *La ville* — 1ᵉ et 2ᵉ versions, (éd. La Pléiade, 2 vol.)
RABELAIS. *Gargantua* (éd. Lefranc, 3 vol.). *Pantagruel* (*id.*)
RACINE. (éd. Les Grands écrivain de la France, 11 vol.) : *Alexandre le Grand, Andromaque, Les Plaideurs, Britannicus, Bérénice, Bajazet, Mithridate, Iphigénie, Phèdre, Esther, Athalie, La Thébaïde.* (éd. Ménard, 1 vol.)
R. GARNIER. *Antigone, Bradamante, les Juives, la Troade.* (éd. Lebègue, 4 vol.)
ROMAN 61. (éd. J. Petit, 3 vol.)
ROTROU. *Cosroès* (éd. Schéror, 1 vol.), *Venceslas* (éd. W. Leiner, 1 vol.)
RONSARD. *Les sonnets pour Hélène* (éd. Lavaud, 1 vol.), *Le second livre des Amours* (éd. Micha. 1 vol.)
SCHELANDRE. *Tyr et Sidon* (éd. Haraszti, 1 vol.)
T. GAUTIER. *Emaux et camées*(éd. J. Pommier.)
TRISTAN. *La Marianne, La mort de Sénèque* (éd. Madeleine, 2 vol.)
T. DE VIAU. *Pyrame et Thisbé* (éd. Hankiss.)
V. HUGO. *Les Châtiments* (éd. Berret), *Les Quatre Vents de l'Esprit* (éd. Ollendorf) — 8 vol.
VIGNY. *Les destinées* (éd. Saunier.)

2) *Concordances*

APOLLINAIRE. *Calligrammes.*
BAUDELAIRE. *Les Fleurs du Mal.*
CORNEILLE. *Le Cid, Cinna, Polyeucte.*
RACINE. *Phèdre, Bérénice.*
VERLAINE. *Œuvres poétiques.*

b) Trésor de la Langue française. Dir. P. Imbs Nancy.

On trouvera la liste des textes traités par l'ordinateur Gamma 60 pour la documentation du Trésor de la langue française dans le BULLETIN DU T.L.F. publié dans les numéros suivants du *Français Moderne*,

T. 36, n° 2, Avr. 1968, pp. 161-176, Période 1880-1964.
T. 36, n° 3, Juil. 1968, pp. 257-272, Période 1880-1964.
T. 36, n° 4, Oct. 1968, pp. 353-359, Période 1880-1964.
T. 36, n° 4, Oct. 1968., pp. 360-368, Période 1880-1964.
T. 37, n° 1, Janv. 1969, pp. 91-96, Période 1789-1879.
T. 37, n° 2, Avr. 1969, pp. 177-183, Période 1789-1879.
T. 37, n° 3, Juil. 1969, pp. 273-288, XXᵉ s.
T. 37, n° 4, Oct. 1969, pp. 369-384, XXᵉ s.
T. 38, n° 1, Janv. 1970, pp. 81-94, XXᵉ s.
T. 38, n° 1, Janv. 1970, pp. 94-96, XIXᵉ s. (textes littéraires).
T. 38, n° 2, Avr, 1970, pp. 177-191, XIXᵉ s. (textes littéraires).
T. 38, n° 3, Juil. 1970, pp. 373-388, XIXᵉ s. (textes littéraires).
T. 39, n° 3, Juil. 1971, pp. 277-286, XIXᵉ s. (Fonds technique).
T. 39, n° 4, Oct. 1971, pp. 367-382, XIXᵉ s. (Fonds technique).
(à suivre)

c) Autres travaux

BAUDELAIRE : Cargo (R. T.), *Concordance to Baudelaire's Petits poèmes en prose, with the complete text of the poems.* The university of Alabama Press, 1971, X-470 p.

CAMUS (A.) : Bazin (J. de). *Vocabulaire de l'Étranger d'Albert Camus.* Paris, 1969, 28 p.

DE GAULLE (Ch.) : Cotteret (J. M.) et Moreau (R.). *Recherches sur le vocabulaire du Général de Gaulle. Aanalyse statistique des allocutions radiodiffusées. 1958-1965.* Paris, 1969, In-8°, 247 p. (3ᵉ partie, pp. 129 à 247 : index complet).

LA FAYETTE (Mme de) : Bazin (J. de). *Index du vocabulaire de la Princesse de Clèves.* Paris, 1967. In-4°, 60 p.

LA ROCHEFOUCAULD : Bazin (J. de). *Index du vocabulaire des Maximes de la Rochefoucauld.* Paris, Nizet sd. 31 ff. dactyl.

MOLIÈRE : Livet (Ch.). *Lexique de la langue de Molière, comparée à celle des écrivains de son temps.* Paris, 1895-1897. 3 vol. in-7°. I. A-C, 532 p. II D-L. 665 p. III. M-Z, 824 p.

RACINE : Bandy (W. T.) *Index des mots d'Athalie.* Paris, 1955. 39 p.
Hartle (R. W).. *Index des mots de Britannicus.* Paris, 1956, 42 p.
Id., *Index des mots de La Thébaïde.* Paris, 1957, 46 p.
Freeman (B. C.) et Baston (A.), *Concordance du théâtre et des poésies de Jean Racine.* Ithaca (N-Y), Cornell University Press, 1968, 2 vol.

RONSARD : Creore (A. E.) *A word index to the poetic works of Ronsard.* Leeds, Maney & sons, 1972, 2 vol.

IX. MORPHOLOGIE LEXICALE

FALK (P.). *anc. fr. «tresoïr» : « entendre bien » ou « entendre mal »* ? in *St n ph*, T 27, 1955, pp. 20-55.

GUILBERT (L.) et DUBOIS (J.). *Formation du système préfixal intensif en français moderne et contemporain*, in *FM*, T. 29, 1961, pp. 87-111.

HAMMAR (E. T.). *Le développement sémantique du suffixe latin -bilis en français.* Lund, 1942. 221 p.

LEVY (R.). *La désinence -eresse en vieux français,* in *Rom Ph,* 1953-54, pp. 187-190.

LEWICKA (H.). *La langue et te style du théâtre comique français des XVe et XVIe s.* Warszawa, 1960. In-4°, T. I, 405 p. : *la dérivation.*

LOUIS (R.). *Le préfixe inorganique es- dans les noms propres en ancien français* [traite aussi des noms communs], in *Mélanges Gamillscheg,* pp. 66-76.

ROTHWELL (W.). *Préfixation et structure de la langue en ancien français,* in *Ro,* 1972. Id., *Rectus vindicatus ?,* à paraître dans les *Mélanges T.R.W. Reid* [concerne l'homonymie de certains préfixes en anc. fr.] (1).

VENDRYÈS (J.). *Sur le suffixe -is du français,* in *Études Romanes dédiées à Mario Roques,* Paris, 1949, pp. 103-110.

WAGNER (R.-L.). *Remarques sur la valeur des préverbes a-et en- (⟨ in-) en ancien français,* in *Mélanges Gamillscheg,* pp. 51-65.

(1.) Je dois ici remercier M. W. Rothwell qui a bien voulu me communiquer ces deux articles encore inédits en 1972.

ABRÉVIATIONS

Ces abréviations sont celles de l'*Internationale Titelabkürzungen von Zeitschriften, Zeitungen, wichtigen Handbüchern, Wörterbüchern* gesetzen USW. Bearb. von Otto Leistner. Osnabrück, Biblio Verlag, 1970. — 2 vol.

AA	American Anthropologist
ACILR	Actas (9). Congresso internacional de linguistica romanica 1954. Universidade de Lisboa. — Lisbonne, 1962.
Actual Terminol	L'actualité terminologique
AE	Annales de l'Est
AFA	Archivo de filologia aragonesa
Ann Ec Soc Civ	Les annales. Économie. Société. Civilisation.
Ann Univ Paris	Annales de l'Université de Paris
AR	Archivum romanicum
Ar Ling	Archivum linguisticum
Arch Gl It	Archivio glottologico italiano
BARL	Bulletin de l'Académie royale de langue et de littérature française
BCRTD	Bulletin de la Commission royale de toponymie et de dialectologie
Beih Z rom Ph	Beihefte zur Zeitschrift für romanische Philologie
BHR	Bibliothèque d'Humanisme et Renaissance
BJR	Bulletin des jeunes romanistes
BRP	Beiträge zur romanischen Philologie
BSFP	Bulletin de la Société française de philosophie
BSLP	Bulletin de la Société de Linguistique de Paris
CAEF	Cahiers de l'Association internationale des études françaises
Cah Lex	Cahiers de lexicologie
CCM	Cahiers de civilisation médiévale
CFS	Cahiers Ferdinand de Saussure
CN	Cultura neolatina
DA	Dissertation abstracts
Diog	Diogène
ELA	Études de linguistique appliquée

Et L	Étude de lettres
FM	Le Français moderne
F Monde	Le Français dans le Monde
FR	The French review
FS	French studies
GRM	Germanische — romanische Monatschrift
HTR	Harvard theological review
Jh Ph	Jahrbuch für Philologie
J Psychol norm path	Journal de psychologie normale et pathologique
JQR	Jewish quarterly review
JS	Journal des savants
L	Language. Journal of the linguistic society of America
LR	Les Lettres romanes
MA	Le Moyen Age
M Ae	Medium Aevum
Marb Beitr rom Phil	Marburger Beiträge zur romanischen Philologie
MLN	Modern language notes
MLQ	Modern language quarterly
MLR	Modern language review
Neoph	Neophilologus
NJWJ	Neue Jahrbücher fur Wissenschaft und Jungenbildung
NM	Neuphilologische Mitteilungen
O	Orbis
PMLA	Publication of the modern language association of America
PQ	Philological quarterly
Proc Leeds Phil Lit Soc	Proceedings of the Leeds philosophical and literary society
PS	Philosophical studies
RB Ph H	Revue belge de philologie et d'histoire
R Jahrb	Romanistisches Jahrbuch
RLR	Revue de linguistique romane
RLV	Revue des langues vivantes
RN	Romance notes
Ro	Romania
Rom F	Romanische Forschungen
Rom Ph	Romance philology
Rom R	The Romanic review
RP	Revue de philosophie
RPLHA	Revue de philologie, de littérature et d'histoire ancienne
RS Hum	Revue des Sciences humaines
RU	Revue universitaire
Sb PFFBU (A)	Sbornik praci filosofické fakulty Brnénské University. Rada Jazykovedná (A)

Saec	Saeculum
SP	Slovanský prehled
Sp	Speculum
St fr	Studi francesi
St n ph	Studia neophilologica
Symp	Symposium
TA	Traduction Automatique
TA Inf	T. A. informations. Revue internationale du traitement automatique du langage
TCLC	Travaux du Cercle de linguistique de Copenhague.
TLL	Travaux de linguistique et de littérature du centre de philologie et de littérature romanes de l'Université de Strasbourg
Vie Lang	Vie et langage
Vox Rom	Vox romanica
Wo	Word
ZFSL	Zeitschrift für französische Sprache une Literatur
Z rom Ph	Zeitschrift für romanische Philologie

Les titres suivants n'ont pas été abrégés, soit parce que l'abréviation n'existait pas, soit parce qu'elle faisait double emploi avec celle d'un autre titre plus fréquemment cité, soit parce qu'il ne s'agissait pas de périodiques :

Défense de la langue française

Deutsche Akademie der Wissenschaften zu Berlin. Vorträge und Schriften.

Dialectica

Études de linguistique française

Études romanes de Brno

Frankfürter Forschungen für romanische Philologie

Langages

Langue française

Lateinisch-romanische Wortstudien

La Linguistique

Linguistique picarde

Meta

Pilot studies

Revue des Langues romanes

Saggi linguistici

Sciences

Semiotica

Index

Les indications de page signalent le début du paragraphe où se trouve le mot-vedette

SOMMAIRE DE LA PREMIÈRE PARTIE

SOMMAIRE DE LA DEUXIÈME PARTIE

PLAN D'ENSEMBLE ENVISAGÉ
POUR LA FIN DE L'OUVRAGE

LA VIE AFFECTIVE (suite)

Chapitre V : SENTIMENTS ÉGOCENTRIQUES.

A. Le plaisir - la satiété - la tranquillité intérieure - la projection du plaisir sur l'objet (qualifié d'« agréable », de « beau » etc...) - manifestations extérieures du plaisir.

B. La douleur - la patience - projection de la douleur sur l'objet (qualifié de « pénible », « désagréable » etc...) - manifestations extérieures de la douleur.

Chapitre VI : SENTIMENTS ALLOCENTRIQUES :

A. L'amour - la reconnaissance - le respect - l'admiration - la pitié - l'amour de Dieu - projection de ces sentiments sur l'objet (qualifié d'« aimable », « pitoyable », « admirable » etc...) - manifestations extérieures de ces sentiments (« faire plaisir », « aider », « protéger ») — bonnes relations sociales.

B. La haine et ses manifestations : actions hostiles - révolte - dispute - vengeance - moquerie.

LA VIE INTELLECTUELLE

Chapitre VII : L'ACTIVITÉ DE L'ESPRIT : Les capacités intellectuelles - les sensations - l'attention et l'observation - la recherche - l'expérience - la constatation - l'acte d'apprendre - l'analyse - la numération et le calcul - la comparaison - la réflexion - le raisonnement - l'intellection - la supposition - l'acte de deviner - l'erreur - l'opinion - l'idée - le projet - le rêve - la maladie mentale.

Chapitre VIII : LA CONNAISSANCE : le savoir - la certitude - la foi religieuse - l'ignorance - projection de la connaissance sur son objet (qualifié de « vrai », « faux » etc...) - le langage et les autres moyens de communiquer - l'enseignement - l'éducation - l'information - la dissimulation - le mensonge.

LA VIE MORALE

Chapitre IX : LE BIEN : la règle morale - l'obligation - la bonne action - le mérite - la valeur - les gens de bien - la sainteté.

Chapitre X : LE MAL : la méchanceté - les mauvaises actions - les mauvaises gens - la culpabilité - la honte - le repentir - la mauvaise influence exercée sur autrui.

Chapitre XI : LA SANCTION : l'accusation - l'acte de se disculper - de rendre la justice - la punition - la récompense - le blâme - le pardon - la pénitence - la mauvaise réputation - la bonne réputation.

Chapitre XII : L'ENGAGEMENT PERSONNEL : le oui et le non - l'acte de donner une garantie - de faire un vœu - de témoigner, d'affirmer solennellement - la loyauté, la fidélité - la déloyauté, l'infidélité - la ruse - la confiance et la méfiance.

LA VIE ACTIVE

Chapitre XIII : LA DÉCISION : l'embarras - la tergiversation - la discussion - conseiller, exhorter - influer sur la volonté de quelqu'un - changer d'avis - se décider - prendre une décision en commun.

Chapitre XIV : LA VOLONTÉ : vouloir - choisir - accepter - autoriser - demander - prier - ordonner - contraindre - ne pas vouloir - refuser - défendre - renoncer - obéir.

Chapitre XV : L'ACTION ELLE-MÊME : la possibilité matérielle - l'occasion - l'utilité - la nécessité - être responsable, détenir l'autorité - entreprendre une action - agir - mettre en œuvre un moyen - s'occuper de quelque chose - faire agir quelqu'un - aboutir à un résultat -

- organiser - signes extérieurs d'une bonne organisation - empêcher, faire échouer - l'inaction.

Chapitre XVI : L'HOMME EN ACTION : La condition physique, bonne ou mauvaise, la force, l'adresse, etc... - la fatigue, le repos, la reprise des forces - le comportement - l'habitude - l'effort - la facilité ou la difficulté - la paresse - la lâcheté - l'audace - le courage - reprendre courage - donner ou ôter du courage à quelqu'un - les manifestations du courage : l'action courageuse.

Table des Matières

LE VOCABULAIRE PSYCHOLOGIQUE
DANS LES CHRONIQUES DE FROISSART

Les choix lexicaux s'opèrent à partir de paradigmes ouverts, certes, mais non illimités, à l'intérieur desquels des mots de sens voisin entretiennent des oppositions pertinentes dont le réseau structure la représentation, commune à tous les usagers de la langue, de la réalité extra-linguistique.

L'étude systématique de ces oppositions pertinentes doit donc conduire à la fois à une meilleure connaissance du fonctionnement du lexique et à une « image du monde » naïve, non-scientifique, propre à la culture dont relève le corpus choisi.

Celui qui est traité ici est la plus grande œuvre en prose du XIVe s., mémorial de la Guerre de Cent Ans, et le matériel lexical étudié, celui que Froissart utilise pour signifier les sentiments, les pensées, les désirs, bref l'ensemble de la vie psychique des acteurs de ce drame.

Voici donc le premier volume d'un ouvrage qui présente aux linguistes le traitement rigoureux d'un vaste ensemble lexical, et qui fournit aux historiens et aux psychologues un point de référence en révélant, incluse dans la langue commune à Froissart et à son public, leur représentation de l'homme intérieur.

ISBN 2-252-01769-4